Formelsammlung Fachmathematik

für Gärtner

Prozentrechnung

Prozentwert $= \dfrac{\text{Grundwert} \cdot \text{Prozentsatz}}{100}$

Prozentsatz $= \dfrac{\text{Prozentwert} \cdot 100}{\text{Grundwert}}$

Grundwert $= \dfrac{\text{Prozentwert} \cdot 100}{\text{Prozentsatz}}$

Vermehrter Grundwert: Reiner Grundwert

$= \dfrac{\text{vermehrter Grundwert} \cdot 100}{100 + \text{Prozentsatz}}$

Verminderter Grundwert: Reiner Grundwert

$= \dfrac{\text{verminderter Grundwert} \cdot 100}{100 - \text{Prozentsatz}}$

Zinsrechnung

Allgemeine Zinsformel: $Z = \dfrac{K \cdot p \cdot t}{100 \cdot 360}$ für Tageszins

$Z = \dfrac{K \cdot p \cdot m}{100 \cdot 12}$ für Monatszins

$Z = \dfrac{K \cdot p \cdot n}{100}$ für Jahreszins

Berechnung des Kapitals: $K = \dfrac{Z \cdot 100 \cdot 360}{p \cdot t}$

Berechnung des Zinsfußes: $p = \dfrac{Z \cdot 100 \cdot 360}{K \cdot t}$

Berechnung der Zeit: $t = \dfrac{Z \cdot 100 \cdot 360}{K \cdot p}$

Kaufmännische Zinsformel: $Z = \dfrac{\text{Zinszahl}}{\text{Zinsteiler}}$

$\left(Z = \dfrac{K \cdot t}{100} : \dfrac{360}{p}\right)$

↓ ↓

Zinszahl : Zinsteiler

Längenberechnung

Längenteilungen

a) gerade Strecken

Länge = Teilung · Anzahl der Teilungen

$\ell = t \cdot n_t = t \cdot (n_p - 1)$

Die Anzahl der Teilungspunkte (n_p) ist stets um 1 größer als die Zahl der Teilungen (n_t).

$n_p = n_t + 1$

b) geschlossene Kurven (z.B. Kreis)

Anzahl der Teilungspunkte n_p ist gleich der Anzahl der Teilungen $n_p = n_t$

Lehrsatz des Pythagoras

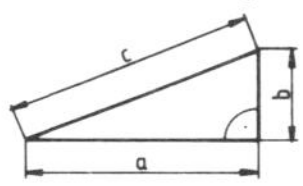

$c^2 = a^2 + b^2$

$c = \sqrt{a^2 + b^2}$

$a = \sqrt{c^2 - b^2}$

$b = \sqrt{c^2 - a^2}$

Flächenberechnung

Quadrat

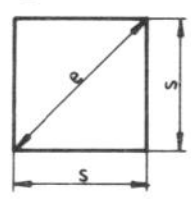

$A = s \cdot s = s^2$

$\ell_U = 4s$

$e = s \cdot \sqrt{2} = s \cdot 1{,}414$

Rechteck

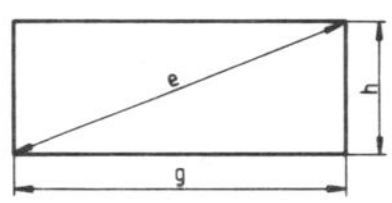

$A = g \cdot h$

$\ell_H = (g + h) \cdot 2$

$e = \sqrt{g^2 + h^2}$

Dreieck

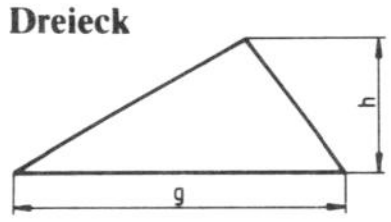

$A = \dfrac{g \cdot h}{2}$

Trapez

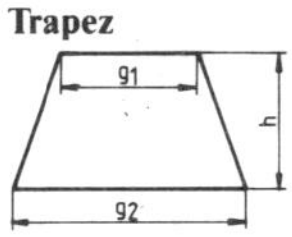

$A = \dfrac{g_1 + g_2}{2} \cdot h$

Kreis

$A = \dfrac{d^2 \cdot \pi}{4} = d \cdot d \cdot 0{,}785$

$\ell_U = d \cdot \pi = d \cdot 3{,}14$

Kreisring bei „Berechnungen am Rohr"

Kreisausschnitt

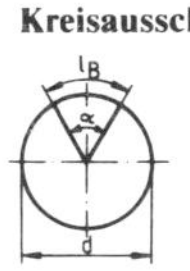

$A = \dfrac{d^2 \cdot \pi}{4} \cdot \dfrac{\alpha}{360°}$

$= d \cdot d \cdot 0{,}785 \dfrac{\alpha}{360°}$

$\ell_B = d \cdot \pi \cdot \dfrac{\alpha}{360°}$

Vorwort

Dieses Buch bietet Auszubildenden und Meisteranwärtern im Gartenbau die Möglichkeit, sich optimal auf die anstehenden Prüfungen vorzubereiten.

Aufgaben aus **allen Sachgebieten**, die Gegenstand der Prüfungen sind, wurden zusammengestellt. Programmierte und konventionelle Aufgaben liegen von leicht über mittel bis anspruchsvoll vor.

In diesem Buch sind die Aufgaben so gewählt, wie sie in ihrem Schwierigkeitsgrad in der Prüfung auch gestellt werden. Diese Aufgabensammlung ist daher auch kein Fachbuch mit sachlogischem Aufbau; vielmehr wird dem zu Prüfenden gezeigt, welche Anforderungen an ihn gerichtet und welche Fragetechniken verwendet werden. Somit eignet sich dieses Buch vorzüglich

- **zur Arbeit in den Grund- und Fachstufen der Berufsschule,**
- **für die innerbetriebliche Berufsausbildung,**
- **für Vorbereitungskurse der überbetrieblichen Aus- und Weiterbildung,**
- **für Test- und Klassenarbeiten,**
- **zur selbständigen Vorbereitung auf Zwischen- und Abschlußprüfung.**

Es erschien zweckmäßig, die **Lösungen** aller Aufgaben in Rotdruck als **Beilage** zu diesem Buch zusammenzufassen.

Die Autoren richteten sich nach der „Verordnung über die Berufsbildung im Gartenbau“ und nach den für die Sachgebiete vorhandenen Pflanzenlisten.

Bei Fragen nach chemischen Mitteln (Wachstumsregler, Insektizide, Fungizide, Herbizide usw.) sind für die richtigen Antworten die Bekanntmachungen der BBA (Biologische Bundesanstalt) hinsichtlich Zulassung und deren Ablauf zu beachten.

Es ist zu wünschen, daß viele Anregungen zum selbständigen Lernen von diesem Buch ausgehen.

Autoren und Verlag

Dähmlow Verlag
Fuggerstraße 7 · 51149 Köln
Dähmlow ist ein Verlag der Stam GmbH.

ISBN 3-8239-**7290**-1

© Copyright 1995: Verlag H. Stam GmbH · Köln
Das Werk und seine Teile sind urheberrechtlich geschützt. Jede Verwertung in anderen als den gesetzlich zugelassenen Fällen bedarf deshalb der vorherigen schriftlichen Einwilligung des Verlages.

Das Buch ist in folgende Teile nach der Berufsbildungsverordnung gegliedert:

Aufgaben:

Technologie - Allgemeine Fachkunde

A-1 Botanik
A-2 Bodenkunde
A-3 Düngerlehre
A-4 Pflanzenschutz
A-5 Technik und Materialkunde
A-6 Klima- und Wetterkunde

Technologie - Spezielle Fachkunde

Pflanzen- und Sortenkunde
Kulturverfahren und Arbeitsvorgänge
Materialkunde
geordnet nach Sachgebieten in

B-1 Zierpflanzenbau einschließlich Staudengärtnerei
B-2 Gemüsebau
B-3 Baumschulen
B-4 Obstbau
B-5 Pflanzenzüchtung und Samenbau
B-6 Garten- und Landschaftsbau
B-7 Friedhofsgärtnerei

Mathematik

Aufgaben in programmierter und konventioneller Form aus allen Sachgebieten

C-1 bis C-3

Wirtschaftslehre/Sozialkunde/Politik

D-1 bis D-3

Anhang

Formelsammlung

Lösungen

LA-1 bis LA-6 **Technologie - Allgemeine Fachkunde**
LB-1 bis LB-7 **Technologie - Spezielle Fachkunde**
LC-1 bis LC-3 **Mathematik**
LD-1 bis LD-3 **Wirtschaftslehre/Sozialkunde/Politik**

	Prüfungsblöcke												
	A-1 Nr.	A-2 Nr.	A-3 Nr.	A-4 Nr.	A-5 Nr.	A-6 Nr.	B-1 Nr.	B-2 Nr.	B-3 Nr.	B-4 Nr.	B-5 Nr.	B-6 Nr.	B-7 Nr.
Wegweiser zum Auffinden bestimmter Aufgaben eines Teilgebietes z. B.													
Bromelien							71						
Hypocotyl	15												

	Prüfungsblöcke												
	A-1 Nr.	A-2 Nr.	A-3 Nr.	A-4 Nr.	A-5 Nr.	A-6 Nr.	B-1 Nr.	B-2 Nr.	B-3 Nr.	B-4 Nr.	B-5 Nr.	B-6 Nr.	B-7 Nr.
Abkürzungen, Benennung, Zeichen	3-5 8,51 52					34			36-38 42,73			88	
Abmessungen					47	13,28 29,35		35			90	56	6,27
Absatz								3	72				
Akarizide				25									
Allgemeines	1,2 5-7							2,3 31,32 54,60	2,4 51,52 80	1,58 72,73	1		1,2 6
Alternanz										39			
Anbaugebiete											1-3 89,90		
Annuelle							91						
Antagonismus			73										
Anthocyan	36												
Apfelfrüchte	25												
Areale						10							
Assimilationslicht					104								
Atmung	34,67										29		
Aussaat							6-8 19,51	52 57	5,58 59,64 65	13	85		
Bakterien, Bakteriosen		24,51	68	9,10 51,52 63									
Ballengewebe					49								
Band													33,40
Bäume, Baumarbeiten									26,38 50,55 56,71 84,86 90,96	74		60,89 91,92 98	20
Base			81										
Bedecktsamer	101												
Beeren, Beerenobst									49	31-33 35,54 82,83 91-93 99			
Beet- und Balkonpflanzen							69,89 90						83,85 86
Befruchtung	77-79 83							18,25 85		15,16 94	79,80		
Beton					93-99 110							43,70 77	
Betrieb								1,3		72,73 84			5
Bewässerung					57-65	40							

	Prüfungsblöcke												
	A-1 Nr.	A-2 Nr.	A-3 Nr.	A-4 Nr.	A-5 Nr.	A-6 Nr.	B-1 Nr.	B-2 Nr.	B-3 Nr.	B-4 Nr.	B-5 Nr.	B-6 Nr.	B-7 Nr.
Chemische Mittel							20,64	25 61-63	17	21,22 41			
Chemosynthese	102												
Chromosomen											32		
Container									22,64 78,83				
Cotyledonen	42,44 45,69												
Cupressaceae									68				
Curative Pflanzenschutz-mittel				24									
Cyathien							33,34						
Dachbegrünung												109-112	
Dämpfen		48,49											
Decken											40,41 67		
Dekoration, Dekorations-pflanzen							58,65 77						23,24
Denitrifikation			68										
Depotdünger			19,25 34,66										
Dickenwachstum	28,30 75,88						28,29		90				
Diffusion	104												
Dikotyledoneae	69												
Dissoziation			82										
Dolde	23												
Dornen	58						32						
Drainage												68,69 110	
Düngung		49,68	10 15-27 30-46 48-50 55-59 62-70 83		62,67		23 67-69	20,21 24,58 59,62 89-92	83	37,57			
Edaphon		23											
Eisen					108								
Eiweißstoffe	93												
Elektrische Anlagen					40 52-57 60,69								
Emergenzen	17												
Emulsion				29									
Energie					28,105								
Entseuchung		48,49 83		50									
Epiphyten	85,98						31						

	Prüfungsblöcke												
	A-1 Nr.	A-2 Nr.	A-3 Nr.	A-4 Nr.	A-5 Nr.	A-6 Nr.	B-1 Nr.	B-2 Nr.	B-3 Nr.	B-4 Nr.	B-5 Nr.	B-6 Nr.	B-7 Nr.
Erden		39-43 78-80	86				81						12
Erdgas					75								
Ernte			77					65,67 80		38,40 48-49 69-70 78			
Erosion		29-30				66						28	
Ertragszuwachs		77											
Euphorbia								33-34 75					
EURO-Palette					47								
Farben, Farbstoffe	35,36 91-92								91				25,33 50
Farne	32						36,74						
Faschinen												27	
F_1-Hybriden							94	41			37,65		
Feldgemüsebau								55					
Fette	93												
Flechten	49												49,79
Florenreiche							67-69						38
Floristik													24-33 41 60-68 74-76 82,89
Formschnitt										20,85			
Fräse					2,3 33								
Friedhof													1-4
Frischhaltemittel							64						
Frischhaltung								65					
Frostschutz							40,70						
Fruchtbarkeit		28,66	29										
Fruchtwechsel							30	53					
Früchte	24-26 101								25,30 41 48,49	52-54 66	19		
Gefahrensymbole				60									
Gehölze							80		13,28 33,37 40,50 54-58 92-100			10,12 15 106	14,16 18,22 59,83
Gemüsesorten								41-46 68-78 84,88 100					

	Prüfungsblöcke												
	A-1 Nr.	A-2 Nr.	A-3 Nr.	A-4 Nr.	A-5 Nr.	A-6 Nr.	B-1 Nr.	B-2 Nr.	B-3 Nr.	B-4 Nr.	B-5 Nr.	B-6 Nr.	B-7 Nr.
Nadelhölzer	101								18,45 46,59 68,69 71				17,70
Nährelemente		44	2,7,8 12-14 16,22 44-46 51-54 71-73					24,29 58					
Nährgewebe	41												
Nahrungskette	103												
Naturschutz							98			100		106 107	82
Nebenblätter	18												
Nematoden				56-57 88									
Niederschlag						55-57							
Nitrifikation			68										
Nomenklatur	3-5												
Obst	51									1-5			
Oele	93												
Orchidaceae							32,72 79						
Organische Dünger			57-59										
Osmose	104												
Ozon, Ozonloch, Ozonschicht						44,82 83							
Palisaden					91								
Perenne	9												
Perianth, Perigon	106												
Pergola					90								
Pflanzengesellschaften												102	
Pflanzenschäden				1-8 30									
Pflanzenschutz, -mittel				20-22 24,28 32-39 63-67						100			
Pflanzungen												87,94 101- 103 105	10
Pflaster												37-39 67,103 84,85	
Phosphordünger			24,55										
Photosynthese	33,35				104		60						
pH-Wert	36	14,17 39	7,8,37 47,60 61				81		23				83

	Prüfungsblöcke												
	A-1 Nr.	A-2 Nr.	A-3 Nr.	A-4 Nr.	A-5 Nr.	A-6 Nr.	B-1 Nr.	B-2 Nr.	B-3 Nr.	B-4 Nr.	B-5 Nr.	B-6 Nr.	B-7 Nr.
Pikieren						55							
Pilze				4-8 27 53-55 79									
Plasmolyse	105												
Plastiktöpfe							99						
Porenvolumen		7											
Praxiserden		39											
Protandrie, Protogynie	78,79												
Pufferung		6											
Qualität							47,49 50,68 85-86	3-6 29 32-35 58,86 89,90	1,34 37,38 72,74 77,93	42,43 50,61 86,87 99	58,59 61,87		51-53
Rasen											83	51-54 67 95-97	
Regeln					52,53								
Regenerationswachstum	89												
Reife										25,26 38			
Rettich		27											
Rhizom	11												
Rinden		79											
Rodentizide				26									
Rodung									75				
Rosen									27			10,108 113	
Rosette	68												
Ruheperiode	100						16						
Saatgut	100							7,8	7-13 18	89	4,5 8,9 16-18 20-24 27-31 41-43 54-61 76 83-87		
Säure, Salze		81											
Sand		11,41											
Salat								15,16 43,44 74,78 88					
Salzanreicherung		36,39	48				17,67	19 89-92				92	
Samen	40,41 90								47	10	7,14- 18,61 84,86		

	Prüfungsblöcke												
	A-1 Nr.	A-2 Nr.	A-3 Nr.	A-4 Nr.	A-5 Nr.	A-6 Nr.	B-1 Nr.	B-2 Nr.	B-3 Nr.	B-4 Nr.	B-5 Nr.	B-6 Nr.	B-7 Nr.
Sargschmuck													25,26
Sauerstoff		74	75		1								
Saugschuppen							32,71						
Schaden, Schadens-schwelle, Schädlinge				1-3 14-20 25,26 31 56,57 63,80			80	86		96		96	48
Schaft	68												
Schalenobst										4,55			
Schleime	93												
Schließfrüchte	26												
Schluff		12											
Schnee						39							
Schnittblumen							33-35 64,84 85,87 88,91 97						
Schwarzerde		17											
Schwermetalle		58											
Smog						84							
Solanaceae								48,49					
Sorten, Sortierung							25,27 35,91			26-35 65,82	52	88	15
Spaltöffnungen	31												
Spatha	64												
Spinnmilben				89									
Sporen	40												
Sportplatz												55,56	
Spritz- und Stäubemittel				23-25 28-36 45 61-66 71 77-80 91,92	70								
Sproß, Stamm	6,7 10,11 13-16 37,38 68,82 84,97						38,73 89		90 93-95	88,89 90,95			
Spurennährelemente			13,45										
Stabilitätsreihe													
Stacheln	58												
Stärke	93												

	Prüfungsblöcke												
	A-1 Nr.	A-2 Nr.	A-3 Nr.	A-4 Nr.	A-5 Nr.	A-6 Nr.	B-1 Nr.	B-2 Nr.	B-3 Nr.	B-4 Nr.	B-5 Nr.	B-6 Nr.	B-7 Nr.
Stahl				108									
Standort	86	84				65-69	23,67	1,2 14,54				105 113	
Stauden	9,14					39	37-43 46-49 78 91,97	40				11,14 86 101 106	46,58
Staunässe		46											
Steine, Stufen												100 47-50 79-81	
Steinobst										8,14 28,30 51,53 56,62 64,68			
Stengel	68												
Steuern					52								
Stickstoff			3-6 20 38,40 50 67,68 83,85										
Sträucher												12	
Straßenbäume									88, 101 102				
Substrate, Torf		38,40 42,44 79-82							23				
Succulante Pflanzen	84,97												
Sumpfpflanzen												103	
Symbiose	49												
Symmetrie	65												
Synergismus			73										
Systemische Mittel				28									
TA Luft					102								
Tageslänge						8,9	11-13 61						
Taupunkt, Tauwaage					60	47							
Teiche s. Wasserbecken							43,44						
Teilungsgewebe	27,57												
Temperatur					5,11	23-25							
Tensiometer					107								
Thallophyten	6												
Tierbestäuber	79												
Tomaten								18,28 85,86					
Ton-Humus-Komplex		21											

	Prüfungsblöcke												
	A-1 Nr.	A-2 Nr.	A-3 Nr.	A-4 Nr.	A-5 Nr.	A-6 Nr.	B-1 Nr.	B-2 Nr.	B-3 Nr.	B-4 Nr.	B-5 Nr.	B-6 Nr.	B-7 Nr.
Topfpflanzen							92-96						
Torf-Kultur-Substrat		38											
Transpiration	107, 109												
Transportkette								80					
Treiben, Treibhauseffekt					26	81	15,16 62,80						
Treppen, Stufen												47-50 79,80	
Trockener Werkstoff	66						24,66 83						37-40
Turgordruck	100												
Überdüngung			36,48										
Umtopfen							56						
Unfallverhütung				36,41 42,65 66,69	34-40 100				31,41 42			98-100	
Unkraut				82								95	47,90
Unterlagen									15,20 61	6-9 56,87			
Vegetationsdauer, Vegetationszonen						65-67		23					
Velamen							32						
Vererbung											10,11 13 32-34 36,37 44-51		
Verdunstung							32,59						
Verfrühen							62						
Vergrämen				85									
Vermessen												2-8 24	
Verpackung, Versand					47,49		48	80	3,33 35,36	72			
Virus				11-13 58,59						81			
Vitamine								4,5					
Volldünger			10,18 21										
Wachstum	27,75 87,89		62,52		7	1,2,7 9,80			90				
Wärmedurchgangszahl Wärmeverbrauchskoeffizient					72								
Wartezeit				67									
Wasser, Wasserbecken, Teiche	29,46 50,86 94,95 104	8,10 46 63,64	1 78-82	49,75	6 57-63 64,65 92,109	40	32,59 44,45 71,72	99				66-69 94 103	
Wasserhaushalt	50,86 107												

	Prüfungsblöcke												
	A-1 Nr.	A-2 Nr.	A-3 Nr.	A-4 Nr.	A-5 Nr.	A-6 Nr.	B-1 Nr.	B-2 Nr.	B-3 Nr.	B-4 Nr.	B-5 Nr.	B-6 Nr.	B-7 Nr.
Watt					103 109								
Wegebau												35-41 75,84 85,116	9
Werkstoff	66								32				42,65 69
Wetter						12,16 50,54 74,85							
Wildkräuter												107	
Wind, Windschutz						31-34 48			53-54 80	58			
Windbestäuber	79												
Wintergarten							100						
Wolken						19,20 46,76							
Wurzel	12,46 48,67 80-82	50					9,72		87,92				
Zapfen									45-46 70				42
Zeigerpflanzen		85											
Zelle	27,36 70-72 87,93 105		11										
Zement												42-44 71-73	
Züchtung											12,34 37,44 52,53 66,75 78,79 87,88		
Zwiebel	13,14												

	Prüfungsblöcke					
	C-1 Nr.	Nr.	C-2 Nr.	Nr.	C-3 Nr.	Nr.
Addieren					16	
Arbeitszeit	39					
Ausbringmengen					7,9 30,47	
Diskontrechnen	23					
Dreisatz (Arbeitszeit, Löhne)	42-45				19 49-51 66	
Flächen	46		13 15-17 31		11-14 26-28 35,36	64 70-72
Formeln (umstellen)	6		14		21	
Geschwindigkeit	6					
Kalkulation	30,36 37				18	
Komplexe Aufgaben	18,20 26,30 34,35 40,41		16,17 20,22 25-30		22-24 29,32 37-45 48	57,59 61,63 65 68,69
Kreis			11,12			
Längen, Strecken, Höhendifferenz	3		1-6		52-55	
Masse, Gewicht	4					
Mischungsrechnen					73-76	
Mittelwert					25	
Multiplizieren					20,58	
Proportionen	5,10		7-9		15	
Prozentrechnen	14 16-19 24-29	31-33 36,38	20		1,56	
Raum	5,47				10,33	
Spritzbrühen, Düngerlösungen	1,2		18,19 21 23,24		2-6 8,31	
Umrechnen von Einheiten	1-5 7-9		1,2		17,21	
Verteilungsrechnen					60,62 67	
Währungsrechnen	15					
Winkel			10			
Zeit	1,2					
Zinsrechnen	10-13 20-22 24					

Sachwortverzeichnis Wirtschaftslehre/Sozialkunde/Politik

Sachwortverzeichnis Wirtschaftslehre/Sozialkunde/Politik

Dieses Buch enthält:

- **Prüfungsaufgaben in programmierter Form und**
- **Prüfungsaufgaben in konventioneller Form.**

Die Lösung der programmierten Aufgaben erfolgt durch Ankreuzen in den hierfür vorgesehenen Kreisen.

Es ist immer nur **eine** Antwort richtig. Im Kapitel Garten- und Landschaftsbau können es auch zwei sein.

Manche Prüfungsausschüsse gehen dazu über, die programmierten Aufgaben durch konventionelle Aufgaben zu ergänzen. Aus diesem Grunde sind jedem Prüfungsblock mit programmierten Aufgaben noch konventionelle Prüfungsaufgaben hinzugefügt.

Die konventionellen Aufgaben sind stichwortartig, knapp und treffend zu beantworten. Die Prüfungsaufgaben können in beliebiger Reihenfolge gelöst werden.

Arbeiten Sie sorgfältig und gründlich! Bleiben Sie nicht bei der Beantwortung einer für Sie schwierigen Aufgabe stecken, sondern gehen Sie weiter zur nächsten Aufgabe. Erst zum Schluß sollten Sie sich die offen gebliebenen Aufgaben noch einmal vornehmen. Überprüfen Sie Ihre Leistungen mit dem Löser dieses Buches.

Wie aus dem Wegweiser ersichtlich, können auch einzelne Themenkreise mit Hilfe der Stichworte im Sachwortverzeichnis herausgesucht und getrennt bearbeitet werden.

1. Die Botanik (Pflanzenkunde) ist Teil der Biologie, der Lehre von der belebten Natur. Welches Fachgebiet gehört nicht zur Biologie?

① Zoologie – Naturgeschichte des Tierreiches
② Phytologie – Naturgeschichte des Pflanzenreiches
③ Anthropologie – Naturgeschichte vom Menschen
④ Geologie – Lehre von der Enstehung und dem Bau der Erde
⑤ Geobotanik – Wissenschaft von der Verbreitung der Pflanzen

2. Die Botanik ist in mehrere Fachbereiche gegliedert. Welchen Bereich bezeichnet man als Morphologie?

① Die Lehre von den Lebenserscheinungen der Pflanzen (Photosynthese, Atmung, Ernährung usw.)
② Die Lehre vom inneren Bau der Pflanzen
③ Die Lehre von Gestalt, Struktur und Form der Pflanzen
④ Die Lehre von den Beziehungen zwischen Pflanzen und Umwelt
⑤ Die Beschreibung, Benennung und Ordnung der heute lebenden Pflanzen

3. Pflanzennamen werden nach den Regeln der „binären Nomenklatur" gebildet. Was bedeutet diese Bezeichnung?

① Die Benennung der Pflanzen mit einem Sortennamen
② Die Benennung der Pflanzen mit einem Gattungs- und einem Artnamen
③ Die Benennung der Pflanzen mit einem eindeutigen Familiennamen
④ Die genaue Bezeichnung der Pflanzen in Katalogen mit einem Handelsnamen
⑤ Die Benennung der Pflanzen mit sortenrechtlich geschützten Namen

4. Auf welchen Naturforscher geht die binäre Nomenklatur zurück?

① Carl von Linné
② Alexander von Humboldt
③ Aristoteles
④ Friedrich Engler
⑤ Justus von Liebig

5. Namen mit der Endung „aceae", z.B. Liliaceae, kennzeichnen im botanischen System

① eine Art
② eine Gattung
③ eine Familie
④ eine Ordnung
⑤ eine Abteilung

6. Welche der nachstehend genannten Pflanzen sind Thallophyten, Lagerpflanzen?

① Farnpflanzen, Palmfarne, Palmen
② Nadelgehölze, Ein- und Zweikeimblättrige Pflanzen
③ Nacktsamer und Bedecktsamer
④ Algen, Pilze, Flechten, Moose
⑤ Spaltpflanzen (Einzeller)

7. Die typischen Merkmale der höheren Pflanzen (Kormophyten) sind:

① Vermehrung durch Teilung
② Vermehrung durch Sporen
③ Ausgeprägter Generationswechsel
④ Vorhandensein von Blattgrün (Chlorophyll)
⑤ Echte Wurzeln, mehrschichtige Blätter, Leitbündel, Sproßachse

8. Die botanischen Zeichen ⊙ ⊙ ♃ geben Auskunft über

① die Blütezeit der Pflanze
② den Sproßaufbau der Pflanze
③ die Lebensdauer krautiger Pflanzen
④ den Verwendungszweck der Pflanzen
⑤ den Standort, an dem diese Pflanze hinsichtlich der Sonneneinstrahlung optimal gedeiht.

9. Als Stauden (Perenne) bezeichnet man

① krautige Pflanzen, die nach der Blüte absterben und die ungünstige Jahreszeit als Samen überdauern
② krautige Pflanzen, die eine ungünstige Jahreszeit mit Zwiebeln, Knollen, Rhizomen oder Blattrosetten überdauern
③ verholzte Pflanzen, die bei Beginn der ungünstigen Jahreszeit die Blätter abwerfen und mit besonderen Knospen überdauern
④ mehrjährige Pflanzen, die in den unteren Teilen verholzen, in den oberen krautig sind
⑤ krautige Pflanzen, die im Jahr der Saat wachsen, blühen, fruchten und Samen bilden.

10. Zu den Sproßmetamorphosen zählen nicht

① Stengel, Schaft, Halm
② Baum, Strauch, Halbstrauch
③ Zwiebel, Knolle, Rhizom
④ Ausläufer, Erdsproß, Rosette
⑤ Wurzelknolle, Rübe

11. Ein Rhizom (Wurzelstock, Erdsproß) ist

① ein unterirdischer Sproßteil mit Erneuerungsknospen
② ein gestauchter Sproß mit succulenten Blättern
③ ein verdicktes Hypocotyl
④ eine verdickte Hauptwurzel
⑤ ein System verdickter Seitenwurzeln

12. Wie bezeichnet man die Wurzeln, die sich oberirdisch an den Sprossen vieler Araceae (Aronstabgewächse) und Moraceae (Maulbeerbaumgewächse) bilden?

① Stelzwurzeln
② Pfahlwurzeln
③ Luftwurzeln
④ Wurzelranken
⑤ Haftwurzeln

13. Nach der botanischen Erklärung ist eine Zwiebel

① eine Knolle, aus der sich die neue Pflanze bildet
② eine Metamorphose (Gestaltsänderung) der Wurzel
③ der ruhende Same
④ ein gestauchter Sproß mit succulenten Blättern
⑤ die Frucht der Zwiebelgewächse

14. Eine große Anzahl bekannter Schnittblumen sind Zwiebel- oder Knollengewächse. Welche haben Zwiebeln?

① Gladiolus-Hybriden, Crocosmia x crocosmiiflora
② Primula-Auricula-Hybriden, Pulsatilla vulgaris
③ Anemone coronaria, Iris-Hollandica-Hybriden
④ Dahlia-Hybriden, Crocus vernus
⑤ Hyacinthus orientalis, Narcissus pseudonarcissus

15. Als Hypocotyl (hypo gr. unter; Cotyledonen: Keimblätter) bezeichnet man

① die Keimblätter
② den Wurzelhals
③ den Stengelteil unterhalb der Blüte
④ den Keimstengel zwischen Keimblättern und Wurzel
⑤ den Stengelteil zwischen Keimblättern und den ersten Laubblättern

16. Bei welchen Pflanzen ist das Hypocotyl zu einer Knolle verdickt?

① Cyclamen persicum (Alpenveilchen), Beta vulgaris var. vulgaris (Rote Beete)
② Iris germanica, Tulipa gesneriana
③ Raphanus sativus var. niger (Rettich), Beta vulgaris var. flavescens (Mangold)
④ Daucus carota ssp. sativus (Möhre), Cichorium intybus var. sativum (Wurzelzichorie)
⑤ Brassica oleraceae var. gongylodes (Kohlrabi), Scorzonera hispanica (Schwarzwurzel)

17. Welche Gebilde sind Emergenzen (Auswüchse der Oberhaut)?

① Papillen des Stiefmütterchens und bei Lupinus luteus
② Samenhaare der Baumwolle, Schuppenhaar bei Vriesea splendens
③ Haare der Königskerze (Verbascum) und der Büffelbeere (Shepherdia canadensis)
④ Drüsenhaare der Primula obconica, Haare der Levkoje Matthiola incana
⑤ Stacheln der Rosen, Tentakeln der Drosera (Sonnentau)

18. Der Blattgrund kann mit Nebenblättern ausgestaltet sein. Bei welcher Pflanzenfamilie sind es zwei Nebenblätter am Blattgrund?

① Liliaceae (Liliengewächse)
② Poaceae alt. Gramineae (Gräser)
③ Rosaceae (Rosengewächse)
④ Moraceae (Maulbeerbaumgewächse)
⑤ Fagaceae (Buchengewächse)

19. Welche Aussage trifft auf „Hochblätter" zu?

① Es sind farblose oder grüne Schuppen an den Erneuerungsknospen ausdauernder Kräuter
② Die Primärblätter sind oft anders geformt als die Folgeblätter
③ Bei Wasserpflanzen können die unter Wasser befindlichen Blätter anders gestaltet sein als die Schwimmblätter
④ Sie folgen am Stengel beim Übergang von den Laubblättern zu den Blütenblättern als Tragblätter der Blüten und Blütenstandsäste
⑤ Sie sind viel einfacher gestaltet als die Laubblätter und haben meist nur eine kurze Lebensdauer

20. Zwittrige Blüten sind dadurch gekennzeichnet, daß

① männliche und weibliche Blüten auf einer Pflanze sitzen
② männliche und weibliche Blüten jeweils auf zwei verschiedenen Pflanzen sitzen
③ Staub- und Fruchtblätter zu Blütenblättern umgewandelt sind
④ Staub- und Fruchtblätter in einer Blüte vorhanden sind
⑤ ein Blütenstand, z.B. bei den Korbblütlern, von Schaublüten umschlossen wird

21. Zweihäusig – diözisch – sind solche Pflanzen,

① die mit zwei Keimblättern keimen
② die im Jahr der Aussaat eine Blattrosette bilden, mit dieser die ungünstige Jahreszeit überdauern, dann blühen, fruchten und absterben
③ deren Blüten männliche und weibliche Teile tragen
④ die auf einer Pflanze männliche Blüten und weibliche Blüten haben
⑤ die auf einer Pflanze jeweils nur männliche oder nur weibliche Blüten haben

22. Welche Beschreibung trifft auf die Traube zu?

① Von der Hauptachse gehen Seitenachsen mit gestielten Einzelblüten ab
② An der Hauptachse sitzen gestielte Einzelblüten
③ An der Hauptachse sitzen ungestielte Einzelblüten
④ An einem Punkt der Hauptachse entspringen unverzweigte Seitenachsen, die an ihren Enden Blüten tragen
⑤ An einer fleischig verdickten Hauptachse sitzen ungestielte Einzelblüten

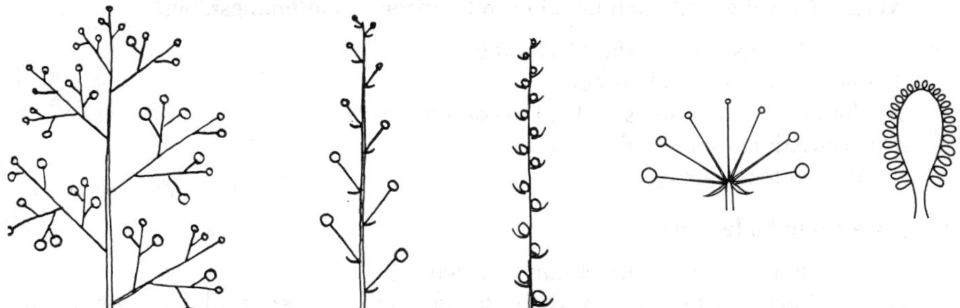

23. Der Blütenstand der Doldengewächse (Umbelliferae alt. Apiaceae) ist

① eine Traube, bei der die verschiedene lang gestielten Blüten in einer gemeinsamen Oberfläche stehen
② eine Traube, bei der die gestielten Blüten von einem Punkt ausgehen
③ eine mehrfach verzweigte Traube
④ eine Rispe, deren Blüten der einzelnen Rispenäste in einer Ebene enden
⑤ eine Dolde, deren Doldenstrahlen 1. Ordnung kleinere Dolden – Döldchen – tragen

24. Kapseln als Früchte hat

① Aconitum napellus – Eisenhut
② Helianthus annuus – Sonnenblume
③ Papaver orientale – Mohn
④ Lathyrus odoratus – Edelwicke
⑤ Vicia faba – Dicke Bohne

25. Kennzeichen der Apfelfrüchte sind:

① Der Blütenboden ergibt die Scheinfrucht, der Fruchtknoten das Kerngehäuse. Die Fruchtblätter werden bei der Reife pergamentartig
② Der Blütenboden entwickelt sich zu einem fleischigen, kegelförmigen Gebilde, dem kleine Nüßchen aufsitzen
③ Auf der kegelförmigen Blütenachse sitzen Steinfrüchtchen
④ Nüßchen sind von einer fleischigen, krugförmigen Blütenachse umschlossen
⑤ Beerenfrüchte sind mit Blütenstandsachse und Tragblättern zu einem Sammelfruchtstand verwachsen

26. Schließfrüchte

① werden aus einem Fruchtblatt gebildet, das sich bei der Reife an der Bauchnaht öffnet
② werden aus einem Fruchtblatt gebildet, das sich bei der Reife an der Bauch- und an der Rückennaht öffnet
③ werden aus zwei oder mehreren Fruchtblättern gebildet, die sich bei der Reife mit einem Deckel oder mit Poren öffnen
④ bleiben auch bei der Fruchtreife geschlossen. Frucht und Samen werden zusammen verbreitet
⑤ sind einzelne Früchte, die zu einer Sammelfrucht zusammengeschlossen sind und sich bei der Reife in ihrer Gesamtheit lösen

27. Pflanzen wachsen durch Zellteilung und Zellstreckung.
Welche Gewebe sind auch bei älteren Pflanzen noch teilungsfähig?

① Die Bildungsgewebe, die Meristeme
② Alle chlorophyllreichen Zellen
③ Alle Zellen, in denen sich kein Chlorophyll befindet
④ Das Mark in den Sproßachsen
⑤ Das Rindengewebe

28. Jahresringe bilden aus

① alle Pflanzen, die ein Kambium besitzen
② alle Holzgewächse, die an wechselfeuchten Standorten in Klimazonen mit ausgeprägten Jahreszeiten gedeihen
③ alle Zweikeimblättrigen Pflanzen
④ nur Mehrkeimblättrige Pflanzen, z.B. Pinaceae
⑤ vorwiegend die Bäume in den tropischen Regenwäldern

29. In welchen Geweben werden Wasser und darin gelöste Nährstoffe transportiert?

① Kambium
② Xylem (Holzteil)
③ Phloem (Siebteil)
④ Mark
⑤ Rinde

30. In welcher Gewebeschicht entsteht das sekundäre Dickenwachstum? Es entsteht

① im Palisadenparenchym
② im Schwammgewebe (Durchlüftungsgewebe)
③ im Kambium
④ im Caspary'schen Streifen
⑤ im Zentralzylinder

31. Kreuzen Sie die Reihe an, in der nur Pflanzen genannt sind, deren Blätter die Spaltöffnungen auf der Blattunterseite tragen!

① Seerose (Nymphaea alba), Teichrose (Nuphar lutea)
② Allium cepa var. cepa (Zwiebel), Allium schoenoprasum (Schnittlauch)
③ Pinus pinaster (Strandkiefer), Pinus pinea (Pinie)
④ Juncus effusus (Binse), Iris germanica (Schwertlilie)
⑤ Fagus sylvatica (Rotbuche), Carpinus betulus (Hainbuche)

32. Farne vermehren sich generativ durch

① Samen
② Teilung
③ Ausläufer
④ Sporen
⑤ Rhizome

33. Welche der nachstehenden Reaktionsgleichungen trifft auf die Photosynthese, die Kohlenstoff-Assimilation, zu?

① $C_6H_{12}O_6 + 6\ O_2 + 6\ H_2O \rightarrow 6\ CO_2 + 12\ H_2O + 2826\ kJ$
Traubenzucker + Sauerstoff + Wasser → Kohlendioxid + Wasser + Energie

② $6\ CO_2 + 12\ H_2O + 2826\ kJ \rightarrow C_6H_{12}O_6 + 6\ H_2O + 6\ O_2$
Kohlendioxid + Wasser + Energie → Traubenzucker + Wasser + Sauerstoff

③ Zucker $\xrightarrow{\text{Enzyme}}$ Alkohol + Kohlendioxid + Energie
$C_6H_{12}O_6 \rightarrow 2\ C_2H_5OH + 2\ CO_2 + 2877\ kJ$

④ $2\ NH_3 + 3\ O_2 \rightarrow 2\ HNO_2 + 2\ H_2O + 660\ kJ$
Nitrat + Sauerstoff → Nitrit + Wasser + Energie

⑤ $2H_2S + O2 \rightarrow 2\ H_2O + 2S + 493\ kJ$
Schwefelwasserstoff + Sauerstoff → Wasser + Schwefel + Energie

34. Welche Aussage über die Atmung ist richtig?

① Pflanzen atmen nur am Tage mit allen grünen Pflanzenteilen
② Pflanzen atmen nur nachts und geben dabei Sauerstoff ab
③ Pflanzen atmen nur mit den Pflanzenteilen, die kein Blattgrün (Chlorophyll) enthalten
④ Pflanzen atmen vorwiegend am Tage und bauen dabei Traubenzucker auf
⑤ Pflanzen atmen am Tage und in der Nacht mit allen lebenden Teilen

35. Welche Farben (Wellen) des sichtbaren Lichtes sind für die Photosynthese nötig?

① Die Komplementärfarben zu Grün (Rot) und zu Orange (Blau)
② Nur Grün, die Blätter sind ja grün!
③ Nur Rot, die Komplementärfarbe zu Grün
④ Nur Gelb, da im Grün der Blätter ein großer Anteil der Komplementärfarbe Blau enthalten ist
⑤ Für die Photosynthese benötigt die Pflanze das gesamte Spektrum des Sonnenlichtes

36. Welcher Stoff in den Pflanzenzellen ändert seine Farbe mit dem ph-Wert des Zellsaftes?

① Chlorophyll a
② Carotin
③ Anthocyan
④ Chlorophyll b
⑤ Lutein

37. Wie ändert sich der Habitus bei Pflanzen, die einem Lichtüberschuß ausgesetzt sind?

① Verkürzung der Internodien
② Verlängerung der Internodien
③ Bildung weicher, hellgrüner Blätter
④ Keine Blütenbildung
⑤ Bildung großer, weicher, dunkelgrüner Blätter

38. Der Einsatz von Hemmstoffen bewirkt

① Verlängerung der Internodien
② Verminderung des Blütenansatzes
③ Verkürzen der Internodien
④ geringere Ausbildung von Blättern
⑤ besseres Wurzelwachstum

39. Gefüllte Blüten sind häufig steril. Dafür gibt es verschiedene Gründe. Kennzeichnen Sie die falsche Aussage!

① Die Staubblätter sind zu Blütenblättern umgewandelt.
② Die Fruchtblätter sind zu Blütenblättern umgewandelt.
③ Staub- und Fruchtblätter sind zu Blütenblättern umgewandelt.
④ Fruchtbare Röhrenblüten sind zu unfruchtbaren Zungenblüten umgewandelt.
⑤ Die Blütenblätter haben sich geteilt.

40. Sporen und Samen benötigen zur Keimung nicht:

① Einen Wärme- oder Kälteschock
② Feuchtigkeit
③ Sauerstoff
④ Licht oder Dunkelheit
⑤ Nährstoffe und Kohlendioxid

41. Wenig oder kein Nährgewebe besitzen die Samen von

① Weizen, Gerste, Hafer
② Pfeffer, Teichrose, Mohn
③ Orchideen, Begonien, Vriesea
④ Sonnenblumen, Raps, Lein
⑤ Salat, Radies, Kohl

42. Mit einem Keimblatt keimen

① Erbse, Bohne
② Löwenzahn, Zinnien
③ Lilien, Mais
④ Tanne, Fichte
⑤ Ahorn, Linde

43. Epigäisch keimen die Samen von

① Gartenbohne (Phaseolus vulgaris) und Winterlinde (Tilia cordata)
② Feuerbohne (Phaseolus coccineus) und Vicia faba (Dicke Bohne)
③ Quercus robur (Stieleiche) und Aesculus hippocastanum (Roßkastanie)
④ Pisum sativum (Erbse) und Quercus ilex (Steineiche)
⑤ Juglans nigra (Schwarznußbaum) und Juglans regia (Walnußbaum)

44. Kennzeichnen Sie die Pflanzen, bei denen die Nährstoffe in den Keimblättern gespeichert sind!

① Primula, Gloxinien
② Moose und Farne
③ Sonnenblumen, Lein, Raps
④ Bohnen, Erbsen, Walnuß
⑤ Roggen, Hirse, Mais

45. Zwei und mehr Keimblätter (Cotyledonen) besitzen die Nadelhölzer. Welche Pflanzen gehören nicht dazu?

① Pinus nigra, Abies alba, Picea abies
② Cedrus atlantica, Cupressus sempervirens, Taxus baccata
③ Chamaecyparis lawsoniana, Juniperus communis, Thuja orientalis
④ Taxodium distichum, Sequoiadendron giganteum, Sciadopitys verticillata
⑤ Ilex aquifolium, Tamarix gallica, Erica arborea

46. Für die Aufnahme von Wasser und Nährstoffen vergrößern die Pflanzen die Wurzeloberfläche durch

① die Ausbildung einer besonders dicken Pfahlwurzel
② das Bilden von feinen Wurzelhaaren
③ besonders viel sproßbürtige Wurzeln und Reduktion der Hauptwurzel
④ die Anlage von Wurzelknollen
⑤ die unterirdische Ausdehnung mit Rhizomen

47. Welche Aussage zu Meristemvermehrung ist falsch? Jungpflanzen aus Meristemvermehrung sind

① virusfrei
② schnell zu kultivieren
③ leicht zu verschicken
④ einheitlich im Bestand
⑤ resistent gegen alle Schädlinge

48. Was bezeichnet man als Mycorrhiza (gr. mykes - Pilz; gr. rhiza - Wurzel)?

① Eine Symbiose von Alge und Pilz
② Eine Symbiose von Leguminosae (alt. Fabaceae) mit Bakterien
③ Eine Symbiose von Landpflanzen mit Pilzen
④ Im System nach EHRENDORFER die dritte Abteilung des Pflanzenreiches, die Pilze
⑤ Pflanzenkrankheiten, die durch Pilze verursacht werden

49. Unter Symbiose (gr. syn - zusammen, mit; gr. bios - Leben) versteht man die Erscheinung, daß

① die Wirtspflanzen von den Eindringlingen geschädigt werden
② Fäulnisbakterien organische Stoffe abbauen
③ grüne Pflanzen, z.B. Mistel, von ihren Wirtspflanzen Wasser und Nährsalze entnehmen, aber selbst Photosynthese betreiben
④ zwei Lebewesen zu gegenseitigem Nutzen zusammenleben, z.B. Flechten
⑤ manche Pflanzen auf Bäumen wachsen, sich jedoch autotroph ernähren

50. Der Wasserhaushalt der Pflanzen wird reguliert durch

① die Verdunstung (Transpiration)
② die Photosynthese (Assimilation des Kohlenstoffes)
③ Abbau von Stoffen (Dissimilation)
④ eine verstärkte Wasseraufnahme der Blätter und Guttation
⑤ nur nach einer Änderung des Erbgutes, einer Mutation

51. Erklären Sie die botanische Nomenklatur!

52. Schreiben Sie die Bedeutung der botanischen Zeichen auf!

53. Bezeichnen Sie die Merkmale der Laubblätter!

a ______________________________

b ______________________________

c ______________________________

d ______________________________

e ______________________________

f ______________________________

g ______________________________

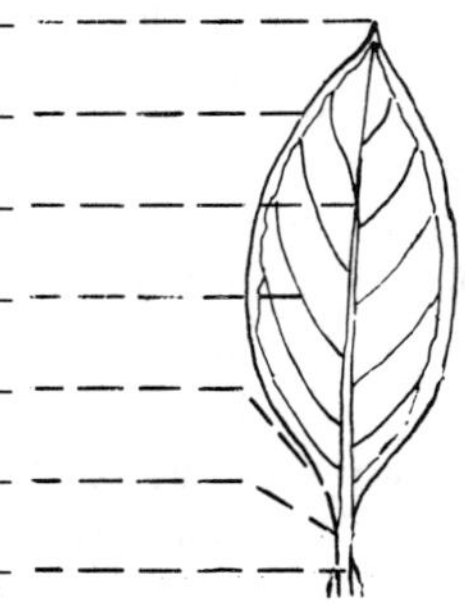

54. Ordnen Sie die Bezeichnung der Ausbildung des Blattrandes der richtigen Zeichnung zu! Nennen Sie je ein Beispiel!

gekerbt, gezähnt, gesägt, buchtig, schrotsägeförmig, ganzrandig, doppelt gesägt
Flieder, Eiche, Schwarzpappel, Löwenzahn, Brennessel, Weißbuche, Gundermann

1 2 3 4 5 6 7

55. Wie bezeichnet man die Ausgestaltung der abgebildeten Blattspreiten? Geben Sie je ein Beispiel an!

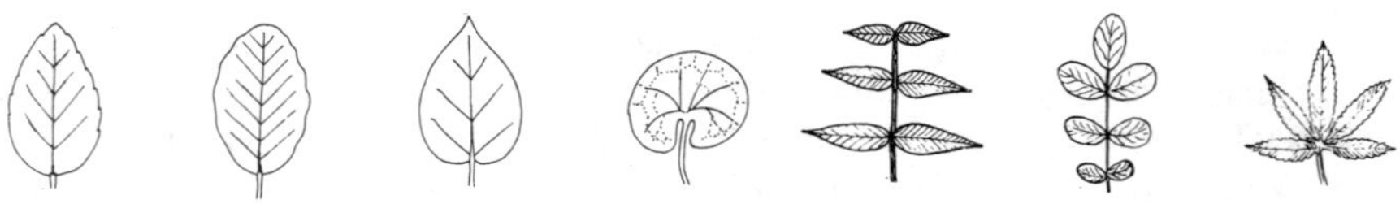

1 2 3 4 5 6 7

56. Wie bezeichnet man die Blattaderung?

1 ______________________

2 ______________________

3 ______________________

4 ______________________

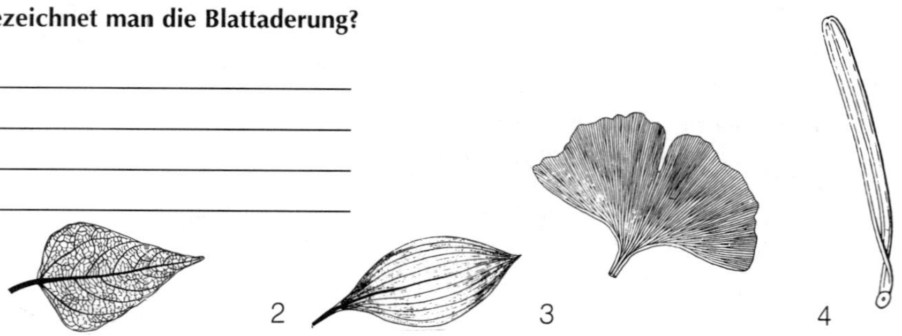

1 2 3 4

57. Wie sind die Blattspreiten bei nachstehenden Pflanzen ausgebildet?

Pflanze	Besonderheit der Blattspreite
Begoniaceae	
Crassulaceae	
Allium cepa (Zwiebel)	
Nepenthes (Kannenpflanze)	
Platycerium (Geweihfarn)	
Drosera (Sonnentau)	
Cactaceae	

58. Unterscheiden Sie Stacheln und Dornen!

59. Erklären Sie die beiden Blütendiagramme!

______	Zahl der Blattkreise	______
______	Zahl der Glieder	______
______	Kelchblätter	______
______	Kronblätter	______
______	Staubblätter	______
______	Fruchtblätter	______
______	verwachsen od. frei	______
______	Familie	______

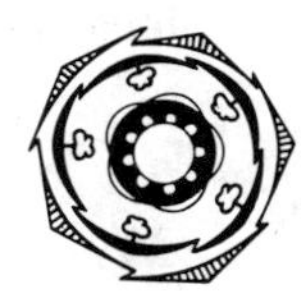

60. Erklären Sie die Gemeinsamkeiten und die Unterschiede bei nachstehenden Blütendiagrammen und Längsschnitten!

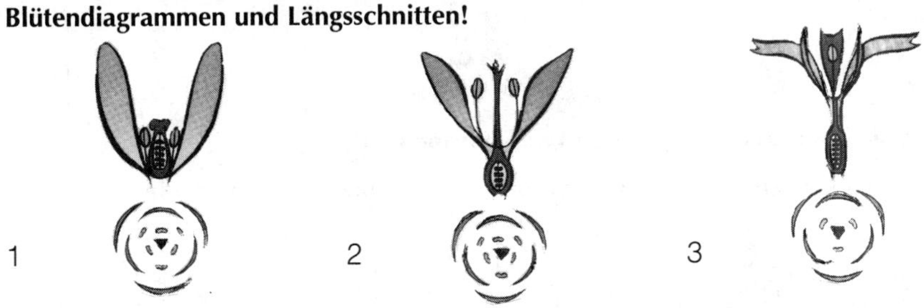

61. Erklären Sie „einhäusige Pflanzen" und nennen Sie drei Beispiele!

62. Erklären Sie „zweihäusige Pflanzen" und nennen Sie drei Beispiele!

63. Welche Pflanzen haben Bracteen (lat. bractea – Blättchen)?

64. Was ist eine Spatha (gr. spathe – Spatel)?

65. Erklären Sie bei nachstehenden Blütendiagrammen die Symmetrieverhältnisse (gr. syn – mit; gr. metros – Maß)!

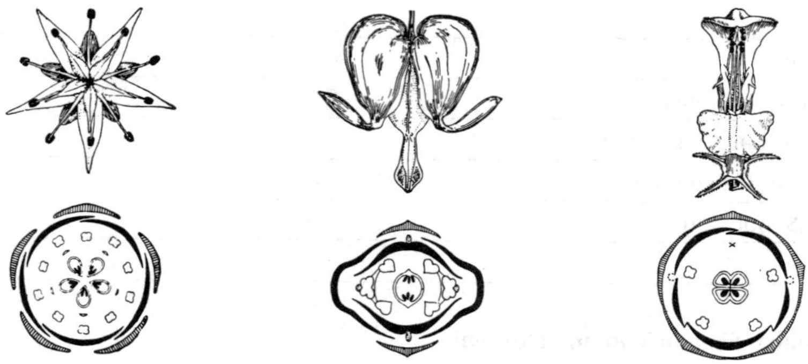

1 Steinbrech Sedum sexangulare

2 Tränendes Herz Dicentra spectabilis

3 Weiße Taubnessel Lamium album

66. Gärtner liefern Pflanzenteile für floristische Werkstücke auch getrocknet. Um welche Pflanzen und welche Pflanzenteile handelt es sich bei den nachstehenden Abbildungen?

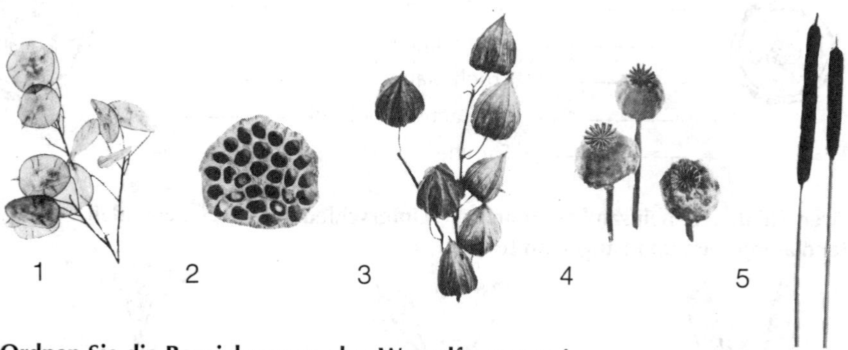

1 2 3 4 5

67. Ordnen Sie die Bezeichnungen den Wurzelformen zu!

Atemwurzeln · Speicherwurzeln · Kletterwurzeln · Stelzwurzeln · Luftwurzeln

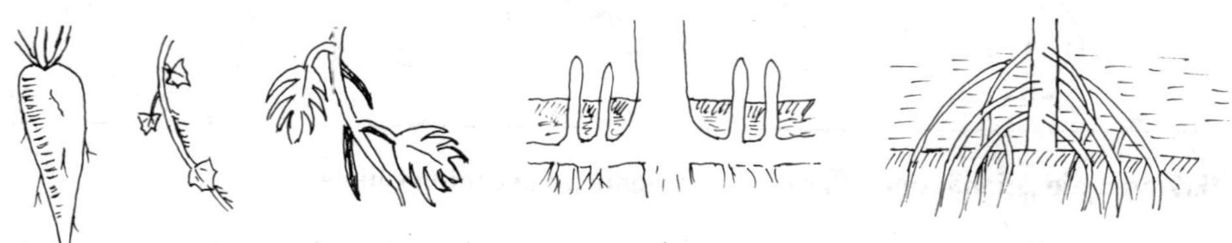

1 2 3 4 5

68. Unterscheiden Sie Stengel, Schaft, Halm und Rosette!

69. Unterscheiden Sie Monocotyledoneae (Einkeimblättrige) und Dicotyledoneae (Zweikeimblättrige)!

Merkmale	Monocotyledoneae	Dicotyledoneae
Zahl der Keimblätter		
Hauptwurzel		
Wurzelsystem		
Kambium		
Leitbündel		
Anordnung der Leitbündel		
Dickenwachstum		
Blattadern		
Blattrand		
Blattansatz		
Blattstellung		
Blattformen		
Blütenbau		
Beispiel		

70. Erklären Sie nachstehend abgebildete Entwicklung einer Zelle!

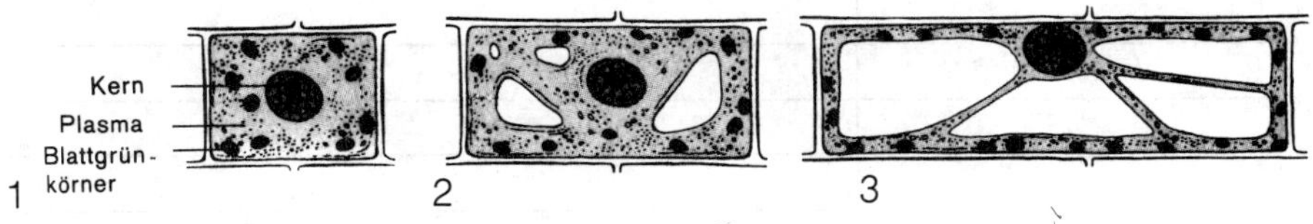

71. Beschriften Sie die nachstehende Abbildung einer Pflanzenzelle!

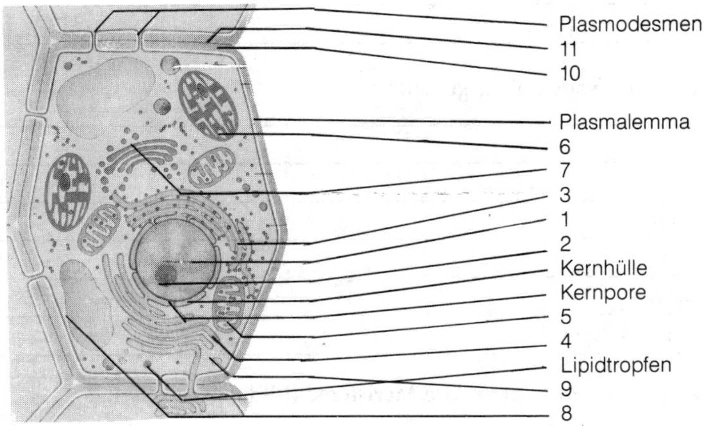

72. Ordnen Sie den Zellorganellen ihre Funktionen zu!

Nr.	Zellorganell	Funktion
1		
2		
3		
4		
5		
6		
7		
8		
9		
10		
11		
12		

73. Laubblätter bestehen aus verschiedenen Geweben. Wie heißen sie und welche Bedeutung haben sie für den Stoffwechsel der Pflanzen?

Gewebe	Bedeutung

74. Wie sind die Blätter der Nadelhölzer gebaut?

Blattform	
Blattadern	
Epidermis (Oberhaut)	
Spaltöffnungen	
Assimilationsgewebe	
Sklerenchym (Festigungsgewebe)	

75. Unterscheiden Sie primäre und sekundäre Meristeme (Bildungsgewebe)!

76. Aus welchen Geweben besteht das abgebildete Leitbündel?

1 __________
2 __________
3 __________
4 __________
5 __________
6 __________
7 __________

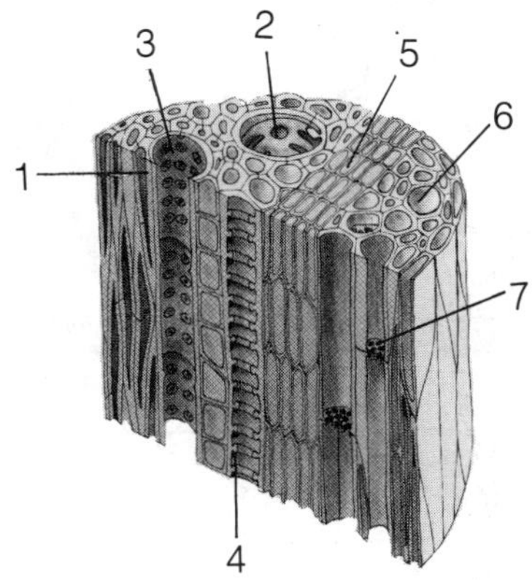

77. Unterscheiden Sie Bestäubung und Befruchtung!

78. Unterscheiden Sie Vorweiblichkeit (Protogynie) und Vormännlichkeit (Protandrie)!

79. Wie unterscheiden sich die Blüten der Windbestäuber von denen der Tierbestäuber?

80. Beschriften Sie den Wurzelquerschnitt!

1 __________
2 __________
3 __________
4 __________
5 __________
6 __________

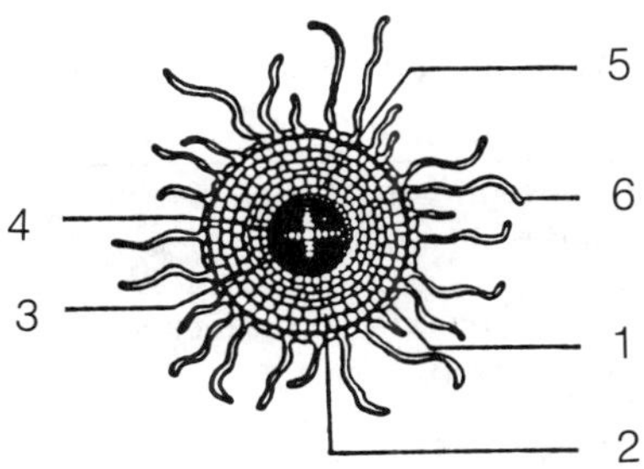

81. Beschriften Sie den Wurzellängsschnitt!

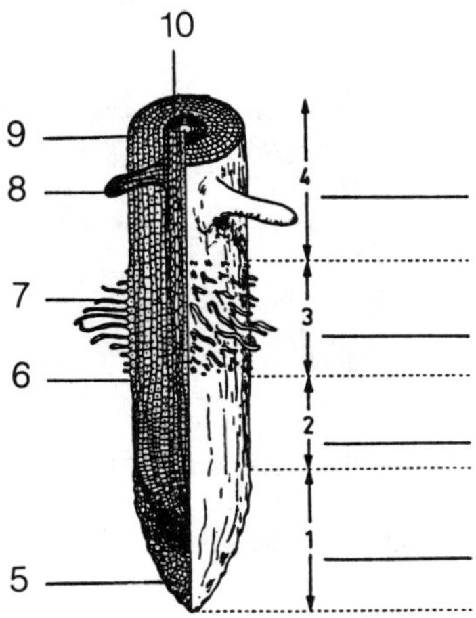

1 __________
2 __________
3 __________
4 __________
5 __________
6 __________
7 __________
8 __________
9 __________
10 __________

82. Kennzeichnen Sie durch Ankreuzen die Funktion von Sproß, Blüte, Blättern und Wurzeln!

Funktion	Sproß	Blüte	Blätter	Wurzel
generative Vermehrung				
vegetative Vermehrung				
Verankerung im Boden				
Versorgung mit Wasser und Nährsalzen				
Speichern von Wasser				
Speichern von Reservestoffen				
Versorgung mit Sauerstoff				
Versorgung mit Kohlendioxid				
Transport von Wasser und Nährstoffen				
Anlocken oder Abschrecken von Tieren				
Aufschließen von Nährelementen im Boden				

83. Erklären Sie die Besonderheiten der Blütenbiologie bei Primula und Crocus!

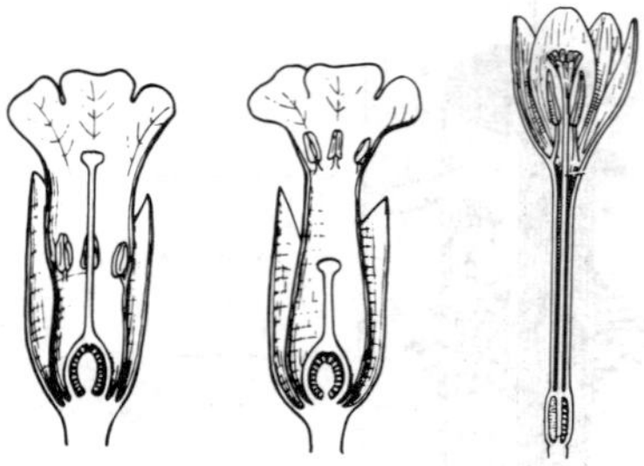

84. Erläutern Sie den Habitus (äußere Gestalt, Aussehen) succulenter Pflanzen!

85. Erklären Sie die Lebensweise und den Bau von Viscum album (Mistel)!

86. Wie sind Pflanzen an die Wechselfeuchtigkeit des Standortes angepaßt?

87. Berichten Sie über das Zellenwachstum!

88. Welche Arten des Dickenwachstums unterscheidet man?

89. Was versteht der Gärtner unter Regenerationswachstum?

90. Bezeichnen Sie die Bestandteile eines Samenkorns am Beispiel des Weizens!

91. Nennen Sie Farbstoffe, die in den Vakuolen vorkommen!

92. Nennen Sie Farbstoffe, die an Farbstoffträger gebunden sind!

93. Pflanzen scheiden Stoffe aus. Ergänzen Sie die Übersicht!

Bezeichnung	Vorkommen
Stärkekörner	
Eiweißstoffe	
Fette und Öle	
Gerbstoffe	
Schleime	
Milchsäfte	
Harze	

94. Wozu benötigt die Pflanze Wasser?

95. Erklären Sie den Verdunstungsstrom!

96. Durch welche Maßnahmen kann ein Gärtner in seinen Kulturen den Blütenansatz auslösen oder fördern?

97. Aus der Lebensweise succulenter Pflanzen ergeben sich Hinweise für ihre Kultur als Zimmerpflanzen!

98. Epiphytisch (auf anderen Pflanzen) lebende Pflanzen haben besondere Pflegeansprüche. Erklären Sie diese!

99. Erklären Sie, was bei der Kultur buntlaubiger Pflanzen zu beachten ist!

100. Erklären Sie „Ruheperiode“ und nennen Sie Beispiele!

101. Unterscheiden Sie Nacktsamer und Bedecktsamer!

102. Was versteht man unter „Chemosynthese“?

103. Was ist eine Nahrungskette?

104. Unterscheiden Sie Diffusion und Osmose!

105. Erklären Sie Plasmolyse!

106. Unterscheiden Sie Perianth und Perigon.

107. Wie kann der Gärtner die Verdunstung der Pflanzen im Gewächshaus herabsetzen?

108. Welche Pflanzen gedeihen nur mit einer ausgeprägten Mykorrhiza?

109. Erklären Sie Transpiration!

110. Was bezeichnet man als Turgordruck?

111. Welche Pflanzen neigen zur Guttation?

112. Erklären Sie Kapillarität!

1. Boden ist

① ein Gemisch aus Lehm und Sand
② jedes Verwitterungsprodukt von Gesteinen
③ die obere Verwitterungsschicht der festen Erdrinde, auf der Pflanzen gedeihen können
④ die obere Verwitterungsschicht der festen Erdrinde bis etwa 60 cm Tiefe
⑤ ein Gemisch aus Lehm und Torf

2. Mehrere Vorgänge in der Natur haben Einfluß auf die Bodenbildung. Welche Aussage ist falsch?

① Biologische Verwitterung erfolgt durch Bodenorganismen sowie durch Lebensvorgänge der Pflanzen und Tiere.
② Physikalische Verwitterung geschieht durch die Wirkung von Wind, Wasser, extremen Temperaturen.
③ Chemische Verwitterung entsteht durch die Wirkung von Säuren und durch Oxidation.
④ Fehlende Vegetation fördert Mikroorganismen durch die direkte Sonneneinstrahlung, sie fördert die biologische Verwitterung.
⑤ Sumpf- und Wasserpflanzen vertorfen, Humusböden entstehen.

3. Bodentypen sind

① A_1-Horizont
② Praxiserden
③ Komposterde, Nadelerde, Heideerde
④ Kultursubstrate
⑤ Schwarzerde, Rendzina, Braunerde, Podsol, Braunerde, Marschboden

4. Bodenklima bezeichnet

① Sonnenscheindauer und Luftgeschwindigkeit
② das Verhalten von Bodenluft und Bodenwasser
③ die Regenmenge und die Zahl der Frosttage
④ das Zusammenwirken von Sonne, Wind, Regen
⑤ das Zusammenwirken von Bodenwasser, Bodenluft und Bodenwärme

5. Unter einem kalten Boden versteht man

① einen leichten, trockenen Boden, z. B. Sand- oder Schieferboden.
② einen verdichteten, nassen Boden. Wasser und Luft können nur schwer zirkulieren.
③ einen lockeren Boden, in dem Wasser und Luft rasch zirkulieren können.
④ einen dunklen Boden, der die Wärmestrahlen absorbiert.
⑤ einen leichten Boden, bei dem bei unbewölktem Himmel häufig Nachtfröste auftreten.

6. Ein gepufferter Boden

① fängt Säurestöße auf.
② federt, wenn man darüberläuft.
③ vermag viel Wasser festzuhalten.
④ gibt angelagerte Nährstoffe nur schwer wieder ab.
⑤ hat ein großes Porenvolumen und besitzt bei Wassersättigung noch genügend Luft.

7. Das Porenvolumen setzt sich zusammen aus

① Boden – Wasser – Nährstoffen
② Mineralien – Humus – Luft
③ Wasser – Luft – festen Substanzen
④ Humus – Sauerstoff – Stickstoff
⑤ Bodenleben – Sauerstoff – Wasser

8. Welches Bodenwasser ist pflanzenverfügbar?

① Niederschlagswasser und Haftwasser
② Saugwasser und Transpirationswasser
③ Hygroskopisch gebundenes Wasser und Sickerwasser
④ Grundwasser, Senk- oder Sickerwasser und Kapillarwasser
⑤ Abflußwasser, Regenwasser und Sickerwasser

9. Bodenatmung bedeutet:

① Organische Substanz wird zu Humus umgewandelt.
② Beim Ionenaustausch werden Sauerstoff-Ionen frei.
③ Pflanzenwurzeln und Kleinlebewesen atmen ständig und verbrauchen Sauerstoff, Kohlendioxid wird frei.
④ Die anaeroben Bodenorganismen gewinnen ihre Energie durch Atmung.
⑤ Pflanzenreste werden durch Fäulnis abgebaut.

10. Die Wasserkapazität eines Bodens, sein Fassungsvermögen für Wasser, hängt ab von

① einer guten Erwärmung des Bodens
② der Körnung, dem Bodengefüge und dem Gehalt an organischen Substanzen
③ einer möglichst tiefgehenden Bodenbearbeitung
④ hohen Niederschlägen und einer guten Durchlässigkeit
⑤ hohem Grundwasserstand, mäßiger Durchlässigkeit und gutem Erwärmungsvermögen

11. Welche Eigenschaft fehlt Sandböden?

① Hohes Wasserspeichervermögen
② Geringes Nährstoffhaltevermögen
③ Schnelle Erwärmung
④ Gute Durchwurzelbarkeit
⑤ Leichte Bearbeitbarkeit

12. Böden mit hohem Schluffanteil fehlt eine der nachstehend aufgeführten Eigenschaften:

① Hohe Speicherkraft für pflanzennutzbares Bodenwasser
② Neigung zu Erosion und Verschlämmung
③ Hoher Nährstoffgehalt
④ Mehr oder weniger gute Durchwurzelbarkeit
⑤ Je nach Zustand eingeengte Bearbeitbarkeit

13. Böden mit hohem Tonanteil fehlt

① hohes Wasserhaltevermögen
② hoher Nährstoffgehalt
③ gute Durchlüftung, schnelle Erwärmung
④ mittelmäßige Durchwurzelbarkeit
⑤ starke Erosionsgefährdung

14. Den pH-Wert eines Bodens kann man feststellen mit

① dem Prüfen der Salzkonzentration
② dem Messen des Stickstoffanteils
③ der Verfärbung von Lackmuspapier
④ dem Einsatz des elektrischen pH-Meters
⑤ dem Grad des Aufbrausens beim Übergießen mit Salzsäure

15. Bodenzahlen (1 bis 100) kennzeichnen

① den Nährstoffgehalt
② die Bodenstruktur
③ das Bodenprofil
④ die Bodenreaktion
⑤ die Bodengüteklassen

16. Die Bodenzahl vergleicht den möglichen Ertrag eines Bodens mit dem Ertrag eines

① Moorbodens
② Schwarzerdebodens
③ Lößbodens mit 15 m Mächtigkeit
④ Sandbodens
⑤ podsolierten Bodens

17. Schwarzerdeboden besteht aus

① A- und C-Horizont
② deutlich ausgeprägtem A-, B- und C-Horizont
③ verkümmertem B-Horizont, der A-Horizont fehlt
④ nur aus einem C-Horizont
⑤ nur aus einem A-Horizont

18. Mit Humus bezeichnet man

① die oberste Schicht eines Bodens, die Muttererde
② einen besonders lockeren Boden
③ alle dunklen Erden
④ alle hellen Erden mit hohem Torfanteil
⑤ organische Bestandteile des Bodens, die aus Pflanzen- und Tierresten entstanden sind

19. Die günstigste Humusform ist

① Rindenhumus
② Nährhumus
③ Mull
④ Dauerhumus
⑤ Rohhumus

20. Wie wirken Humusstoffe im Boden?

① Humusstoffe haben große wasserhaltende Kraft, wirken lockernd und erwärmend. Sie schützen vor Auswaschung und Austrocknung.
② Humusstoffe enthalten die Nährstoffe für die Pflanzen in leicht aufnehmbarer Form.
③ Ein hoher Anteil an Rohhumus verschiebt den pH-Wert in den alkal. Bereich.
④ Humusstoffe beeinträchtigen den Wasserhaushalt, weil sie das Wasser nur dann an die Pflanze abgeben, wenn sie gesättigt sind.
⑤ Zufuhr von Rohhumus fördert die Faulungsprozesse im Boden.

21. Als „Ton-Humus-Komplex" bezeichnet man Gebilde aus

① elektrisch geladenen Bodenteilchen kleiner als 0,002 mm und Dauerhumus
② elektrisch geladenen Bodenteilchen größer als 0,063 mm und Rohhumus
③ elektrisch geladenen Bodenteilchen kleiner als 0,02 mm und Nährhumus
④ elektrisch geladenen Bodenteilchen größer als 0,002 mm und Moderhumus
⑤ elektrisch geladenen Bodenteilchen größer als 0,2 mm und Nährhumus

22. Zu den Mikroorganismen gehören

① Maulwürfe
② Regenwürmer
③ Tausendfüßler
④ Bakterien
⑤ Schnecken

23. Das Edaphon fördert man durch

① häufiges Beregnen
② ständiges Bearbeiten des Bodens
③ Anbau von Kulturen, bei denen der Boden lange Zeit unbedeckt bleibt
④ hohe Düngergaben
⑤ Gründüngung

24. Aerobe Bakterien entwickeln sich besonders gut, wenn

① der Boden schwach sauer bis leicht alkalisch reagiert, feucht ist, Sauerstoff vorhanden ist und die Temperaturen zwischen 10°C und 30°C liegen
② der Boden schwach sauer bis leicht alkalisch reagiert, feucht ist, Sauerstoffmangel besteht und die Temperaturen um 20°C liegen
③ der Boden stark sauer reagiert, trocken ist und die Temperaturen um 5°C liegen
④ der Boden stark alkalisch reagiert, sehr naß ist und die Temperaturen über 30°C liegen
⑤ der Boden schwach sauer reagiert, mäßig feucht ist und die Temperaturen bei -5°C liegen

25. Welche Aussage über gare Böden ist falsch?

① Gare Böden besitzen eine Krümelstruktur.
② Gare Böden neigen nicht zur Verdichtung.
③ Gare Böden sind locker, elastisch, mürbe.
④ Gare Böden besitzen eine gute Einzelkornstruktur.
⑤ Gare Böden haben optimale Wasser- und Luftverhältnisse.

26. Der Pflanzenbewuchs beeinflußt die Bodenstruktur. Bei welcher Kultur bildet sich ein stabiles Krümelgefüge?

① Die Dichte der Vegetationsdecke und die verschiedenen Arten der Wurzelausbildung haben keinen Einfluß auf die Bodenstruktur.
② Bei Grünland wird der Oberboden stark durchwurzelt. Die Oberfläche ist vor Wind und Regen geschützt. Die hohe Produktion von Wurzelrückständen und die fehlende Bodenbearbeitung fördern die Tätigkeit von Mikroorganismen.
③ Bei Getreideanbau ist die Durchwurzelung auf größere Tiefen verteilt und damit im Oberboden geringer. Der Boden wird bearbeitet, die Vegetationsdecke schließt spät. So bleibt die Oberfläche Wind und Regen längere Zeit ausgesetzt.
④ Hackfrüchte benötigen eine große Standweite. Die Vegetationsdecke schließt spät. Der Boden wird häufig bearbeitet, die Wurzelrückstände sind gering.
⑤ Zwischenfruchtanbau (Gründüngung) ersetzt man besser durch häufige Bodenbearbeitung, Maisanbau und das Einbringen von Hilfsstoffen in den Boden.

27. Nach der Stabilitätsreihe der Pflanzen werden schnell umgesetzt

① Kleingehölze, z.B. Erika
② Nadeln
③ Leguminosen
④ Laubabfälle
⑤ Gräser

28. Die Fruchtbarkeit der Böden wird gefährdet, wenn

① regelmäßig humusbildende Stoffe zugeführt werden
② lange Zeit Wind und Regen ohne Schutz des Bodens einwirken können
③ die richtige Fruchtfolge eingehalten wird
④ man den Boden sachgemäß bearbeitet
⑤ regelmäßig und überlegt gedüngt wird

29. Was ist Bodenerosion?

① Humusdüngung
② Mulchen
③ Bodenbearbeitung
④ Zwischenfruchtanbau
⑤ Abtragung des Bodens durch Wind und Wasser

30. Eine gute Bodengefügeform ist

① Polyederform
② Elementargefüge
③ Aggregatgefüge
④ Prismenform
⑤ Plattenform

31. Eine Bodenverdichtung wird gefördert durch

① Einsatz der Spatenmaschine
② Einsatz von Schleppern mit Gitterrädern oder Allradantrieb
③ Förderung der Bodengare durch Humus- und Kalkdüngung
④ Bodenbearbeitung bei abgetrocknetem Boden
⑤ Einsatz schwerer Schlepper bei nassem Boden

32. Lebendverbauung des Bodens bedeutet, daß

① Ton- und Humusteilchen im Gelzustand Flocken bilden
② Ausscheidungen der Kleinlebewesen (Mikroorganismen) die Bodenkolloide zu Bodenkrümeln verbinden
③ ein optimaler pH-Wert die Krümelbildung fördert
④ Ton- und Humusteilchen im Solzustand fein verteilt sind
⑤ Kalk- und Magnesiumdüngung die Flockung fördert

33. Einen schweren Boden lockert man durch

① den Zusatz lockernder Stoffe wie Humus, Torf, Sand, Kalk, Styromull.
② verschiedene Maßnahmen, es wird sich nichts ändern!
③ häufiges Hacken, Eggen, Grubbern, Pflügen.
④ regelmäßiges, häufiges Graben.
⑤ Zusatz von Lehm oder Mergel.

34. Was versteht man unter Bodenmüdigkeit?

① Der Boden läßt sich schwer bearbeiten, weil die Bakterienflora gelitten hat. Er wurde zu häufig bearbeitet.
② Durch langes Brachliegen hat sich die Bodenstruktur verschlechtert, die Ausscheidungen der Kulturpflanzen fehlen.
③ Als Folge von Monokulturen fehlen bestimmte Nähr- und Spurenelemente. Ausscheidungen der Kulturpflanzen sind angehäuft.
④ Zu häufiger Wechsel in der Fruchtfolge hat die Nährstoffe entzogen und das Bodengefüge zerstört.
⑤ Das Befahren mit schweren Fahrzeugen hat den Boden stark verdichtet, so daß den Wurzeln der Kulturpflanzen Luft und Wasser fehlen.

35. Mit „Mulchen“ kann man die Bodengare fördern. Man bezeichnet damit

① das Abdecken des Bodens mit Pflanzenteilen oder schwarzer Folie
② das regelmäßige Beregnen des Bodens
③ das Auflockern der Bodenoberfläche mittels einer Egge
④ das Anwalzen der Bodenoberfläche
⑤ den Anbau von Pflanzen zwischen den Kulturreihen

36. Wie kann man im Gartenbau unter Glas eine Bodenversalzung vermeiden?

① Durch hohe Gaben mineralischer Dünger
② Durch Anstaubewässerung
③ Durch den Anbau salzempfindlicher Kulturen
④ Durch regelmäßige Bodenuntersuchungen und darauf abgestimmte Düngung
⑤ Gar nicht

37. Welche Maßnahme ist keine Bodenmelioration?

① Das Anlegen von Drainagen in Obstanlagen
② Das Aufbringen von Sand, z. B. für Erika-Kulturen
③ Das Aufspülen von Schlick auf Sandboden
④ Langanhaltendes Beregnen zum Auswaschen von Düngesalzen
⑤ Tiefpflügen oder Rigolen

38. Warum werden noch immer Torfkultursubstrate im Gartenbau verwendet?

① Natürliche Erden werden immer weniger und stehen nicht mehr im ausreichenden Maße zur Verfügung
② Torf ist steril, nährstoffarm, sauer und läßt sich für jede gärtnerische Kultur entsprechend düngen und kalken
③ Bei natürlichen Erden weiß man nicht genau, wieviel Dünger zuzusetzen ist.
④ Natürliche Erden sind nicht genügend gepuffert. Ihre Krümelstruktur reicht nicht aus.
⑤ Natürliche Erden können nicht frei von Schädlingen sein, man kann sie nicht sterilisieren.

39. Welche Praxiserden sind sauer?

① Komposterden, auch mit Stallmist angereichert
② Lauberde und Strohschnellkompost
③ Misterde und Rasenerde
④ Heideerde und Nadelerde
⑤ Kakteenerde und Primelerde

40. Gute Vermehrungssubstrate sind

① Blähton, Styromull
② Einheitserde T, TKS 2
③ Sand-Torfgemisch, TKS 1
④ Komposterde, Rasenerde
⑤ Praxiserde auf Klärschlammbasis, Nadelerde

41. Sand als Bestandteil gärtnerischer Erden bewirkt, daß

① die wasserabstoßende Kraft verstärkt wird
② die Luftdurchlässigkeit verbessert wird
③ Nährstoffe gebunden werden
④ Fäulnis entsteht
⑤ Spurenelemente zugegeben werden

42. Das Beimischen von Torf in gärtnerischen Erden bewirkt, daß

① Durchlüftung und Wasserhaltefähigkeit verbessert werden
② der pH-Wert in den alkalischen Bereich verschoben wird
③ Nährstoffe zugegeben werden
④ Spurenelemente angereichert werden
⑤ eine Aufkalkung vermieden wird

43. Warum verwendet man für kalk- und salzempfindliche Kulturen Nadelerde? Sie ist

① stark alkalisch, nährstoffreich, leicht zersetzbar
② nährstoffreich, steril und damit stabil
② stark sauer, nährstoffarm, schwer zersetzbar
④ schwach sauer, nährstoffreich, leicht zersetzbar
⑤ schwach alkalisch, nährstoffreich, grobkrümelig

44. Nährelemente werden im Boden als Ionen ausgetauscht. Als Kationensorption bezeichnet man

① die Bindung von K^+, Mg^{++}, Ca^{++} usw. an Austauscher
② die Bindung von NO_3^-, PO_4^{---} usw. an Austauscher
③ eine biologische Speicherung der Nährelemente im Boden
④ die Auswaschung von Kalium aus TKS
⑤ das große Wasserhaltevermögen der Humusstoffe

45. Welches Substrat sollte im Sinne des Umweltschutzes nicht mehr verwendet werden?

① Einheitserde
② Komposterde
③ Rindensubstrat
④ Lauberde
⑤ Weißtorf

46. Staunässe im Boden wird dadurch vermieden, daß man

① den Boden in kleinere Parzellen einteilt
② den Boden mit Sand und Torf lockert
③ nur solche Pflanzen anbaut, die viel Wasser verbrauchen
④ Gräben und Drainung einrichtet
⑤ den Boden nicht bestellt

47. Chemische Verfahren zur Bodenuntersuchung zeichnen sich aus durch

① eine begrenzte unzulängliche Wirkung.
② hohe Flächenleistung und schnelle Durchführbarkeit.
③ die Einhaltung langer Wartezeiten.
④ ihre Sicherheit, weil Gifte verwendet werden.
⑤ die starke Einschränkung des Bodenlebens.

48. Durch Dämpfung des Bodens vernichtet man

① nur die freilebenden Nematoden.
② nur die Dauerformen der Pilze
③ auch die Dauerformen der Schadorganismen.
④ nur die Wurzel- und Samenunkräuter.
⑤ nur die zystenbildenden Nematoden.

49. Die Erddämpfung hat folgende Nebenwirkungen:

① Salze werden reaktiviert und das Bodenleben wird gefördert.
② Durch die hohen Wassergaben ist der Boden zu naß.
③ Der Humus wird zerstört.
④ Der Boden verkrustet sehr schnell.
⑤ Der Boden hat einen zu hohen Luftanteil.

50. Pflanzen durchwurzeln einen Boden unterschiedlich tief. Welche Pflanzenart gehört zu den „Tiefwurzlern"?

① Pinus sylvestris – Waldkiefer
② Rhododendron catawbiense – Rhododendron
② Brassica oleracea var. botrytis – Blumenkohl
④ Picea abies – Rotfichte
⑤ Lactuca sativa var. capitata – Kopfsalat

51. Welche Aussage über stickstoffbindende Bakterien ist richtig?

① Sie oxidieren Ammoniak über Nitrit zu Nitrat.
② Sie zerlegen Nitrat in Stickstoff und Sauerstoff.
② Sie machen den Stickstoff der Luft für sich bzw. für die Pflanze nutzbar.
④ Als Mykorrhiza bilden sie mit höheren Pflanzen eine Symbiose.
⑤ Sie leben unter Sauerstoffabschluß und wandeln CO_2 (Kohlendioxid) zu CH_4 (Methangas) um.

52. Organische Masse wird humifiziert. Ein guter Humifizierungsprozeß ist

① Vertorfung
② Verfaulung
② Verwesung
④ Versalzung
⑤ Auswaschung

53. Welche organischen Stoffe werden schnell mineralisiert?

① Lignin
② Zucker
② Proteide
④ Zellulose
⑤ Wachse und Gerbstoffe

54. Zum Bodenbedecken bei Gehölzanpflanzungen verwendet man vorrangig

① Grasmulch
② Rindenmulch
② Folienmulch
④ Rasenmulch
⑤ Torf

55. Tragen Sie die Entstehungsart der Böden in die Tabelle ein!

Bodentypen	Entstehung
Moränenböden	
Sedimentböden	
Lößböden	
Verwitterungsböden	
Marschböden	
Humusböden	
Moorböden	

56. Unterscheiden Sie Hochmoor und Niedermoor!

57. Ergänzen Sie die Tabelle „Kornfraktionen" (DIN 4022):

Bezeichnung der Fraktion			Symbol	Ø in mm
Feinboden	Feinstkorn oder Ton		T	
	Schluff			0,002 – 0,063
		Feinschluff	U	
		Mittelschluff		– 0,020
		Grobschluff		
	Sand		S	0,063 – 2,00
		Feinsand		
		Mittelsand		0,20 –
		Grobsand		– 2,00
Grobboden	Feinkies		Grus	2 – 6,3
	Mittelkies		Feinsteine	– 20
	Grobkies		Mittelsteine	
	Gerölle, Geschiebe		Grobsteine	63 – 200
	Blöcke			200 und mehr

58. Neben dem Bestandteil an Schluff ist der Tongehalt maßgebend für die Einordnung der Bodenart. Ergänzen Sie die Tabelle!

Tongehalt	Bodenart
bis 10 % Ton	Sande
10 % bis Ton	lehmige Sande
Ton	sandige Lehme
20 % bis Ton	
Ton	

59. Ordnen Sie den Bodenarten Eigenschaften zu!

Bodenart	Pufferungsvermögen	Pflanzenverfügbares Bodenwasser
Sande	schlecht	wenig
lehmige Sande		
sandige Lehme		
Lehme		
Tonböden	sehr gut	weniger gut

60. Welche Vorteile haben gut gepufferte Böden?

61. Was versteht man unter dem pH-Wert eines Bodens?

62. Welche Böden bezeichnet man als „hitzig"?

63. Ordnen Sie die Wasserverfügbarkeit den Porengrößen des Bodens zu!

Porengröße	Wasserverfügbarkeit
Grobporen (über 50 mm)	
Mittelporen (50 mm bis 10 mm)	
Feinporen (10 mm bis 0,2 mm)	
Feinstporen (0,2 mm und darunter)	

64. Unterscheiden Sie Kapillarität und Kapazität!

Kapillarität	Kapazität

65. Unterscheiden Sie Nährhumus und Dauerhumus!

Nährhumus	Dauerhumus

66. Was versteht man unter Bodenfruchtbarkeit?

67. Welche Arten der Bodengare unterscheidet man?

68. Welche Eigenschaften haben Bodenkolloide?

69. Nennen Sie Bedingungen, die bei der Bodenbearbeitung zu berücksichtigen sind!

70. Nennen Sie Arten der Bodenbearbeitung!

71. Ordnen Sie den Bodenbearbeitungsgeräten die Wirkung zu!

Gerät/Maschine	Wirkung
Pflug	
Spatenmaschine	
Bodenfräse	
Grubber	
Walze	

72. Wie kann man Humusmangel in Böden beseitigen?

73. Welche Pflanzen eignen sich zur Gründüngung?

74. Nennen Sie Ursachen für eine Bodenversalzung!

75. Nennen Sie Eigenschaften der Bodenhilfsstoffe!

76. Wie legt man einen Komposthaufen an!

77. Welche Abfälle eignen sich für die Kompostierung?

78. Nennen Sie gärtnerische Erden!

79. Berichten Sie über die Verwendung von Rinden im Gartenbau!

80. Welche Anforderungen stellt man an gärtnerische Erden?

81. Wie lagert man Fertigsubstrate?

82. Unterscheiden Sie Düngetorf, Torfmischdünger und Torfkultursubstrat!

83. Wie kann man chemische Bodenentseuchungsmittel ausbringen?

84. Boden als Pflanzenstandort muß bestimmte Eigenschaften haben. Nennen Sie diese!

85. Ergänzen Sie die Tabelle der „Zeigerpflanzen"!

Eigenschaften des Bodens	Zeigerpflanzen
Nährstoffmangel	
Reiches Nährstoffangebot	
Bodenreaktion sauer	
Bodenreaktion alkalisch	
Trockenheit des Bodens	
Staunässe im Boden	
Tiefgründiger Boden	
Flachgründiger Boden	
Bodenverdichtung	

86. Sie sollen eine Bodenprobe ziehen. Wie werden Sie vorgehen?

87. Zu welchem Zweck nimmt man Bodenproben?

1. **Grüne Pflanzenteile und fleischige Früchte bestehen aus Trockensubstanz und Wasser. Wieviel Prozent beträgt der Wasseranteil?**

① 75 % bis 95 %
② 65 % bis 75 %
③ 55 % bis 65 %
④ 45 % bis 55 %
⑤ 30 % bis 45 %

2. **Aus der Luft nimmt die Pflanze folgende Nährelemente auf:**

① Bor (B), Kupfer (Cu)
② Kohlenstoff (C), Sauerstoff (O)
③ Phosphor (P), Magnesium (Mg)
④ Chlor (Cl), Schwefel (S)
⑤ Fluor (F), Wasserstoff (H)

3. **Es gibt Pflanzen, die den Stickstoff der Luft aufnehmen:**

① Orchideen
② Flechten
③ Sternmoos
④ Knöllchenbakterien
⑤ Leguminosen (Fabaceae)

4. **Unter welchen Bedingungen entsteht mineralischer, pflanzenaufnehmbarer Stickstoff im Boden?**
Er entsteht bei nachstehend gekennzeichneter Witterung:

① kühl, bedeckt, regnerisch
② sonnig, heiß
③ sehr warm, bedeckt
④ schwül, warm, trocken
⑤ sonnig, windig, trocken

5. **Welche Aussage zum Nährelement Stickstoff ist falsch?**

① Stickstoff beeinflußt den Ertrag gärtnerischer Kulturen.
② Stickstoff ist ständigen Umwandlungen unterworfen. Seine Eigenschaften ändern sich hinsichtlich Festhaltevermögen, Aufnahme und pH-Wert.
③ Stickstoff-Überschuß führt zu einem übermäßig vegetativen Wachstum.
④ Stickstoff-Mangel führt zu kräftiger Blütenbildung.
⑤ Stickstoff-Verluste im Boden entstehen durch Auswaschung und Denitrifikation.

6. **Wie wird Harnstoff von der Pflanze aufgenommen?**

① Pflanzen nehmen keinen Harnstoff auf.
② Harnstoff wird in Nitrat umgewandelt und dann über das Blatt aufgenommen.
③ Harnstoff wird in Ammonium umgewandelt und dann über das Blatt aufgenommen.
④ Harnstoff wird nicht als Dünger verwendet.
⑤ Harnstoff wird über das Blatt als Molekül oder über die Wurzel nach Umwandlung zu Ammonium oder Nitrat aufgenommen.

7. **Welches Nährelement steht den Pflanzen nur im sauren pH-Bereich zur Verfügung?**

① Stickstoff (N)
② Kalium (K)
③ Eisen (Fe)
④ Calcium (ca)
⑤ Magnesium (Mg)

8. Phosphate in den Böden sind schwer pflanzenverfügbar, wenn

① der pH-Wert unter 4,5 oder über 7 liegt
② reichlich bewässert wird
③ die Versorgung mit Magnesium optimal ist
④ neutral wirkende Düngesalze verwendet werden
⑤ Humusversorgung und Bakterientätigkeit optimal sind

9. Was bedeutet das Sprichwort „Kalk macht reiche Väter und arme Söhne"?

① Kalk wird in Zukunft sehr teuer werden.
② Kalk bringt hohe Erträge nur unmittelbar nach der Kalkung.
③ Kalk vernichtet die Lebewesen im Boden.
④ Kalk wirkt humuszehrend.
⑤ Kalk legt alle anderen Nährelemente im Boden fest.

10. Welcher Volldünger (Mehrnährstoffdünger) fördert besonders die Blütenbildung der Pflanzen?

① Hakaphos blau 15 : 11 : 15
② Nitrophoska blau 12 : 12 : 20
③ Rustica spezial 14 : 7 : 14
④ Hortal 6 : 20 : 30
⑤ Plantosan 4 D 20 : 10 : 15

11. Zur Eiweißbildung benötigen die Pflanzen

① Kohlenstoff (C), Wasserstoff (H), Sauerstoff (O), Stickstoff (N), Schwefel (S)
② Stickstoff (N), Phosphor (P), Kalium (K)
③ Magnesium (Mg), Eisen (Fe), Calcium (Ca), Silicium (Si)
④ Aluminium (Al), Bor (B), Mangan (Mn), Molybdän (Mo)
⑤ Chlor (Cl), Kobalt (Co), Kupfer (Cu), Natrium (Na)

12. Welche Aussage zur Kalkung von Böden ist falsch?

① Kalk verbessert die Bodenstruktur und damit den Luft-, Wasser- u. Wärmehaushalt.
② Kalk bindet entstehende Säuren, puffert den Boden.
③ Kalk setzt Pflanzennährstoffe frei.
④ Kalk ist ein wichtiger Pflanzennährstoff.
⑤ Kalk muß nicht gedüngt werden. Er ist in jedem Boden frei und in ausreichender Menge verfügbar.

13. Welche Aussage trifft auf Spurennährelemente (Mikronährelemente) zu?

① Spurennährelemente sind in allen Böden immer ausreichend vorhanden.
② Spurennährelemente fehlen in allen Böden.
③ Alle Mehrnährstoffdünger enthalten Spurennährelemente.
④ Spurennährelemente befinden sich immer dann im Minimum, wenn hohe Stickstoffgaben verabreicht werden.
⑤ Spurennährelemente sind in den meisten Böden vorhanden, fehlen jedoch in Kultursubstraten häufig und müssen zugesetzt werden.

14. Wieviel Prozent CaO enthält Branntkalk?

① 60 % bis 70 %
② 85 %
③ 45 % bis 50 %
④ 70 % bis 90 %
⑤ 45 %

15. In welchem Dünger ist Amid enthalten?

① Ammonsulfatsalpeter
② Schwefels. Ammoniak
③ Kalkstickstoff
④ Kalkammonsalpeter
⑤ Kalksalpeter

16. Welcher Kalium-Dünger enthält K_2O?

① 40er Kali
② Patentkali
③ K_2O dient nur als Recheneinheit
④ 60er Kali
⑤ Mehrnährstoffdünger

17. Was sind Chelate? Chelate sind

① Düngesalze, die in Gel-Form gestreut werden
② Bodenverbesserungsmittel auf chemischer Basis
③ Handelsdünger auf der Basis von Chilesalpeter
④ Ionenaustauscher, z. B. Lewatit HD 5, für die Hydrokultur
⑤ cyclische Verbindungen mit einem Metall-Kation, z.B. Fetrilon

18. Welchen Nachteil haben Volldünger (Mehrnährstoffdünger)?

① Grobe Düngefehler werden verhindert.
② Hohe Nährstoffgaben hinterlassen weniger Balaststoffe.
③ Die Kosten für Arbeit, Transport, Verpackung, Lagerung und Ausbringung werden vermindert.
④ Der Preis je Kilogramm Reinnährstoff ist höher als bei Einnährstoffdüngern.
⑤ Die Dünger sind meist fein gekörnt und gut streubar.

19. Welcher Depot-Dünger (Dauerdünger) eignet sich für blühende Beet- und Balkonpflanzen?

① Osmocote 15 : 12 : 15
② Wuxal normal 12 : 4 : 6
③ Mannalin A 16 : 6 : 12
④ Rasen-Floranid 20 : 5 : 8 : 2
⑤ Hakaphos gelb 20 : 0 : 16

20. Kennzeichnen Sie die Stickstoffdünger!

① Kalimagnesia, Kalisulfat
② Branntkalk, Löschkalk
③ Kalksalpeter, Harnstoff
④ Novaphos, Thomasphosphat
⑤ Blütal, Thomaskali

21. Welche Dünger enthalten die Nährelemente Stickstoff, Phosphor, Kalium (NPK)?

① Triplephosphat, Hüttenkalk
② Nitrophoska blau, Rustica blau
③ Hakaphos gelb, Thomaskali
④ Kalkammonsalpeter, Ammonsulfatsalpeter
⑤ Ammonphosphat, Alkril

22. Zur Kalkdüngung kann man nicht verwenden:

① Branntkalk
② Löschkalk
③ Hüttenkalk
④ Kalkstickstoff
⑤ Magnesiummergel

23. Chlorfreie Dünger sind:

① Nitrophoska blau, Rustica blau
② 40er Kali, 50er Kali, 60er Kali
③ Nitrophoska perfekt, Rustica blauspur
④ Complesal Blaukorn, Kampka S blau
⑤ Kalimagnesia, Kaliumsulfat

24. Welcher Phosphordünger enthält das Nährelement in wasserlöslicher Form?

① Superphosphat
② Thomasmehl
③ Rhenaniaphosphat
④ Knochenmehl
⑤ Thomasphosphat

25. Als „Depotdünger" (Dauerdünger) bezeichnet man

① Düngemittel, die Nährelemente in einer Bindung enthalten, die sie langsam, über einen längeren Zeitraum hinweg, abgeben
② alle mineralischen Mehrnährstoffdünger, die dauernd in Depots gelagert werden
③ nur solche organischen Dünger, die in Depots gestapelt werden können
④ Mischungen aus organischen und mineralischen Düngern
⑤ langsam wirkende organische Dünger, z.B. Knochenmehl

26. Das Düngemittelverkehrsgesetz besagt, daß Düngemittel erst dann in den Verkehr gebracht werden dürfen,

① wenn ihre Konkurrenzfähigkeit nachgewiesen ist
② wenn ihre Unschädlichkeit für die Pflanzen nachgewiesen ist
③ wenn ihre Ungiftigkeit für Mensch und Tier nachgewiesen ist
④ wenn nachgewiesen wurde, daß sie auf biologischem Wege hergestellt wurden
⑤ wenn sie den durch Rechtsverordnung zugelassenen Typen entsprechen

27. Was bezeichnet man als Gründüngung?
Als Gründüngung bezeichnet man

① die Verwendung grüner Düngesalze
② das Aufbringen frisch gemähten Heus auf unbedeckte Bodenstellen
③ den Anbau bestimmter geeigneter Pflanzen, die nicht abgeernet, sondern in den Boden eingearbeitet werden
④ die Einarbeitung von Ernterückständen in den Boden
⑤ die Brache des Landes nach dem Abernten einer Kultur, bis es von der natürlichen Flora zugewachsen ist.

28. Gründüngungspflanzen werden in den Boden eingearbeitet, wenn

① sie in voller Blüte stehen
② sie kurz vor der Blüte stehen
③ die Samen bereits voll ausgebildet sind
④ sie gerade gekeimt, aufgelaufen sind
⑤ der Bestand ca. 10 cm hoch ist

29. Organische Düngemittel fördern die Bodenfruchtbarkeit. Welche Aussage ist falsch? Es sind Düngemittel

① wie pflanzliche Abfälle, Stallmist, Gülle, Schlamm
② deren Bestandteile aus Kohlenstoffverbindungen bestehen
③ aus denen durch Mineralisation organischer Substanz Pflanzennährelemente freigesetzt werden
④ bei denen Stickstofffreisetzung unkontrolliert in hoher Dosis erfolgt
⑤ die Bodenflora und Bodenfauna, das Edaphon, fördern

30. Um eine Düngergabe richtig bemessen zu können, sollte man

① die Preise der Düngemittel sorgfältig vergleichen
② nur düngen, wenn der Boden keinen Ertrag mehr bringt
③ nur Mehrnährstoffdünger (Volldünger) verwenden
④ eine Bodenprobe untersuchen lassen
⑤ nur Wirtschaftsdünger einsetzen

31. Wie entnimmt man Bodenproben?

① Mit einem Bohrstock werden z.B. diagonal über das gegebene Stück Land Proben entnommen und davon 1 l eingesandt.
② Mit einem Spaten entnimmt man 500 g Boden.
③ Man gräbt ein Profil und schabt über die ganze Tiefe etwas Boden ab.
④ Man gräbt ein Loch und entnimmt etwa 20 cm tief eine Probe.
⑤ Man gräbt ein 1 m tiefes Loch und entnimmt alle 10 cm ca. 100 g Boden.

32. Was bedeutet die Aussage: „Mit Stickstoff düngt man die Pflanzen, mit Phosphorsäure, Kali und Kalk düngt man den Boden"?

① Stickstoff löst sich schon bei geringer Feuchtigkeit und wird ausgewaschen.
② Phosphorsäure wird im Boden festgelegt und steht den Pflanzen nicht zur Verfügung.
③ Phosphorsäure, Kali und Kalk können jederzeit und in jeder Menge gedüngt werden.
④ Die Höhe der Düngung mit Stickstoff richtet sich nach dem Pflanzenstand, mit Phosphor, Kalium und Calcium nach der Bodenuntersuchung.
⑤ Man sollte immer gleichzeitig Stickstoff, Phosphorsäure, Kali und Kalk düngen, also nur Mehrnährstoffdünger verwenden.

33. Voll wasserlöslich ist

① Nitrophoska blau extra
② Rustica blauspur
③ Hakaphos blau
④ Nitrophoska perfekt
⑤ Complesal Blaukorn

34. Langzeitdünger (Depotdünger) sind

① Wuxal normal, Kamasol grün
② Mannalin A, Floranid
③ Hyperphos, Poly-Crescal
④ Mannalin F, Mannalin B
⑤ Plantosan 4 D, Osmocote

35. Wie dringen Blattdünger in die Pflanze ein?

① Die Lösung läuft an den Sprossen herab und dringt über die Wurzeln in die Pflanzen ein.
② Die Flüssigkeit dringt über die Cuticula in die Blätter ein.
③ Gase diffundieren aus der Flüssigkeit und dringen durch die Spaltöffnungen in die Blätter ein.
④ Es entsteht ein aktiver Stofftransport.
⑤ Die Flüssigkeit kann nur durch die Spaltöffnungen eindringen.

36. Mit welcher Maßnahme kann man Phosphatüberdüngung beheben?

① Hohe Stallmistgaben
② Anwendung von Depotdüngern (Langzeitdünger)
③ Flüssigdüngung mit Ammoniak- und Nitratstickstoff + Kalium + Magnesium
④ Einarbeiten von Torf vermeiden
⑤ Blattdüngung mit eisenchelat-haltigen Düngern vermeiden

37. Wie kann man einen neutral reagierenden Boden so verändern, daß auf ihm Pflanzen gedeihen, die einen sauren pH-Bereich bevorzugen?

① Der Boden wird zunächst tief gelockert, dann stark gewässert.
② Man bringt gedämpfte Komposterde ein, die mit 50er Kali angereichert wurde.
③ Stallmist und Kalk werden in den Boden eingearbeitet.
④ Rindenmulch wird mit physiologisch sauer wirkenden Mineraldüngern gemischt und in den Boden eingearbeitet.
⑤ Nach einer hohen Gabe von Branntkalk gibt man reichlich Torf.

38. Warum müssen Stickstoffdünger besonders sorgfältig gelagert werden?

① Salpeterdünger werden bei längerer Lagerung hart.
② Salpeterdünger sind hochexplosiv.
③ Stickstoffdünger sind allgemein hydroskopisch und zerfließen.
④ Der Stickstoffvorrat nimmt bei der Lagerung sehr schnell ab.
⑤ Die Stickstofform setzt sich schnell um.

39. Kann man Mineraldünger nach Belieben miteinander mischen?

① Die Lohnkosten für das Mischen sind zu hoch.
② Man kann im Betrieb Dünger niemals so sorgfältig mischen, wie dies bei der Herstellung geschieht.
③ In einem modernen rationalisierten Betrieb fehlt der Platz, um Dünger mischen zu können.
④ Es könnten hochexplosive Mischungen entstehen, so daß die Gefahrenklasse des Betriebes neu festgesetzt werden müßte.
⑤ Giftige Dämpfe können entstehen, die Nährelemente in unlösliche Verbindungen übergehen oder als Gase entweichen.

40. Die Verwendung von Kalkstickstoff hat Vorteile und Nachteile. Welche Aussage ist falsch?

① Kalkstickstoff fördert das Bodenleben, obwohl er zunächst einen großen Teil der Bodenorganismen vernichtet.
② Unter dem Einfluß von Feuchtigkeit bildet sich im Boden Cyanamid. Mikroorganismen werden abgetötet.
③ 14 Tage nach Einbringen des Kalkstickstoffes ist die Cyanamid-Phase abgeklungen, dann kann gesät und gepflanzt werden.
④ Sofort nach dem Einbringen von Kalkstickstoff ist das Land am besten zu bebauen, da Cyanamid nur Unkräuter und Schädlinge vernichtet.
⑤ Kalkstickstoffgaben können den Befall mit Kohlhernie eindämmen.

41. Welche Bedingungen sind für eine Blattdüngung optimal? Blattdüngung wird dann zum Erfolg führen, wenn bei der Durchführung

① bedecktes Wetter herrscht und die Pflanzen in vollem Saftdruck stehen
② die Temperaturen hoch sind und die Sonne voll scheint
③ die Konzentration der Düngerlösung wesentlich höher liegt als bei der Wurzeldüngung
④ die Pflanzen trockene Wurzelballen haben
⑤ die Pflanzen ein gewisses Alter erreicht haben, also nicht mehr sehr empfindlich sind

42. Was bedeutet „N_{min}“? Mit N_{min} bezeichnet man

① die Menge Reinstickstoff, die mindestens zu düngen ist
② die Menge Reinstickstoff, die nach der Ernte im Boden mindestens noch vorhanden ist
③ den Mineralstickstoffgehalt in der von den Pflanzen nutzbaren Bodenschicht
④ die Menge Reinstickstoff, die nach starken Regenfällen im Boden noch vorhanden ist
⑤ alle nitratarmen Gemüsearten, z.B. Kopfsalat

43. Welche Aussage zur Düngung auf Freilandflächen ist falsch? Bei der Bemessung von Düngergaben im Freiland ist zu beachten, daß

① hohe Ernten Nährstoffmengen entzogen haben
② eingearbeitete Ernterückstände u.U. erhebliche Nährstoffmengen - insbes. Stickstoff - freisetzen können
③ schlechte Bodenstruktur geringe Anlieferung von Bodennährstoffen zur Folge hat
④ eine Bodenuntersuchung kurz vor der Düngung Auskunft über die notwendigen Nährstoffmengen gibt
⑤ das Kosten-Nutzen-Verhältnis überhaupt keine Rolle spielt, da die Dünger alle sehr billig sind und im Preis vernachlässigt werden können

44. Mangelerscheinungen von Spurennährelementen sind

① starkes vegetatives Wachstum und geringe Blütenbildung
② geringes Wachstum, Blattverfärbungen, kein Dickenwachstum, Blatteinrollen
③ starkes generatives Wachstum, üppige Blütenbildung
④ überaus weiche, schwammige Triebe, Anfälligkeit für Pilzerkrankungen
⑤ Verbänderung der Vegetationspunkte, Hexenbesen

45. Mangel an Spurennährelementen kann man schnell beheben durch

① Aufkalken auf pH-Wert über 6
② Einarbeiten von Weißtorf bis pH-Wert 3
③ Düngen mit Mehrnährstoffdüngern
④ eine Blattdüngung mit Spurennährelement-Dünger
⑤ hohe Stickstoffgaben

46. Einige Schwermetalle sind für Pflanzen giftig. In den Boden bzw. das Substrat können sie gelangen durch Verwendung von

① Müllkomposten, Klärschlämmen und Thomasphosphat
② Torf und Torfkompost
③ Wirtschaftsdüngern und Bodenhilfsstoffen
④ Mehrnährstoffdüngern
⑤ gebranntem Kalk

47. Was besagt die Gülleverordnung? U.a. ist darin bestimmt, daß Gülle

① im Garten- und Landschaftsbau überhaupt nicht ausgebracht werden darf
② in den Wintermonaten bei gefrorenem Boden nicht zu verbringen ist
③ im Garten- und Landschaftsbau unbedingt mit Nährstoffen angereichert werden muß
④ an allen Tagen nur zwischen 9 Uhr und 18 Uhr gefahren werden darf
⑤ nur bei Schnee und über gefrorenem Boden auszubringen ist

48. Salzempfindliche Pflanzen reagieren auf zu hohen Salzgehalt des Bodens durch

① üppiges Wachstum mit dunkelgrünen Blättern
② üppiges Wachstum mit überreichem Blütenansatz
③ Braunwerden der Blattränder und Blattspitzen, Kümmerwuchs
④ mosaikartige helle Flecken auf den Blättern
⑤ Ausbildung von langen Internodien und kleinen hellgrünen Blättern

49. Volldünger verwendet man immer dann, wenn

① die Pflanzen bald blühen sollen
② sich Stickstoffmangel bemerkbar macht
③ das vegetative Wachstum gesteigert werden soll
④ der pH-Wert des Bodens zu verändern ist
⑤ das Nährstoffangebot im Boden ausgeglichen ist

50. In welchem Kulturstadium setzt man Stickstoffdüngung ein?

① Jungpflanzen nach guter Wurzelbildung
② Blühende Topfpflanzen zur Blütenbildung
③ Gemüsekulturen kurz vor der Ernte
④ Baumschulgehölze im Herbst
⑤ Obstgehölze in der Winterruhe

51. Unterscheiden Sie Hauptnährelemente, Kernnährelemente, Spurennährelemente und nützliche (Wahl)-Nährelemente für die Pflanzen!

Element	Hauptnähr-element	Kernnähr-element	Spurennähr-element	nützliches (Wahl-) Nährelement
B Bor				
C Kohlenstoff				
Ca Calcium				
Cl Chlor				
Co Kobalt				
Cu Kupfer				
Fe Eisen				
H Wasserstoff				
K Kalium				
Mg Magnesium				
Mn Mangan				
Mo Molybdän				
N Stickstoff				
Na Natrium				
O Sauerstoff				
P Phosphor				
S Schwefel				
Si Silizium				
Zn Zink				

52. Was bewirken die Nährelemente (-stoffe) als Wachstumsfaktoren in der Pflanze?

Kohlendioxid	
Sauerstoff	
Wasser (H_2O)	
Stickstoff	
Phosphor	
Schwefel	
Kalium	
Calcium	
Magnesium	
Eisen	

53. Wie unterscheiden sich Kalium und Calcium?

Kalium	Merkmal	Calcium
	Symbol	
	Wertigkeit	
	Elementgruppe	
	Vorkommen	
	Dünger	
	Wirkung im Boden	
	Wirkung in der Pflanze	
	Mischbarkeit	

54. Wie nehmen Pflanzen mineralische Nährstoffe auf?

55. Unterscheiden Sie die Phosphordünger Thomasphosphat, Superphosphat, Rhenania-phosphat!

56. Erklären Sie die Bezeichnung 12 : 12 : 17 : 2 auf dem Etikett eines Düngersackes!

57. Welche Düngemittel bezeichnet man als organische Handelsdünger?

58. Nennen Sie
a) organisch-mineralische Handelsdünger und die Nährelemente, die sie enthalten!
b) organische Handelsdünger, die Humusbildner sind!

59. Welche organischen Dünger sind
a) reine Pflanzennährstoffdünger?
b) Humusbildner und dienen gleichzeitig der Pflanzenernährung?

60. Mit welchen Maßnahmen kann man den pH-Wert eines Bodens verändern?

61. Welche Bedeutung hat der pH-Wert eines Bodens für die Pflanzen?

62. Nenn Sie Bedingungen, unter denen CO_2-Düngung im Gewächshaus erfolgreich ist!

63. Wie können sich Pflanzen nach CO_2-Düngung entwickeln?

64. Nenn Sie je ein Düngemittel mit saurer, neutraler, alkalischer physiologischer Wirkung!

65. Ordnen Sie den Düngemitteln ihre typische Wirkung im Boden zu!

Düngemittel	Wirkung
organische Dünger	
Branntkalk	
Thomasphosphat	
Patentkali	
Harnstoff	
Nitratdünger	
Kalkstickstoff	
Kali-Dünger	

67. Nennen Sie Vorteile der Langzeitdünger!

67. Welche Faktoren beeinflussen die Umwandlungsvorgänge von Stickstoff?

Mineralisation		Reorganisation
	Bedeutung	
	Bodenreaktion	
	Temperatur	
	Sauerstoff	
	Feuchtigkeit	
	Verhältnis C:N	

68. Unterscheiden Sie Nitrifikation und Denitrifikation!

69. Unterscheiden Sie Grunddüngung und Nachdüngung!

70. Nennen Sie technische Einrichtungen zum Ausbringen von Düngemitteln!

71. Wie äußert sich Nährelementmangel?

Mangel an	Symptome
Stickstoff	
Phosphor	
Kalium	
Magnesium	
Eisen	

72. Woran erkennen Sie bei Pflanzen einen Überschuß an Stickstoff und einen Mange an Kalium?

73. Unterscheiden Sie Antagonismus und Synergismus!

74. Kalkstickstoff kann gesundheitliche Schäden verursachen. Was ist bei seiner Ausbringung zu beachten?

75. Nennen Sie Pflanzen, die viel, mittelmäßig oder kaum Salz vertragen!

76. Was besagt das „Minimum-Gesetz"?

77. Was besagt das Gesetz vom „abnehmenden Ertragszuwachs"?

78. Welche Anforderungen stellen Gärtner an die Qualität des Gießwassers?

79. Man unterscheidet temporäre Härte und permanente Härte des Wassers. Erklären Sie die Unterschiede!

80. Ergänzen Sie die Übersicht zu „Härtebereich des Wassers"!

Härtebereich	Säurekapazität mol/m^2	Härtegrade °dH
1 weich	1,3	
2 mittelhart		7,5 – 15
3 hart	2,5 – 3,8	
4 sehr hart		21

Umrechnung: 1 mol/m^3 = 5,61 °dH

81. Unterscheiden Sie Säure, Basen (Laugen) und Salze!

82. Erklären Sie „Dissoziation“!

83. Erklären Sie die N_{min}-Methode!

84. Welche Dünger eignen sich für eine Blattdüngung?

85. Unterscheiden Sie schnell wirkende und langsam wirkende Stickstoffdüngemittel!

86. Unterscheiden Sie Erden und Substrate!

87. Unterscheiden Sie Mineralisierung und Humifizierung!

88. Was bezeichnet man als „Chelate“?

1. Mechanische Einwirkung kann zu Pflanzenschäden führen, z.B.

① entspricht der pH-Wert des Bodens nicht den Anforderungen der Pflanzen
② sind die Blätter stark gekräuselt
③ verursachte ein Sturm Bruch im Quartier der Obstbaum-Hochstämme
④ sind die Blätter stark chlorotisch
⑤ zeigen die Blätter braune Ränder, sogen. Nekrosen

2. Parasitäre Pflanzenschäden wirken sich aus als

① Kohlhernie
② Wurzelfäule
③ lange Internodien
④ Knospenfall
⑤ vorzeitiger Laubfall

3. Welche Pflanzenschäden sind meist Kulturfehler?

① mosaikartig gemusterte Blätter
② Chlorose
③ Hexenbesen
④ Wurzelkropf
⑤ Fußkrankheiten

4. Im Boden leben die Pilze, die nachstehende Pflanzenkrankheit verursachen:

① Rost
② Schorf
③ Echter Mehltau
④ Blattfleckenkrankheiten
⑤ Schwarzbeinigkeit

5. Schwächeparasiten können Stengelfäule und Blütenerkrankungen verursachen.
Welcher Pilz gehört dazu?

① Plectrotus
② Peronospora
③ Botrytis
④ Monilia
⑤ Stereum (Bleiglanz)

6. Die Ohrläppchenkrankheit (Exobasidium japonicum) befällt vor allem Pflanzen der Familie

① Fagaceae (Buchengewächse)
② Rosaceae (Rosengewächse)
③ Oleaceae (Ölbaumgewächse)
④ Ericaceae (Heidekrautgewächse)
⑤ Eleagnaceae (Ölweidengewächse)

7. Pilzliche Erkrankungen werden gefördert durch

① Hitze, Trockenheit
② starker Regen, viel Wind
③ hohe Luftfeuchtigkeit und Wärme
④ Trockenheit und Sonne
⑤ Gewitterregen und anschließende Abkühlung

8. Welches Schadbild trifft auf einen Rostpilz zu?

① Der Pilz breitet durch die Spaltöffnungen verzweigte Sporenträger aus, diese bilden auf der Blattunterseite einen grau-weißen Schimmelrasen.
② Die obere Epidermis ist mit einem mehlartigen Schimmelbelag überzogen.
③ Auf Blättern und Früchten entstehen schwarzgrüne Flecken, die verkorken.
④ Durch Enzyme werden die Zellwände aufgelöst, so daß auf den Blättern durchscheinende Flecken – Ölflecken – entstehen.
⑤ Das Pilzgeflecht (Mycel) breitet sich in Blättern und Stengeln aus. Fortpflanzungszellen stehen in dichten Häufchen als Flecken.

9. Bakterien können Welkekrankheiten verursachen durch

① verstopfte Gefäße
② Auflösung der Zellwände
③ unkontrolliertes Wachstum der Zellen
④ Faulen der Wurzeln
⑤ Wucherungen am Wurzelhals

10. Welche der nachstehend genannten Krankheiten wird durch Bakterien verursacht?

① Hexenbesen
② Mosaikkrankheit
③ Naßfäulen
④ Verbänderungen
⑤ Stauchekrankheit

11. Was sind Viren?

① Einzellige Lebewesen, sogen. Mikroorganismen
② Besonders kleine Bakterien, die man nur mit dem Mikroskop erkennen kann
③ Die Größe der Viren liegt zwischen der der Bakterien und der Pilze
③ Viren sind kleiner als Bakterien, größer als Eiweißmoleküle und vermögen nicht, sich selbst zu ernähren. Sie sind nur in anderen Zellen lebensfähig
⑤ Viren sind riesige Eiweißmoleküle, die sich selbst ernähren und durch einfache Teilung (Spaltung) vermehren.

12. Welche der nachstehend genannten Krankheiten wird durch Viren verursacht?

① Feuerbrand
② Stauchekrankheit
③ Rußtau
④ Fichtengallen
⑤ Monilia

13. Was sind Vektoren? Als Vektoren bezeichnet man

① tierische Schädlinge, die Viren übertragen
② Blattläuse, die durch ihr Absterben anzeigen, daß eine Pflanze mit Virus befallen ist
③ die Wachstumsbedingungen in einem Gewächshaus
④ die Zwischenwirte bei Pilzkrankheiten
⑤ die Krankheitssymptome bei Virusbefall

14. Welche Aussage ist falsch? Blattläuse müssen unbedingt bekämpft werden, weil

① die befallenen Kulturen im Wachstum gehemmt werden
② die befallene Ware nicht verkaufsfähig ist
③ sie andere Krankheiten, z.B. Virosen, übertragen können
④ sie sich schnell vermehren und auch andere Kulturen befallen können
⑤ sie für die Mitarbeiter eine Infektionsquelle darstellen

15. Blattlausbefall erkennt man an den Tieren, außerdem auch an

① rostartigen Flecken auf den Blättern
② schimmelartigem Belag auf der Blattoberseite
③ mosaikartigen Flecken auf den Blättern
④ gekräuselten und eingerollten Blättern
⑤ Chlorophyllabbau

16. Tierische Schädlinge entwickeln sich bei bestimmten Witterungsbedingungen:

① Kälte, Wind, Regen
② Gewitterregen und Wärme
③ Schwüle und nachfolgender Sturm
④ Mäßige Temperaturen und geringe Luftfeuchtigkeit
⑤ Hitze, Trockenheit, Sonne

17. Kulturfehler bewirken

① Ölflecken, Blattflecken, Weichfäule
② Bleiglanz, Schorf, Mehltau
③ Knospenabwurf, lange Internodien, Sonnenbrand
④ Fruchtfäule und Spitzendürre bei Kern- und Steinobst
⑤ Wurzelfäule, Stengelgrundfäule

18. Pflanzenkrankheiten nicht parasitärer Art sind

① Virosen
② Bakteriosen
③ Mycosen, Vermehrungskrankheiten
④ Chlorosen, Stippigkeit
⑤ Blatt- und Stengelälchen

19. Spinnmilben (Rote Spinne) bekämpft man im Gewächshaus durch

① Raubmilben
② Regenwürmer
③ Bienen
④ Marienkäfer
⑤ Fliegen

20. Im biologischen Pflanzenschutz setzt man Schlupfwespen (Encarsia formosa) ein gegen

① Raubmilben
② Spinnmilben
③ Weiße Fliege
④ Blattläuse
⑤ Wolläuse

21. Was bedeutet „biologischer Pflanzenschutz"?

① Die Schadorganismen werden nicht abgetötet, sondern nur so geschwächt, daß sie den Kulturpflanzen nicht schaden.
② Zur Schädlingsbekämpfung setzt man nur biologische Mittel ein.
③ Die natürlichen Feinde der Schädlinge werden gefördert oder ausgesetzt.
④ Durch optimale Kulturbedingungen werden die Kulturpflanzen so stark gefördert, daß die Schädlinge gar nicht schaden können.
⑤ Bei der Anwendung der Schädlingsbekämpfungsmittel beachtet man biologische Bedingungen, z.B. den Stand des Mondes.

22. Welche Aussage zum „integrierten Pflanzenschutz" ist falsch?

① Zur Förderung des Pflanzenwachstums setzt man alle Kulturmöglichkeiten ein, auch Nutzorganismen.
② Der Anbau resistenter Sorten wird besonders empfohlen, gesundes Saatgut und günstige Saat- und Pflanztermine.
③ Der Gärtner spritzt nicht prophylaktisch, sondern erst dann, wenn Schädlingsbefall eingetreten ist oder das Pflanzenschutzamt warnt.
④ Biologische, chemische, physikalische und biotechnische Pflanzenschutzverfahren werden mit den Kulturmaßnahmen koordiniert, um die Schadorganismen unter der wirtschaftlichen Schadensschwelle zu halten.
⑤ Das betriebswirtschaftliche Ergebnis wird integriert, so daß auf jeden Fall gespritzt werden muß, auch prophylaktisch, damit eine gute Ernte erzielt wird.

23. Insektizide wirken

① als Fraß-, Atem-, Kontaktgifte
② durch das Eindringen in die Spaltöffnungen
③ durch das Eindringen in die Wurzelhaare
④ nur als Fraßgifte
⑤ nur als Kontaktgifte

24. Curative (heilende) Schädlingsbekämpfungsmittel setzt man ein

① vorbeugend, prophylaktisch
② wenn es bereits zu einer Erkrankung gekommen ist
③ gegen mehrere Arten von Schädlingen zugleich
④ nur zur Pflege der Pflanzen, nicht zur Krankheitsbekämpfung
⑤ vor dem Auflaufen der Sämlinge in einem Saatbeet

25. Akarizide Mittel (gr. acari – Spinne, Milbe; lat. caedere – töten) töten

① Insekten
② Nematoden
③ Schnecken
④ Pilze
⑤ Milben

26. Rodentizide (lat. rodens – nagend) setzt man ein gegen

① Unkräuter
② Bakterien
③ Viren
④ Nagetiere
⑤ Spinnmilben

27. Mit welcher Wirkstoffgruppe bekämpft man Pilzkrankheiten?

① Mineralöle mit Zusätzen
② Chlorierte Kohlenwasserstoffe
③ Organische Phosphorverbindungen
④ Organische, schwefelhaltige, kupferhaltige, zinnhaltige Mittel
⑤ Insektizide auf pflanzlicher Basis

28. Wir wirken „sytemische Mittel"?

① Systemische Mittel wirken nur auf bestimmte Pflanzen des Systems.
② Sie müssen systematisch angewendet werden.
③ Diese Mittel werden von den Pflanzen aufgenommen und mit der Flüssigkeit in den Leitungsbahnen im Gewebe verteilt.
④ Systemische Mittel sind gegen ein ganzes System verschiedener Schädlinge einzusetzen.
⑤ Systemisch wirkende Mittel werden von der Pflanze aufgenommen, im Gewebe verteilt und nicht wieder abgebaut, so daß man Gemüse und Obstbäume damit nicht behandeln darf.

29. Was ist eine „Emulsion"?

① Eine Aufschwemmung pulverförmiger Mittel in Wasser. Das fein verteilte Pulver schwebt, löst sich also nicht in Wasser.
② Ein Mittel in Form von Salz, das sich in Wasser löst.
③ Ein Pflanzenschutzmittel, das als Pulver gehandelt und verwendet wird.
④ Eine Spritzbrühe aus einem flüssigen, öligen Mittel, das sich im Wasser nicht löst, sondern nur fein verteilt.
⑤ Eine feine Verteilung gasförmiger Stoffe.

30. Erklären Sie „wirtschaftliche Schadensschwelle"!

① Beim Durchführen von Pflanzenschutzmaßnahmen müssen direkte, indirekte und evtl. sofort oder später auftretende Kosten oder Folgen beachtet werden. Nur wenn diese niedriger sind als die zu erwartenden Schäden, wird man eine Maßnahme durchführen.
② Pflanzenschutzmaßnahmen verursachen immer Kosten, deshalb sollte man darauf verzichten.
③ Schädlinge vernichten eine Ernte immer total, so daß Pflanzenschutzmaßnahmen ohne Rücksicht auf Kosten durchzuführen sind.
④ Monokulturen erfordern immer Pflanzenschutzmaßnahmen. Bei entsprechend hoher Konzentration der Mittel werden nicht nur die Schädlinge, sondern auch die Nützlinge vernichtet, und die Pflanzen können ungestört wachsen.
⑤ Pflanzenschutzmittel sind so billig. Schäden oder Folgen treten nicht ein, da sie ja amtlich geprüft und zugelassen worden sind. Der Schaden am Erntegut wird immer höher sein als der Preis für die Durchführung der Maßnahme.

31. Welcher Schaden für die Umwelt entsteht nicht <u>nur</u> durch den Einsatz chemischer Pflanzenschutzmittel?

① Ein starkes Überhandnehmen nützlicher Organismen, so daß auch sie zu Schädigern werden.
② Unzulässig hohe Rückstände in oder auf den Ernteprodukten.
③ Resistenz der Krankheitserreger gegen die eingesetzten Mittel.
④ Schnelle Vermehrung der Schadorganismen durch Vernichtung ihrer Feinde.
⑤ Rückgang der Artenvielfalt bei Tieren und Pflanzen sowie eine Verunreinigung von Wasser und Luft.

32. Die Höchstmengenverordnung ist bei der Anwendung von Pflanzenschutzmitteln zu beachten. Welche Aussage ist falsch? Man soll

① ausschließlich von der Biologischen Bundesanstalt für Land- und Forstwirtschafts zugelassene Handelspräparate und von ihr geprüfte Geräte verwenden.
② die in den Gebrauchsanweisungen vorgeschriebenen Anwendungskonzentrationen überschreiten
③ die Pflanzenschutzmittel nur in der zugelassenen Anwendungsweise für die entsprechenden Kulturen einsetzen.
④ die amtlich vorgeschriebenen, aus der Gebrauchsanweisung zu ersehenden Wartezeiten von der letzten Behandlung bis zur Ernte beachten.
⑤ Pflanzenschutzmittel nur in der vorgeschriebenen Dosierung und dem entsprechenden Entwicklungsstadium der Pflanzen anwenden.

33. Pflanzenschutzmittel ausbringen darf bzw. dürfen

① jede Aushilfskraft
② Auszubildene nach der Zwischenprüfung
③ erwachsene, zuverlässige, sachkundige Personen.
④ nur der 1. Gehilfe
⑤ nur der Meister.

34. Der Einsatz von Pflanzenschutzmitteln sollte so gering wie möglich sein. Wie erreicht man das? Man kann

① das Saatgut vor dem Säen beizen
② in richtiger Fruchtfolge geeignete Arten und Sorten wählen, die von gesunden Stämmen kommen, richtige Erden, sachgemäße Bodenbearbeitung und Düngen wählen.
③ den Boden gründlich chemisch entseuchen.
④ regelmäßig prophylaktisch in hohen Dosen spritzen, auch wenn noch kein Befall zu erkennen ist.
⑤ dem Gießwasser regelmäßig Wuchsstoffe zusetzen und vor allem stickstoffbetont düngen.

35. Wie müssen Pflanzenschutzmittel aufbewahrt werden?

① Sie sollten jedem zugänglich sein. Deshalb werden sie dort stehen, wo sie schnell und leicht zu erreichen sind.
② Sie müssen hell stehen und möglichst warm, damit sich ihre Bestandteile nicht verändern.
③ Pflanzenschutzmittel werden nicht aufbewahrt, sondern der Rest wird sofort vernichtet.
④ Pflanzenschutzmittel werden in Originalpackungen aufbewahrt. In einem unbewohnten Raum stehen sie kühl, frostfrei, dunkel, vor dem Zugriff durch Kinder geschützt. Nicht mit Lebens- und Futtermitteln zusammen, T und T+ unter Verschluß.
⑤ Reste von Pflanzenschutzmitteln kann man ohne weiteres in einen normalen Keller stellen. Füllt man sie in Getränkeflaschen um, dann fallen sie nicht so auf und sind vor Mißbrauch geschützt.

36. Zur Sicherheit der eigenen Person sind folgende Vorsichtsmaßnahmen zu treffen:

① Gefahrenklasse beachten, Schutzkleidung tragen, Mittel nach Vorschrift anwenden, bei bedecktem Himmel und Windstille ausbringen
② Innerhalb eines Umkreises von 10 m um Bienenstände dürfen bienengefährliche Mittel nur mit Zustimmung der Imker verwendet werden.
③ Man sollte möglichst giftige Mittel in hoher Dosierung einsetzen. Dann lohnt sich der Aufwand bestimmt.
④ Amtlich zugelassene Mittel erfordern keine besonderen Vorkehrungen.
⑤ Man muß die Maschinen richtige bedienen können.

37. Gibt es besondere Vorschriften für den Pflanzenschutz in der Bundesrepublik Deutschland?

① Nein, es gibt weder Gesetze noch Verordnungen zum Pflanzenschutz.
② Ja, Ländergesetze, je nach Bundesland verschieden.
③ Ja, Gemeindeverordnungen
④ Nein, durch das Ablegen der Gehilfenprüfung erwirbt jeder Gärtner den Befähigungsnachweis, und der genügt.
⑤ Ja, Bundesgesetz: Pflanzenschutzgesetz und Pflanzenschutz-Anwenungsverordnungen der Länder.

38. Pflanzenschutzmittel werden nach Prüfung zugelassen von

① dem Bundesgesundheitsministerium
② der Biologischen Bundesanstalt für Land- und Forstwirtschaft
③ den Landwirtschaftsministerien der Länder
④ dem Bundeslandwirtschaftsministerium
⑤ dem Bundesverband der Deutschen Industrie

39. Der Gärtner hat die Möglichkeit, sich über neue Mittel und Verfahren im Pflanzenschutz zu informieren

① in den Tageszeitungen
② im Bundesanzeiger
③ durch den amtlichen Pflanzenschutzwarndienst
④ im Regionalprogramm der Fernsehanstalten
⑤ bei den Industrie- und Handelskammern

40. Was besagt die Höchstmengenverordnung?
Die Höchstmengenverordnung sagt,

① welche Menge eines Mittel höchstens auf einer bestimmten Fläche ausgebracht werden darf.
② daß Pflanzenschutzmittel nur im hohen Konzentrationen angewendet werden dürfen.
③ daß zur Erzielung großer Erntemengen große Mengen von Pflanzenschutzmitteln eingesetzt werden müssen.
④ daß vor dem Verkauf zum Verzehr geeigneter Erzeugnisse bestimmte Wartezeiten einzuhalten sind und wieviel Restmengen eines Mittels bei der Vermarktung auf dem Erntegut noch vorhanden sein dürfen.
⑤ wieviel ppm eines Mittels höchstens im Laufe einer Kultur eine Pflanze treffen dürfen.

41. Pflanzenschutzmittel werden in 4 Gefährdungsklassen eingeteilt. Welche Bezeichnung ist falsch?

① giftig
② mäßig giftig
③ ätzend
④ gesundheitsschädlich
⑤ reizend

42. Wer darf giftige Pflanzenschutzmittel einkaufen?

① Jedermann
② Kinder und Jugendliche unter 16 Jahren
③ Jeder volljährige Bürger
④ Sachkundige berechtigte Personen gegen Erlaubnisschein
⑤ Jeder Gartenbesitzer

43. Welche Aussage zu „Herbizide" ist falsch?

① Herbizide sind chemische Verbindungen, die geeignet sind, Unkräuter zu vernichten.
② Herbizide stören bei Unkräutern Stoffwechselvorgänge.
③ Herbizide sind pflanzenfressende Tiere.
④ Herbizide können das Wachstum von Kulturpflanzen erheblich beeintrachtigen.
⑤ Herbizide dringen je nach Art über die Wurzel oder den Sproß in die Pflanzen ein.

44. Im Gartenbau setzt man Herbizide ein, weil

① mechanische Unkrautbekämpfung körperlich zu sehr anstrengt.
② sie gleichzeitig als Dünger und somit wachstumsfördernd wirken.
③ mechanische Unkrautbekämpfung bei geschlossenen Kulturen nicht möglich ist.
④ hohe Lohnkosten eingespart werden können.
⑤ es modern ist und überall empfohlen wird.

45. Was muß man beim Anwenden von Boden-Herbiziden beachten?

① Die Anwendung soll bei mäßig feuchtem, feinkrümeligen Boden der Anleitung entsprechend und richtig dosiert erfolgen.
② Um eine breitflächige Wirkung zu erzielen, sollte man Herbizide bei windigem Wetter ausbringen.
③ Da die Mittel nur Unkräuter schädigen, ist nichts Besonderes zu beachten.
④ Der Ton-Humus-Komplex absorbiert die Herbizide, so daß die genaue Dosierung vernachlässigt werden kann.
⑤ Herbizide gelangen mit dem Sickerwasser in tiefere Bodenschichten und in das Grundwasser, so daß Kulturpflanzen nicht geschädigt werden können.

46. Was bedeutet „Krankheiten und Schädlinge werden resistent"?

① Schadinsekten werden durch Bekämpfungsmaßnahmen ausgerottet
② Pilzliche Schädlinge verschwinden nach Fungizideinsatz völlig.
③ Krankheiten und Schädlinge werden durch Pflanzenschutzmaßnahmen in ihrer Entwicklung gefördert.
④ Krankheiten und Schädlinge werden durch Pflanzenschutzmaßnahmen in die Kulturen eingeführt.
⑤ Krankheiten und Schädlinge bilden Antistoffe, so daß sie die Pflanzenschutzmaßnahmen überstehen.

47. Welche Wurzelunkräuter sind durch Herbizide gar nicht oder nur schwer zu bekämpfen?

① Ackersenf, Hederich, Melde
② Ackerdistel, Ackerwinde, Ackerschachtelhalm
③ Ackerstiefmütterchen, Franzosenkraut, Kreuzkraut
④ Ackerhellerkraut, Ehrenpreis, Vogelmiere
⑤ Hirtentäschel, Kamille, Ackerfuchsschwanz

48. Welche Pflanzen bezeichnet man als Unkräuter? Unkräuter sind

① Pflanzen, die besonders hohe Schäden durch Nährstoffentzug verursachen.
② alle Pflanzen, die in einer Kultur unerwünscht sind.
③ Pflanzen, die durch Wurzelausscheidungen die Bodengüte verändern.
④ alle Pflanzen, die Krankheitserregern als Wirte dienen.
⑤ Pflanzen, die sich durch ihr Wurzelgeflecht zur Befestigung von Böschungen eignen.

49. Im Pflanzenschutzgesetz ist u.a. festgelegt, auf welchen Flächen Pflanzenschutzmittel ausgebracht werden dürfen. Erlaubt ist dies

① in Wasserschutzgebieten nach Genehmigung durch das Pflanzenschutzamt.
② an und in oberirdischen Gewässern und Küstengewässern
③ auf Freilandflächen, wenn diese landwirtschaftlich, forstwirtschaftlich oder gärtnerisch genutzt werden.
④ auf Lärmschutzwällen an den Autobahnen.
⑤ an Böschungen und Feldrainen, auf nicht bewirtschafteten Flächen und Wegen einschließlich der Wegränder.

50. Wann führt man einen „Kressetest" durch?

① Zum Feststellen des Nährstoffgehaltes eines Bodens.
② Zum Feststellen der Belichtungsverhältnisse in einem Gewächshaus.
③ Vor Kulturbeginn nach einer Bodenentseuchungsmaßnahme.
④ Um die Keimfähigkeit des Saatgutes festzustellen.
⑤ Um die Qualität des Gießwassers zu prüfen.

51. Beschreiben Sie den Bau eines Bakteriums!

52. Nennen Sie Kennzeichen von Bakteriosen!

53. Erklären Sie „Mycosen"!

54. **Beschreiben Sie Schadbild und ungeschlechtliche Vermehrung des „Echten Mehltaues (Erysiphales)!**

55. **Beschreiben Sie Schadbild und ungeschlechtliche Vermehrung des „Falschen Mehltaues“ (Peronosporales)!**

56. **Wie sehen durch Nematoden geschädigte Pflanzen aus?**

57. **Unterscheiden Sie die Schäden, die „saugende“ und die „beißende Schädlinge“ verursachen!**

58. **Welche Schwierigkeiten bestehen bei der Bekämpfung von Virosen?**

59. **Nennen Sie Viruskrankheiten in Ihrem Fachgebiet!**

60. **Schreiben Sie die Bedeutung zu den abgebildeten Zeichen!**

---

61. **Nennen Sie Möglichkeiten, biologischen Pflanzenschutz zu betreiben!**

62. **Nennen Sie mindestens 5 Beispiele für Nützlinge!**

63. **Wie heißen die Gruppen der Pflanzenschutzmittel hinsichtlich der zu bekämpfenden Schäden?**

64. **Aus welchen Stoffen (Substanzen) sind Pflanzenschutzmittel zusammengesetzt?**

65. **Was ist beim Umgang mit giftigen Pflanzenschutzmitteln zu beachten?**

66. **Welche Hauptregel sollte man auch beim Ausbringen ungiftiger Mittel beachten?**

67. **Was versteht man unter Wartezeit?**

68. **Nennen Sie den Inhalt der Bienenschutzverordnung!**

69. **Wie soll man sich nach eingetretener Vergiftung verhalten, bis der Arzt kommt?**

70. **Was muß beim Reinigen von Spritzgeräten beachtet werden?**

71. **Wo kann sich ein Auszubildender über Anwendung und Mittel im Pflanzenschutz informieren?**

72. **Nennen Sie 2 Herbizide, die in Ihrer Fachsparte angewendet werden dürfen!**

73. Unterscheiden Sie die Herbizid-Arten!

Bezeichnung	Merkmal/Einsatz
Totalherbizide	
Selektive Mittel	
Bodenherbizide	
Blattherbizide	

74. In welchen Kulturstadium setzen Sie die Herbizide ein?

Bezeichnung	Kulturstadium
Vorsaatmittel	
Vorauflaufmittel	
Nachauflaufmittel	

75. Was sind Wasserschutzgebiete?

76. Welche Forderungen stellt ein Gärtner an eine Feldspritze?

77. Nennen Sie Dosierfaktoren, die beim Ausbringen von Pflanzenschutzmitteln zu beachten sind!

78. Unterscheiden Sie spritzen, sprühen, nebeln!

79. Gegen welche Schädlinge setzt man Kupfermittel ein?

80. Gegen welche Schädlinge setzt man organische Phosphorverbindungen ein?

81. Wer darf nach §10 des Pflanzenschutzgesetzes Pflanzenschutzmittel anwenden oder Personen anleiten und beaufsichtigen, die Pflanzenschutzmittel ausbringen?

82. Welche Möglichkeiten physikalischer Unkrautbekämpfung sind Ihnen bekannt?

83. Nennen Sie biologische Pflanzenschutzmittel!

84. Was sind Immissionsschäden?

85. Unterscheiden Sie Vergrämen und Ködern!

86. Welche Aufgaben hat der Pflanzenschutzwarndienst?

87. Wer darf Pflanzenschutzmittel verkaufen?

88. Wie kann man den Dickmaulrüßler bekämpfen?

89. Wie kann man grob Spinnmilben und Insekten unterscheiden?

90. Welche Schäden können Insekten an Kulturpflanzen verursachen?

91. Was geschieht mit Resten von Spritzbrühe?

92. Was müssen Sie beachten, wenn Sie beim Umgang mit giftigen Pflanzenschutzmitteln Atemmasken mit Filter verwenden?

1. Welcher Bestandteil der Luft wird im Verbrennungsmotor verbrannt?

① Kohlendioxid
② Kohlenmonoxid
③ Sauerstoff
④ Schwefeldioxid
⑤ Wasserdampf

2. Sie arbeiten mit einer Fräse. Diese bleibt plötzlich stehen, weil

① der Boden sehr naß ist
② es stark regnet
③ der Benzintank leer ist
④ der Boden staubtrocken ist
⑤ die Temperatur über 30°C angestiegen ist

3. Eine Fräse mit einem Vier-Takt-Motor erkennt man daran, daß sie

① mit einer Ölwanne ausgerüstet ist
② mit einem Öl-Wasser-Gemisch zu betreiben ist
③ keine Ölwanne besitzt
④ keine Ventile besitzt
⑤ mit einem Öl-Benzin-Gemisch zu betreiben ist

4. Elektrische Anlagen bedürfen besonderer Pflege. Eine Reparatur sollte man

① grundsätzlich selbst durchführen
② nur von einem anerkannten Fachmann durchführen lassen
③ immer vom 1 Gehilfen durchführen lassen
④ grundsätzlich dem Meister übertragen
⑤ von jedem Gehilfen durchführen lassen, dessen Prüfung länger als zwei Jahre zurückliegt

5. Zur Temperaturregelung werden u.a. Bimetallschalter verwendet. Bimetallschalter sind

① für biologische Einrichtungen (Stalle, Gewächshäuser) geeignet
② eine Legierung zweier Metalle mit unterschiedlicher Wärmeausdehnung
③ aus zwei Metallen mit unterschiedlicher Wärmeausdehnung zusammengenietet oder -gewalzt
④ Eisenrohre, die mit Zink ummantelt sind
⑤ Metalle mit gleicher Wärmeausdehnung, sie sind besonders stabil

6. Nennen Sie Vorteile der Tröpfchenbewässerung!

① Gezielte Wasserversorgung der einzelnen Pflanze bei geringem Wasserverbrauch
② Vollstandige Erfassung der gesamten Feldflache
③ Hohe Wasserverdunstung und somit Erhöhung der Luftfeuchtigkeit
④ Beregnung der gesamten Pflanze und damit Herabsetzung der Verdunstung
⑤ Förderung des Pilzbefalles durch feuchtes Laub

7. Mit der Lüftung kann man folgende Wachstumsfaktoren regeln:

① Häufiges Lüften erhöht die Luftfeuchtigkeit.
② Durch Zugluft werden die Pflanzen gut abgehärtet.
③ Frische Luft erwärmt das Gewächshaus und erhöht die Luftfeuchtigkeit.
④ Die Lufteuchtigkeit wird vermindert, die Temperatur gesenkt, die Kohlendioxidzufuhr erhöht.
⑤ Beim Öffnen der Lüftung wird die Helligkeit erhöht.

8. Als „Zwangslüftung“ bezeichnet man

① Stehwandlüftung, Dachlüftung, Firstlüftung
② Giebel- und Giebelkulissenlüftung
③ Flügellüftung, Klappenlüftung
④ Ganzdachlüftung
⑤ Belüftung durch Ventilatoren

9. Man unterscheidet verschiedene Arten der Aufhängung von Lüftungsflügeln. Welche Abbildung zeigt einen Klappflügel?

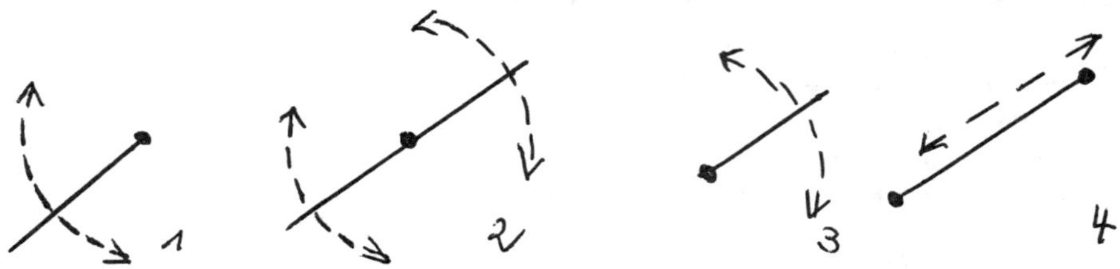

10. Welchen Anforderungen muß eine Lüftung genügen?
Eine Lüftung muß

① teuer sein, damit sie den Wert der Kulturhäuser erhöht
② sturmsicher und dennoch weit genug zu öffnen sein
③ auch geschlossen den Luftaustausch mit einem kleinen Spalt garantieren
④ geräuschvoll arbeiten, damit man nicht immer nachsehen muß, ob sie funktioniert
⑤ eine Luftwechselzahl von weniger als 50 garantieren

11. Welchen Anforderungen muß eine Firstlüftung genügen?

① Es bestehen keine besonderen Anforderungen.
② Sie sollte klein sein, damit der Wind nicht hindurch pfeift.
③ Sie muß weit über die Waagerechte zu öffnen sein und in ihrer Fläche mindestens 30 % der Grundfläche betragen.
④ Es genügt, wenn nur eine Dachseite mit der Lüftung versehen ist.
⑤ Die beiden Lüftungsseiten müssen gegeneinander verriegelt sein, damit nur eine Seite zu öffnen ist.

12. Welchen Vorteil hat eine kittlose Verglasung?

① Die Luftwechselzahl wird wesentlich erhöht.
② Der Wärmeübergang nach außen wird deutlich gesteigert.
③ Das Glas liegt weniger fest und bricht bei Sturm nicht so leicht.
④ Die Lichtdurchlässigkeit wird vergrößert.
⑤ Das Verlegen und Reparieren wird erleichtert.
Der Wärmeübergang nach außen ist wesentlich geringer.

13. Bewegliche Schattiereinrichtungen in Gewächshäusern sollen gewissen Anforderungen genügen. Welche Aussage ist falsch?

① Sie sollen vollautomatisch über eine Fotozelle zu steuern sein.
② Bei Nichtgebrauch sollen sie einen möglichst geringen Raum einnehmen.
③ Sind sie dicht genug, dann können sie gleichzeitig zur Verdunkelung gesteuerter Kulturen verwendet werden.
④ Mit Aluminium beschichtet eignen sie sich als Energieschirm.
⑤ Auf keinen Fall sollen sie Lichteinstrahlung und Lüftung behindern.

14. Erklären Sie Leichtbauweise von Gewächshäusern!

① Die Gewächshauskonstruktion ist leicht und trägt sich selbst.
② Die Bedachung ist besonders leicht.
③ Es wird mit Kunststoff eingedeckt.
④ Die Konstruktion erfordert einen Materialaufwand von weniger als 12 kg/m^2 Grundfläche.
⑤ Die Dachkonstruktion wird von Stützen getragen.

15. Erklären Sie Schwerbauweise von Gewächshäusern!

① Die Bedachung ist besonders stabil und schwer.
② Die eingebauten Binder sind solide und schwer.
③ Die gesamte Konstruktion erfordert einen Materialaufwand von mehr als 12 kg/m^2 Grundfläche. Sie ist belastbar bei Schnee und Wind.
④ Die verwendeten Glassorten sind schwer und besonders hoch belastbar bei Schnee und Wind.
⑤ Es werden nur schwere Stahlsorten verarbeitet.

16. Erklären Sie „Venlo-Bauweise" von Gewächshäusern!

① Unter Venlo-Bauweise versteht man einen Gewächshaustyp, bei dem sich mehrere Kappen auf einem Gitterunterzug befinden (zwei, drei oder vier Kappenbreiten).
② Es ist ein Gewächshausblock mit beliebigen Maßen, der nach dem Konstrukteur benannt wurde.
③ Der Herstellungsbetrieb gab den Namen für den Gemüseblock in Leichtbauweise.
④ Es ist ein einfacher Gemüsebaublock mit verbesserter Lüftung.
⑤ Eine größere Anzahl beliebig breiter Schiffe mit Kunststoffenstern bedeckt, kennzeichnet diesen Gewächshausblock in Leichtbauweise.

17. Ein Normgewächshaus von 12 m Nennbreite ist tatsächlich 12,55 m breit. Die Breite wird gemessen zwischen

① den Innenkanten der Binder
② den Bindermitten
③ den Glasinnenseiten
④ den Spitzen der T-Sprossen
⑤ den Außenkanten der Binder

18. Erklären Sie „Treibhauseffekt" (Glashauseffekt)? Man bezeichnet damit

① den starken Wärmedurchgang durch Glas
② den Verschmutzungsgrad der Glasscheiben
③ das Durchdringen der Glasscheiben durch UV-Strahlen, das bei den Pflanzen zu Verbrennungen führt
④ das Durchdringen der Glasscheiben durch kurzwellige Strahlen, die gebrochen, absorbiert und bei der Reflexion zum Teil in Wärmestrahlen umgewandelt werden. Diese bleiben im Haus zurück und erwärmen es
⑤ die besondere Durchlässigkeit des Glases für Lichtstrahlen

19. Gewächshäuser werden aus bestimmten Teilen errichtet. Was gehört <u>nicht</u> zu den Bauteilen von Gewächshäusern?

① Streifen- oder Punktfundament
② Binder und Pfetten in der Tragkonstruktion
③ Firstrinne und Traufenschiene
④ Außenhaut aus Sprossen und Glas
⑤ Bewässerungssystem und Verdunkelungseinrichtung

20. Gewächshäuser sollten nicht nur preisgünstig, energiesparend, arbeitsgerecht sein, sondern auch

① großen Lichteinfall und ausreichend Luftraum bieten
② winddurchlässig sein, um Schädlingsbefall vorzubeugen
③ ständig eine sehr hohe Luftfeuchtigkeit bewahren
④ nicht zu hell sein, damit keine Verbrennungen entstehen
⑤ moglichst in Frostlöchern stehen, um Uberwärmung zu vermeiden

21. Welche Eigenschaften hat Blankglas?

① Es ist durchscheinend, aber nicht durchsichtig.
② Eine Seite ist glatt, die andere genörpelt.
③ Es hat zwei glatte Oberflächen und ist durchsichtig.
④ Es wird in drei Starken hergestellt: 3,0 mm; 3,8 mm; 5,0 mm.
⑤ Die Platten sind 0,8 mm stark; 660 mm breit und ca. 6 m lang.

22. Für die Außenbespannung von Gewächshäusern eignet sich nicht

① PE-Luftpolster-Folie
② PE-Folie mit EVA
③ PVC-Folie
④ einfache PE-Folie
⑤ UV-stabilisierte PE-Folie

23. Welche Bedeutung haben die TA Luft (Technische Anleitung zur Reinhaltung der Luft) und die Großfeuerungsanlagen-Verodnung für den Gartenbau?

① Sie haben keine Bedeutung, da in Gartenbaubetrieben keine Schadstoffe entstehen.
② In industrienahen Gebieten werden danach Entschädigungsleistungen für Kulturschäden durch Luftverschmutzung berechnet.
③ Alle Kessel ab 1 MW fallen unter die Großfeuerungsanlagenverordnung.
④ Bei Smog-Alarm muß der Gärtner die Heizung abstellen.
⑤ Kessel in Gartenbaubetrieben dürfen eine bestimmte Größe nicht überschreiten.

24. Im modernen Gewächshausbau bevorzugt man Scheiben, die breiter sind als 60 cm. Welchen Vorteil hat das?

① Die Gewächshäuser sehen wesentlich besser aus und erhöhen den Werbeeffekt für den Betrieb.
② Es kann mehr Licht in die Gewächshäuser gelangen.
③ Es ist eher ein Nachteil, weil diese breiten Scheiben bei der Unfallversicherung verboten sind.
④ Die breiteren Scheiben sind im Handel leichter zu bekommen. Das kann z.B. nach Hagelschaden wichtig sein.
⑤ Breite Scheiben verschmutzen nicht so leicht und sind besser zu pflegen.

25. Was ist eine „Vegetationsheizung"?

① Die Vegetationsheizung verläuft unmittelbar in Pflanzennähe.
② Jede Heizung, bei der die Rücklauftemperatur nicht unter 60°C liegt.
③ Vegetationsheizungen verlaufen dicht unter der Außenhaut des Gewächshauses und heizen von dort aus die Vegetation.
④ Jede Heizung in Gewächshäusern ist eine Vegetationsheizung.
⑤ Es sind Lufterhitzer, die die Vegetation besonders gut und direkt beheizen.

26. Zu einer Warmwasserheizanlage gehören nicht

① Gußkessel oder Stahlkessel mit Brenner für Öl oder Gas
② Verteilungseinrichtungen (Rohre) mit Regelsystemen
③ Heizungspumpen, Mischventile
④ Ausdehnungsgefäß mit Sicherheitsüberlauf
⑤ Wärmedämmplatten, Isolierglas

**27. Wie findet die Wärmeleitung statt?
Bei der Wärmeleitung wird die Wärme dadurch ausgebreitet, daß**

① die Wärme mit dem Stoff von einer Stelle an eine andere strömt
② die Wärme von Molekül zu Molekül übertragen wird, ohne daß die Moleküle dabei ihren Ort verändern
③ kein Stoff die Verteilung der Wärme übernimmt
④ sie sich allein durch Konvektion ausbreitet
⑤ sie von der Oberfläche eines Körpers aus an die Umgebung abgegeben wird

28. Eine besonders hohe Energieausnutzung haben

① Gußgliederkessel
② Stahlkessel
③ Zweizug-Kessel
④ Dreizug-Kessel
⑤ Brennwertkessel

29. Welche festen Brennstoffe können im Gartenbau verwendet werden?

① Gasflammkohle, Koks, Anthrazit, Industrie-Braunkohlenbriketts
② naturbelassene Braunkohle
③ Torfbriketts und Torfsoden
④ Fettkohle, Eßkohle, Magerkohle
⑤ Holz und Stroh

30. Welche Bezeichnung für Typen von Heizölen ist falsch?

① Heizöl EL (extraleichtflüssig)
② Heizol L (leichtflüssig)
③ Heizol M (mittelflüssig
④ Heizöl D (dickflüssig)
⑤ Heizöl S (schwerflüssig)

31. Welcher Brennstoff ist für Brennwertkessel geeignet?

① Torf
② Erdgas
③ Schweröl S
④ Holz
⑤ Anthrazit

32. Um Maschinen und Geräte ständig einsatzbereit zu halten, muß man

① sie regelmäßig gut mit Wasser abspritzen
② sie am besten gleich im Freien stehen lassen
③ regelmäßig das Öl ablassen, das sich im Getriebe sammelt
④ die Gebrauchsanleitung vor unbefugtem Zugriff schützen
⑤ sie nach Gebrauch reinigen und warten

33. Welche Einrichtungen bei Kleinfräsen dienen der Unfallverhütung?

① besonders scharfe Fräshaken
② ein gut laufender Motor
③ Fräskasten, Rückfahrsperre und lange Führungsholme
④ geringer Treibstoffverbrauch
⑤ ein kleiner Tank

34. Welcher Grundsatz gilt für das Arbeiten am Ölbrenner?

① Brenner nicht oft reinigen.
② Vor jeder Arbeit am Brenner den Strom abschalten.
③ Vor jeder Arbeit am Brenner den Strom einschalten
④ Pumpenfilter niemals auswechseln.
⑤ Alle elektrischen Leitungen mit Reinigungsmittel gut naß machen.

35. Durch Nachlässigkeit können häufig Unfälle auftreten. Welche Maschinen verursachen die meisten Unfälle?

① Rasenmäher
② Motorsägen
③ Fräsen
④ Motorhacken
⑤ Heckenscheren

36. Bei welcher Tätigkeit im Gartenbau geschehen die meisten Unfälle?

① Bei Umgang mit Scheren, Messern, Sensen, Handsägen
② Bei Umgang mit Motorsägen, Walzen, Bagger, Lader usw.
③ Bei Umgang mit den Pflanzen bei Verletzung durch Dornen, Stacheln, Gifte
④ Bei Arbeiten mit Glas, Nägeln, Steinen
⑤ Bei Teilnahme am allgemeinen Straßen- und innerbetrieblichen Verkehr

37. Um Unfälle durch CO_2-Brenner zu vermeiden, muß man

① bei Leistungsstärken über 10 km je 1000 m^3 CO_2-Regler einsetzen
② keine besonderen Auflagen beachten
③ rechtzeitig lüften
④ das Betreten des Hauses verbieten, solange der Brenner läuft
⑤ Atemgeräte bereithalten

38. Baumarbeiten dürfen nur von Personen durchgeführt werden, die

① eine besondere Fachkunde erworben haben.
② bereits seit vielen Jahren im Betrieb arbeiten.
③ ihre Gärtnergehilfenprüfung bestanden haben.
④ als Sicherheitsbeauftragter tätig sind.
⑤ ihre Meisterprüfung bestanden haben.

39. Am Schlepper ist ein Gerät zu transportieren, das in die Fahrbahn hineinragt. Was ist zu beachten?

① Das Gerät muß mit einem Tieflader zum Gelände gebracht werden.
② Eine Begleitperson muß nebenhergehen und entsprechend warnen.
③ Überragende Teile müssen durch Warntafeln oder Warnfolien kenntlich gemacht werden.
④ Warntafeln müssen in 2 m Höhe über der Fahrbahn angebracht werden.
⑤ Es sind keine besonderen Vorschriften zu beachten.

40. Wie kann man sich im Gartenbau vor Elektro-Unfälle schützen?

① Es sollten keine elektrischen Anlagen installiert werden.
② Es darf nur Strom mit niedriger Spannung verwendet werden.
③ Beim Hantieren mit elektrischen Leitungen sind Handschuhe zu tragen.
④ Alle Räume mit elektrischen Leitungen sind mit dicken Gummimatten auszulegen.
⑤ In Steckdosenstromkreisen werden Fehlerstromschutzschalter eingebaut.

41. Holz schützt man mit Holzschutzmitteln durch Tauchen, Streichen, Spritzen, damit es gegenüber unbehandeltem Holz

① schöner aussieht.
② einen wertvollen Eindruck macht.
③ vor dem Befall mit tierischen und pflanzlichen Schädlingen geschützt wird.
④ farblich der Umgebung angepaßt ist.
⑤ stärker das Sonnenlicht reflektiert.

42. Welche Aussage zum Materialschutz bei Stahl ist falsch?

① Stahl ist korrosionsfest und muß nicht geschützt werden.
② Stahl wird mit Rostschutzmitteln behandelt.
③ Stahl ist mit Plastik umhüllt.
④ Stahl wird verzinkt.
⑤ Stahl wird veredelt.

43. Zum Messen der Luftfeuchtigkeit verwendet man

① Thermometer
② Hygrometer
③ Manometer
④ Barometer
⑤ Tensiometer

44. Kennzeichnen Sie das Mehrbereichsöl!

① SAE 10 W
② SAE 30
③ SAE 75
④ SAE 90
⑤ SAE 15/W40

45. HD-Öle (heavy duty)

① besitzen Zusätze (Additive), die die Schmiersicherheit auch bei starker Beanspruchung verbessern.
② sind nur für schwere Motoren geeignet.
③ werden bei hohen Motortemperaturen leicht dünnflüssig.
④ besitzen eine geringe Zähigkeit.
⑤ sind Universalöle, die man für Motoren, Getriebe und Hydraulik verwenden kann.

46. Kennzeichnen Sie das europäische Holz, das besonders hart und witterungsbeständig ist:

① Bongossi (Lophira lanceolata)
② Kiefer (Pinus sylvestris)
③ Buche (Fagus sylvatica)
④ Robinie, Scheinakazie (Robinia pseudoacacia)
⑤ Lärche (Larix decidua)

47. Welche Maße hat eine Euro-Palette?

① 100 cm x 100 cm
② 110 cm x 110 cm
③ 120 cm x 80 cm
④ 120 cm x 120 cm
⑤ 100 cm x 80 cm

48. Wer darf als Fahrer eines Gabelstaplers eingesetzt werden?

① Jeder Auszubildende.
② Der Fahrer muß älter als 18 Jahre sein und die Unfallverhütungsvorschriften gründlich kennen.
③ Jeder Führerscheininhaber
④ Jeder Mitarbeiter im Betrieb.
⑤ Nur der Meister.

49. Kennzeichnen Sie das Ballengewebe (Balliermaterial), das nur aus Naturfaser hergestellt ist!

① Balledur
② Acrylan
③ Konitex
④ Ball-Net
⑤ Jutegewebe

50. In Motoren muß nach bestimmten Laufzeiten das Öl gewechselt werden, weil

① neue, bessere Öle auf den Markt gekommen sind.
② das Öl mit Kondenswasser angereichtert ist.
③ das Öl durch Wasserverdunstung zähflüssig geworden ist.
④ das Öl durch Ablagerungen verschmutzt ist.
⑤ das Öl nach und nach versulzt.

51. Unterscheiden Sie Ottomotor und Dieselmotor!

52. Unterscheiden Sie Regeln und Steuern!

53. Erklären Sie Begriffe der Regeltechnik!

54. Wie kann man in Gartenbaubetrieben elektrische Anlagen vor Überlastung schützen?

55. Drehstromverbindungen besitzen mehrere Leiter. Welche Spannung herrscht bei Dreiecksschaltung, welche bei Sternschaltung?

56. Welche Anlagen müssen vom Computer bedient werden, um das Klima in einem Gewächshaus optimal gestalten zu können?

57. Mit welchen Einrichtungen kann man eine Bewässerungsanlage steuern?

58. Welche Bewässerungstechniken haben im Freilandbau Bedeutung?

59. Aus welchen technischen Bauelementen bestehen vollautomatische Bewässerungsanlagen?

60. Erklären Sie die Arbeitsweise einer Tauwaage!

61. Welche Anforderungen stellen Gärtner an Bewässerungstechnik im Unterglasanbau?

62. Dünger kann man einem Wasserstrom beimischen. Erklären Sie vier Möglichkeiten!

63. Welche Möglichkeiten sind Ihnen bekannt, um Wasser für gärtnerische Kulturen aufzubereiten?

64. In letzter Zeit gewinnt die Entwässerung von Kulturflächen an Bedeutung. Was will man damit erreichen?

65. Was muß man bei der Rückgewinnung von Wasser aus Kulturflächen beachten?

66. Nennen Sie Maschinen und Geräte, die in Ihrer Sparte des Gartenbaues verwendet werden!

67. Durch Düngerbeimischung zum Gießwasser können Arbeitszeit und Wasser gespart werden. Welche Anforderungen stellt man an solche Geräte?

68. Nennen Sie Geräte, die mit einem Schlepper eingesetzt werden können!

69. Erklären Sie die Maßeinheiten J, A, VA, kW, kWh und K!

70. Erklären Sie fünf Möglichkeiten, Pflanzenschutzmittel auszubringen!

71. Von welchen Wetterelementen ist das Klima in einem Gewächshaus abhängig?

72. Unterscheiden Sie „Wärmedurchgangszahl k" und „Wärmeverbrauchskoeffizient k'"!

73. Nennen Sie Sicherheitseinrichtungen in Heizungsanlagen!

74. Welche Energietechniken, die zur Zeit entwickelt werden, sind für den Gartenbau interessant?

75. Stellen Sie Vorteile und Nachteile von Erdgas als Brennstoff im Gartenbau gegenüber!

76. Unterscheiden Sie Gliederkessel und Stahlkessel!

77. Nennen Sie die wichtigsten Teile eines Ölbrenners!

78. Bezeichnen Sie die Abbildungen mit den Fachausdrücken!

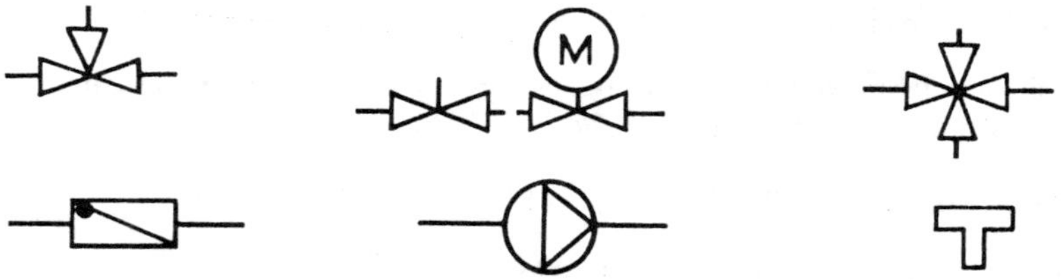

79. Welche Störungen in einer Heizanlage kann man selbst beheben?

80. Welche Störungen kann nur der Kundendienst in einer Heizanlage beheben?

81. Das Gewächshaus besteht aus verschiedenen Bauelementen. Wie heißen sie?

82. Nennen Sie verschiedene Lüftungsarten am Gewächshaus!

83. Benennen Sie die einzelnen Bauelemente am Gewächshaus!

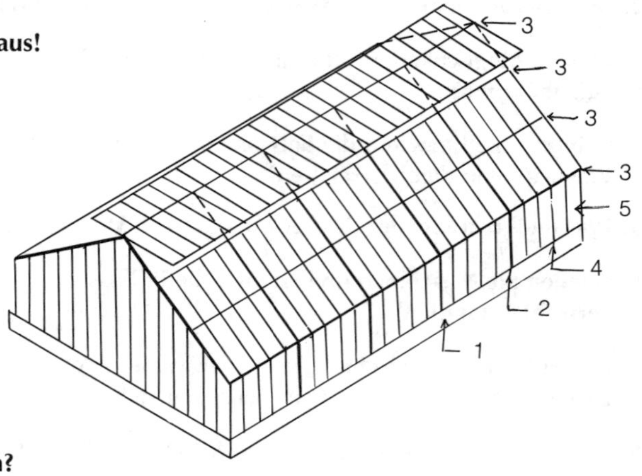

84. Welche Aufgaben haben Binder, Pfetten und Sprossen?

85. Unterscheiden Sie Luftwechselzahl und Luftaustauschzahl!

86. Welche Vor- bzw. Nachteile hat eine Doppelverglasung im Gewächshaus?

87. Moderne Gewächshäuser sind mit einer Schattierung ausgestattet. Welche Arten der Schattierung unterscheidet man?

88. Als Kulturflächen im Gewächshaus bieten sich an: Bankbeete, Trogbeete, Rolltische, Mobiltische, Tische. Erklären Sie diese kurz!

89. Nennen Sie Materialien zur Wärmedämmung!

90. Nennen Sie Bauteile einer Pergola!

91. Was sind Palisaden?

92. Erklären Sie den Bau von Teichen!

93. Von welchen Faktoren hängt die Festigkeit von Beton ab?

94. Beschreiben Sie Schäden, die durch unsachgemäße Nachbehandlung des Frischbetons entstehen können!

95. Wie kann man Schäden am Frischbeton verhindern?

96. Was besagen die Abkürzungen „B I“ und „B II“?

97. Erklären Sie „Zementfestigkeitsklassen“!

98. Welche Angaben müssen gemacht werden, wenn man Transportbeton bestellt?

99. Welche Vorteile und welche Nachteile hat Transportbeton?

100. Nennen Sie Unfallverhütungsvorschriften, die im Gartenbau besonders wichtig sind!

101. Was ist bei der Verwendung von Kunststoffeindeckungen zu beachten?

102. Welche Vorschriften enthält die TA-Luft für Feuerungsanlagen in Gartenbaubetrieben?

103. Unterscheiden Sie Lumen – Lux – Candela – Watt!

104. Unterscheiden Sie Assimilations-Belichtung und photoperiodische Belichtung!

105. Was ist ein Energie-Schirm?

106. Was sind Luftheizungssysteme?

107. Erklären Sie Tensiometer.

108. Unterscheiden Sie Eisen und Stahl!

109. Nennen Sie Bauweisen von Regenwasserbecken.

110. Nennen Sie Konsistenzklassen bei Beton!

111. Wie groß dürfen Gewächshaus-Glasscheiben sein?

112. Welche Lampen eignen sich für die Pflanzenbelichtung?

113. Welche Vorteile hat eine Vegetationsheizung?

114. Was sind die Vorzüge von Niedertemperaturkesseln?

115. Kann man Wankelmotoren im Gartenbau verwenden?

116. Eignet sich bleifreies Benzin für den Einsatz im Gartenbau?

117. Erklären Sie die Arbeitsgänge bei einer Topfmaschine!

1. Als Klima bezeichnet man

① den durchschnittlichen, charakteristischen Ablauf der Witterung über einen großen Zeitraum in einem bestimmten Gebiet.
② das genau erfaßte Wettergeschehen eines Tages in einem Bundesland.
③ das genau erfaßte Wettergeschehen über der Bundesrepublik Deutschland.
④ das stündlich erfaßte Wettergeschehen über ein bis zwei Wochen in einem Landkreis.
⑤ die Zahl der Sonnen- und Regentage im Laufe eines Jahres in einer Vegetationszone.

2. Die Klimazonen der Erde werden durch Polar- und Wendekreise getrennt. Die Bundesrepublik Deutschland liegt in der

① subtropischen Zone.
② mediterranen Zone (Mittelmeerklima).
③ mitteleuropäischen (nördlich gemäßigten) Zone.
④ tropischen Zone.
⑤ pontisch-südsibirischen Zone.

3. In der zirkumborealen Zone (boreal – im Norden gelegen) liegt die Stadt

① Bonn ② Hamburg ③ Kopenhagen ④ Moskau ⑤ Paris

4. Das Klima in den Tropen (gr. trope – Wende, Umkehr), in der zwischen den Wendekreisen gelegenen Zone, ist gekennzeichnet durch

① starke Winde, ständig bedeckten Himmel, hohe Temperaturen.
② gleichmäßig hohe Tagestemperaturen, regelmäßig hohe Niederschläge.
③ heiße Tage, kalte Nächte, nur eine Regenzeit im Jahr.
④ feuchte Sommer, trockene Winter, ausgeglichene Temperaturen.
⑤ heiße Sommer, kalte Winter, heftige Stürme, starke Regenfälle im Juni.

5. Welche Stadt liegt im Bereich des vorherrschenden Seeklimas?

① Berlin ② München ③ Konstanz ④ Bremen ⑤ Leipzig

6. Das Klima eines bestimmten Gebietes wird nicht beeinflußt von

① den vorherrschenden Winden.
② der geographischen Höhe (Höhe über NN).
③ den Meeresströmungen.
④ der Verteilung von Wasser und Land.
⑤ Sümpfen auf gefrorenem Boden, über Permafrost.

7. Die Jahreszeiten (Jahreszeitenklima!) entstehen durch

① die Drehung der Erde um die eigene Achse.
② den unterschiedlichen Druck in der Atmosphäre.
③ die Drehung der Erde um die Sonne.
④ die verschiedenen Vegetationszonen.
⑤ die ungleiche Oberflächenbeschaffenheit der Erde.

8. Die Tageslänge an den verschiedenen Orten der Erde wird bestimmt von

① den Niederschlägen und der Luftfeuchtigkeit.
② der Luftbewegung.
③ der Lage eines Ortes im Binnenland.
④ der Lage eines Ortes an der Küste.
⑤ der Wanderung der Sonne zwischen den Wendekreisen.

9. Kurztag bedeutet, daß

① die Tage wesentlich kürzer sind als die Nacht (< 12 Stunden).
② die Tage länger sind als die Nacht (> 12 Stunden).
③ Tag und Nacht in ihrer Länge gleich sind (= 12 Stunden).
④ die Sonne ständig von Wolken verdeckt ist.
⑤ die Sonne wirklich intensiv nur wenige Stunden am Tag scheint.

10. Arealgrenzen (Verbreitungsgebiet einer bestimmten Pflanzenart) stimmen häufig mit den Klimalinien überein. Klimalinien sind z. B.

① Isothermen ② Isogameten ③ Isogonen ④ Isotope ⑤ Isotomie
(isos gr. - gleich)

11. Der Luftdruck zählt zu den Wetterfaktoren. Er wird gemessen mit einem

① Manometer
② Barometer
③ Hygrometer
④ Anemometer
⑤ Thermometer

12. Zu den Wetterfaktoren gehören

① Temperatur – Licht – Luftdruck – Luftfeuchtigkeit
② Wind – Vegetation – Boden – Licht
③ Pflanzenwelt – Boden – Temperatur – Wolken
④ Wind – Wolken Pflanzenwelt – Gesteine
⑤ Tageslänge – Gewitter – Gestein – Windrichtung

13. Die Luftschicht, die Troposphäre, hat eine Höhe von

① 0 km bis 30 km
② 20 km bis 50 km
③ 0 km bis10 km
④ 50 km bis 80 km
⑤ 8 km bis 16 km

14. Die Einheit des Luftdruckes ist

① Hektopascal hPa
② Millimeter-Quecksilbersäule mmHg
③ Kilopond/Quadratmeter kp/m²
④ Technische Atmosphäre at
⑤ Meter-Wassersäule mWS

15. Der Luftdruck nimmt mit der Höhe ab und zwar um 9,8 Pa = 9,8 N/m² = 1 kp/m²

je ① 30 m ② 50 m ③ 2 m ④ 4 m ⑤ 8 m

16. Bei der Wettervorhersage spielen Hoch- und Tiefdruckgebiete eine Rolle. Von einem Hoch spricht man bei

① hohen Wolkenfeldern
② hohem Luftdruck
③ hoher Luftfeuchtigkeit
④ hohen Temperaturen
⑤ hoher Luftgeschwindigkeit, z. B. Sturm

17. Die Luftfeuchtigkeit mißt man mit

① einer Tauwaage
② einem Tensiometer
③ einem Hygrometer
④ einem Quecksilberthermometer
⑤ einem Regenmesser

18. 75 % relative Luftfeuchtigkeit heißt, daß

① 75 % der Luft aus Feuchtigkeit besteht.
② die Luft bis auf 75 % aufnehmbare Lufteuchtigkeit angereichert ist.
③ die Luft noch 75 % Feuchtigkeit aufnehmen kann.
④ in der Luft 75 % reines Wasser enthalten ist.
⑤ die Luft bei 75° total gesättigt ist.

19. Wolken entstehen, wenn

① sich die Luft erwärmt.
② die Luft sich abends abkühlt.
③ sich ein Regenbogen bildet.
④ die Luftfeuchtigkeit kondensiert.
⑤ die Luft heftig bewegt ist.

20. Cumulus-Wolken entstehen bei aufsteigendem Luftstrom. Sie befinden sich in einer Höhe von

① 0 bis 2000 m
② 8000 bis 12000 m
③ 6000 bis 8000 m
④ 500 bis 6000 m
⑤ 7000 bis 9000 m

21. Kondensiert die in der Luft vorhandene Feuchtigkeit unter 273 K (0°C), dann bildet sich

① Tau ② Nebel ③ Reif ④ Graupel ⑤ Schnee

22. Niederschläge mißt man in

① Liter auf 1 ar (l/a)
② Millimeter (Liter/m^2)
③ Kubikmeter auf 1 ar (m^3/a)
④ Hektoliter pro Quadratmeter (hl/m^2)
⑤ Meter-Wassersäule (mWS)

23. Für das Messen von Temperaturen kann die Skala von Celsius (C), Reaumur (R) oder Fahrenheit (F) gebräuchlich sein. Celsius teilte die Skala ein in

① Schmelzpunkt – Siedepunkt bei 0° bis 80°
② Schmelzpunkt – Siedepunkt bei 0° bis 100°
③ Schmelzpunkt – Siedepunkt bei - 32° bis 180°
④ Schmelzpunkt – Siedepunkt bei - 32° bis 100°
⑤ Schmelzpunkt – Siedepunkt bei 273 K bis 373 K

24. In den USA mißt man die Temperatur in

① Reaumur ② Celsius ③ Kelvin ④ Fahrenheit ⑤ Joule

25. Ein Minimum/Maximum-Thermometer ist für Gartenbaubetriebe vorteilhaft, weil man

① die Minimum- und die Maximum-Temperatur seit der letzten Messung und die augenblickliche Temperatur ablesen kann.
② die Durchschnittstemperatur eines bestimmten Zeitraumes ablesen kann.
③ nur die augenblickliche Temperatur ablesen kann.
④ nur die höchste Tagestemperatur ablesen kann.
⑤ nur die niedrigste Nachttemperatur ablesen kann.

26. Treibhauseffekt der Atmosphäre bezeichnet die Tatsache, daß

① die Sonnenstrahlen die Umgebung stark erhellen.
② Regenwasser von der Atmosphäre zurückgehalten wird.
③ die Atmosphäre bzw. Glas für kurzwellige Lichtstrahlen gut, für langwellige Wärmestrahlen weniger gut durchlässig ist. Langwellige Strahlung kann ein Glashaus nicht verlassen und erwärmt somit die Luft, wenn nicht gelüftet wird.
④ die kurzwelligen Strahlen des Sonnenlichtes die Luft stark erwärmen.
⑤ die Strahlen des Sonnenlichtes je nach Wellenlänge unterschiedlich stark gebrochen werden, so daß die Spektralfarben zu unterscheiden sind.

27. Der sichtbare Teil des Sonnenlichtes wird beim Durchgang durch ein Prisma

① nicht verändert.
② durch Brechung zerlegt, so daß man die Spektralfarben erkennt.
③ in UV-Strahlen umgewandelt.
④ reflektiert, so daß Röntgenstrahlen sichtbar werden.
⑤ in Infrarotstrahlen, also Wärme, verwandelt.

28. Die Sonneneinstrahlung mißt man in

① Lux ② Lumen ③ Kelvin ④ Watt ⑤ Watt/m^2

29. Die Einheit der Beleuchtungsstärke E ist

① Lux (lx)
② Lumen (lm)
③ Candela (cd)
④ Leuchtdichte (cd/m^2)
⑤ Lichtgeschwindigkeit (m/s)

30. Lumen (lm) bezeichnet

① die Einheit der Beleuchtungsstärke.
② die Leuchtdichte je Quadratmeter.
③ die Einheit des Lichtstromes.
④ die Basiseinheit der Lichtstärke
⑤ die Lichtgeschwindigkeit

31. Wind entsteht durch

① warme Luft, die kalte Luft überlagert.
② warme Luft, die kalte Luft verdrängt.
③ ausgeprägte Luftdruckunterschiede.
④ Aufeinandertreffen von Warm- und Kaltfront.
⑤ die Abweichung der Erdachse von der Senkrechten.

32. Die Windgeschwindigkeit wird in m/s gemessen mit einem

① Anemometer
② Barometer
③ feuchten Finger, den man gegen den Himmel hält
④ Thermometer
⑤ Wetterfahne

33. In der Beaufort-Skala verwendet man 13 Grade (0 bis 12) zum Kennzeichnen der

① Windrichtung
② Windstärke
③ Windfeuchtigkeit
④ Windtemperatur
⑤ Windhaufigkeit

34. Auf Wetterkarten sind Windstärken durch Symbole gekennzeichnet, Sturm z. B. durch

① 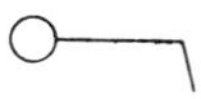
② 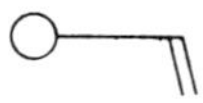
③ 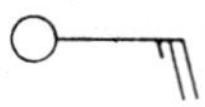
④ 
⑤ 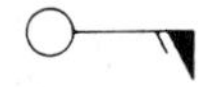

35. Wieviel Meter Wassersäule (mWS) entspricht 1 bar?

① 5 m ② 9,8 m ③ 760 mm ④ 14 m ⑤ 10 m

36. Die Wellenlänge des sichtbaren Lichtes liegt

① zwischen 400 bis 760 nm (Nanometer)
② bei mehr als 760 nm und weniger als 400 nm
③ bei mehr als 760 pm und weniger als 400 pm (Picometer)
④ zwischen 400 pm und 760 pm
⑤ zwischen 400 µm und 760 µm (Mikrometer)

37. Für das Wachstum der Pflanzen besonders wichtig sind

① alle Wellenlängen des gesamten Spektrums.
② die Wellenlängen des grünen und gelben Lichtes.
③ die Wellenlängen des roten und blauen Lichtes.
④ die Wellenlängen des blauen und gelben Lichtes.
⑤ die Wellenlängen des violetten Lichtes.

38. Klimatische Wachstumsfaktoren sind

① Licht, Temperatur, Luftfeuchtigkeit
② Luftdruck, Tau, Hagel
③ Nährstoffe, Wasser, Wind
④ Hochdruckgebiet, Tief, Sturm
⑤ Kohlendioxid, Sauerstoff, Stickstoff

39. Eine Schneedecke über einem Staudenbeet bewirkt, daß die Stauden

① sehr stark durch Frost gefährdet sind.
② durch die isolierende Wirkung des Schnees vor Frost geschützt sind.
③ durch die Eiskristalle besonders stark gefährdet sind.
④ wegen des Luftabschlusses ersticken müssen.
⑤ wegen der hohen Feuchtigkeit faulen.

40. Eine Frostschutzberegnung bewirkt, daß

① durch die Verdunstungskälte die Pflanzen sofort erfrieren.
② die Temperatur in der Oberhaut der Pflanzen schneller absinkt.
③ durch ständige Eisbildung um die Pflanze Wärme frei wird, die sie vor dem Erfrieren schützt.
④ durch die großen Wassermengen der Boden nicht so schnell gefriert und dadurch die Pflanzenwurzeln geschützt werden.
⑤ die Luft in ständiger Bewegung bleibt und die Kalt-Luft nicht auf die Pflanze herabsinken kann.

41. Welche Luftschichten unterscheidet man zwischen Erde und Weltraum?

42. Der Luftdruck nimmt mit der Höhe ab. Bei wieviel Meter Höhendifferenz beträgt der Unterschied 1 hPa?

43. Wie unterscheiden sich Zyklone und Antizyklone?

44. In welcher Höhe befindet sich die Ozonschicht?

45. Aus welchen Gasen setzt sich saubere Luft zusammen?

46. Wie entstehen Wolken?

47. Erklären Sie „Taupunkt"!

48. Was ist Föhn?

49. Wie entsteht ein Halo?

50. Der Mond hat einen Hof. Hat diese Erscheinung für das Wetter eine Bedeutung?

51. Erklären Sie Inversionswetterlage!

52. Unter welchen Voraussetzungen bildet sich Hagel?

53. Wie entsteht ein Blitz?

54. Welche Bedeutung hat Abendrot für eine Wettervorhersage?

55. Was bezeichnet man mit Kondensation?

56. Beschreiben Sie die Entstehung von Niederschlag!

57. Erklären Sie, wie man Niederschläge mißt!

58. Unterscheiden Sie relative und absolute Luftfeuchtigkeit!

59. Wie unterscheiden sich Flachlandklima und Gebirgsklima?

60. Wie unterscheiden sich arides und humides Klima?

61. Erklären Sie Kleinklima!

62. Welche Möglichkeiten hat man, um in einem Gewächshaus den Kohlendioxidgehalt der Luft zu erhöhen?

63. Unterscheiden Sie Thermometer, Barometer, Hygrometer!

64. Unterscheiden Sie Luxmeter und Pyranometer!

65. Nennen Sie Vegetations-Zonen, die man auf der Erde unterscheiden kann!

66. Erklären Sie die Wechselwirkung zwischen Klima und Vegetation!

67. Nennen Sie die Florenreiche der nördlichen Halbkugel!

68. Nennen Sie die tropischen Florenreiche!

69. Nennen Sie die Florenreiche der südlichen Halbkugel!

70. Haben die Eisheiligen noch eine Bedeutung im modernen Gartenbau?

71. Was bezeichnet man als Klima?

72. Nennen Sie Klimafaktoren!

73. Was sind Isobaren?

74. Unterscheiden Sie Wetter und Witterung!

75. Von welchen Faktoren ist die Wärme eines Gebietes abhängig?

76. Wie entstehen Cumuluswolken?

77. Erklären Sie Kleinklima!

78. Welche Bedeutung hat das Licht für das Pflanzenwachstum?

79. Wie beeinflussen Feuer, Wind und Schnee das Pflanzenwachstum?

80. Was bedeutet Treibhausgas CO_2?

81. Wo befindet sich das Ozon-Loch?

82. Was bedeutet Ozon-Loch?

83. Was ist Smog?

84. Erklären Sie Inversions-Wetterlage!

1. Als generative Vermehrung bezeichnet man eine Vermehrung durch

① Teilung
② Kopfstecklinge
③ Kopulation
④ Aussaat
⑤ Ausläufer

2. Durch Ausläufer vermehrt werden

① Chlorophytum comosum, Saxifraga stolonifera, Nephrolepis exaltata
② Aechmea fasciata, Vriesea splendens, Agave americana
③ Monstera deliciosa, Dracaena fragrans, Cordyline fruticosa
④ Pelargonium-Zonale-Hybriden, Hydrangea macrophylla, Aphelandra squarrosa
⑤ Hedera helix, Pelargonium-Peltatum-Hybriden, Columnea hirta

3. Aus Blatt-Teil-Stecklingen vermehrt man

① Begonia-Lorrainebegonien-Hybriden
② Begonia-Rex-Hybriden
③ Schlumbergera truncata
④ Ficus elastica
⑤ Cyperus involucratus

4. Wurzelschnittlinge nimmt man zur Vermehrung von

① Sansevieria trifasciata, Doronicum orientale
② Cyclamen persicum, Convallaria majalis
③ Papaver orientale, Anemone-Japonica-Hybriden
④ Buxus sempervirens, Hippeastrum-Hybriden
Gladiolus-Hybriden, Iris germanica

5. Durch Veredlung vermehrt man im Zierpflanzenbau

① Nelken, Alstroemeria
② Gerbera, Hortensien
③ Flieder, Rosen
④ Fuchsien, Abutilon
⑤ Oleander, Stechapfel (Datura)

6. Kennzeichen Sie die Jungpflanze, die durch Aussaat vermehrt wurde!

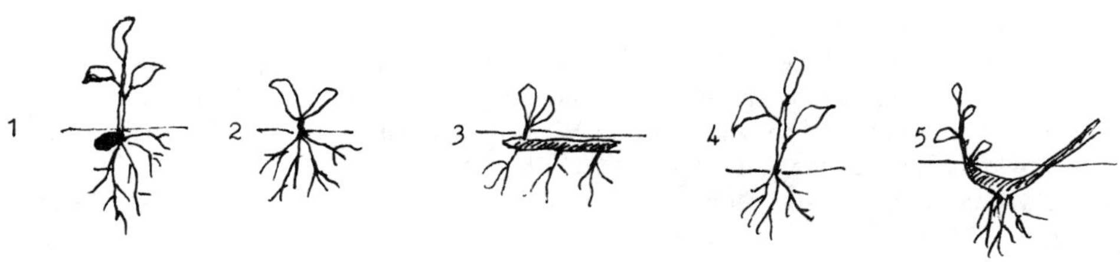

7. Lichtkeimer sind

① Gentiana, Thalictrum
② Primula, Matthiola
③ Cyclamen, Zinnia
④ Sinningia, Streptocarpus
⑤ Antirrhinum, Salvia

8. Welche Pflanzen sind Frostkeimer?

① Asparagus, Kalanchoe
② Gentiana, Thalictrum
③ Callistephus, Matthiola
④ Tagetes, Viola-Wittrockiana-Hybriden
⑤ Helianthus annuus

9. Bei der vegetativen Vermehrung werden Bewurzelungsmittel eingesetzt. Da sind z. B.

① Rhizopon, Seradix, Wurzelfix
② Basacel, Bonzi
③ Telmion, Neudosan
④ Nexion, Nexit
⑤ Basta, Vorox

10. Welche Pflanzen blühen in den Herbst- und Wintermonaten, könnten (können) jedoch mit „gesteuerter Kultur" das ganze Jahr über angeboten werden?

① Nelken und Rosen
② Gerbera und Alstroemeria
③ Weihnachtsstern und Chrysanthemen
④ Lilien und Amaryllis
⑤ Tulpen und Narzissen

11. Kritische Tageslänge bezeichnet

① die Tag- und Nachtgleiche (12 Stunden Tag, 12 Stunden Nacht)
② die Tageslänge in Stunden, bei deren Unterschreitung Kurztagspflanzen blühen, bei deren Überschreitung Langtagspflanzen blühen
③ die Erscheinung, daß bei mangelndem Licht die Pflanzen lange Internodien und kleine Blätter bilden
④ die Erscheinung, daß bei Lichtüberschuß gedrungene Pflanzen mit derben Blättern entstehen
⑤ die Wendung des Sprosses zur Lichtquelle hin

12. Erklären Sie den Begriff „Kurztagspflanze"!

① Sie wachsen im Kurztag vegetativ besonders gut.
② Sie entwickeln sich besonders schnell, wenn sie im kurzen Tag gesät werden.
③ Diese Pflanzen benötigen nur wenige Tage vom Endtopf bis zum Blütenansatz.
④ Diese Pflanzen wachsen dann vegetativ, wenn sie mehr Stunden Licht erhalten, als die kritische Tageslänge fur das Blühen erfordert.
⑤ Kurztagspflanzen haben beim Verbraucher nur eine Haltbarkeit von wenigen Tagen.

13. Kurztagspflanzen sind z. B.

① Chrysanthemen, Euphorbia pulcherrima, Begonia-Eliator-Hybriden
② Sonnenblumen, Callistephus (Astern), Nelken, Löwenmaul
③ Rosen, Tagetes, Calendula
④ Usambara-Veilchen, Gloxinien, Campanula isophylla
⑤ Aechmea fasciata, Vriesea splendens, Spathiphyllum floribundum

14. Welcher Kulturablauf trifft auf Cyclamen persicum zu?

① Vermehrung durch Aussaat. Bei 18°C bis 20°C Keimdauer 28 Tage. Pikieren, 1 bis 2mal umtopfen, Weiterkultur 16°C bis 20°C. Aussaat September, Blüte Juli/August.
② Vermehrung durch Stecklinge bei 22°C bis 24°C unter Schatten und Sprühnebel. Bewurzelung nach ca. 3 Wochen. Vermehrung Juli/August für Mehrtrieber. Kurztagsbehandlung 30 bis 40 Tage. Blüte 8 bis 12 Wochen später. Stauchen mit Cycocel.
③ Vermehrung durch Aussaat bei 20°C bis 25°C, Weiterkultur bei 22°C bis 24°C. Pikieren, Eintopfen je nach Größe in Zwischen- oder Endtopf. Kulturdauer 15 bis 18 Monate.
④ Vermehrung durch Sporenaussaat oder Teilung bei 22°C bis 24°C. Pikieren, nach 1 Jahr auspflanzen auf Beete oder Tische. Temperaturen Winter 12°C bis 15°C, sonst 18°C bis 20°C. Leichter Schatten, hohe Luftfeuchtigkeit.
⑤ Vermehrung aus Knollen oder Saat. Knollen ab Februar bis April legen, bei 16°C bis 20°C kultivieren. Aussaat Dezember bis Januar. 20°C Keimung in 12 Tagen.

15. Welches Kulturverfahren bezeichnet man als „Treiben"?

① Den Wechsel zwischen Wachstum und Ruhezeit bei mehrjährigen Pflanzen
② Den Anbau von Sommerblumen unter Glas
③ Das Überwinden der Vorruhe bei blühenden Gehölzen
④ Das Ansetzen der Blütenknospen bei fruchttragenden Gehölzen
⑤ Das Unterbrechen der Nachruhe bei blühenden Gehölzen

16. Nennen Sie Gehölze, die ihre Hauptruhezeit erst im Frühjahr abschließen, sich also nicht zum Treiben eignen!

① Forsythia x intermedia, Prunus glandulosa
② Prunus serrulata, Syringa-Vulgaris-Hybriden
③ Prunus cerasus, Corylus avellana
④ Quercus robur, Tilia platyphyllos
⑤ Salix caprea, Aesculus hippocastanum

17. Salzempfindlich sind folgende Topfpflanzen:

① Euphorbia pulcherrima,Cyclamen persicum
② Hibiscus rosa-sinensis, Begonia-Elatior-Hybriden
③ Erica gracilis, Primula obconica
④ Asparagus densiflorus, Ficus elastica
⑤ Fuchsia-Hybriden, Pelargonium-Zonale-Hybriden

18. Begründen Sie die Notwendigkeit, Gewächshäuser zu lüften!
An Lüftungseinrichtungen stellen Gärtner besonders hohe Anforderungen. Sie sollen

① kostensparend den Kulturen Sauerstoff aus der Außenluft zuführen
② den Kohlendioxidgehalt der Außenluft für das Pflanzenwachstum nutzbar machen, Luftfeuchtigkeit und Temperatur senken
③ die relative Luftfeuchtigkeit in den Kulturräumen steigern
④ bei warmem Wetter die Innentemperatur erhöhen
⑤ die Edelgase, die in der Luft enthalten sind, nutzbar machen

19. Eine zusätzliche Gabe von Kohlendioxid (CO_2) ist nur dann erfolgreich, wenn

① in dichten Gewächshäusern alle anderen Wachstumsfaktoren optimal sind
② die Gewächshäuser nicht dicht sind
③ gleichzeitig verdunkelt wird
④ die Bewässerung eingeschränkt wird
⑤ die Düngergaben reduziert werden

20. Die Stauchemittel (z. B. Basacel) bewirken eine Förderung

① des Längenwachstums
② des Blütenansatzes in erster Linie
③ des Wurzelwachstums und somit eine Verkürzung der Kulturzeit
④ eines gedrungenen Wuchses, also ein Verkürzen der Internodien
⑤ der Blattbildung und der Blattfärbung

21. In Ihrem Ausbildungsbetrieb kommen 5°-Tulpen an. Sie werden sofort optimal versorgt und zwar

① auf Paletten warm gelagert.
② sofort gepflanzt.
③ vor Mäusen sicher im Keller aufbewahrt.
④ trocken und kühl auf dem Boden gelagert.
⑤ bei 5°C weiter kühl noch mindestens 4 Wochen offen in Kisten gelagert.

22. Nennen Sie Bedingungen für Schnittblumenlagerung!
Äußerlich trockene, in vollem Saft stehende, bei optimaler Schnittreife geerntete Schnittblumen können gelagert werden, wenn sie

① sofort in Folienverpackungen bei 1°C bis 5°C in einem geeigneten Raum gekühlt werden
② sofort in das Lager für Obst und Gemüse gestellt werden
③ hell und luftig aufgestellt werden
④ in einen temperierten Raum (ca. 15°C) gebracht werden
⑤ in einen Raum kommen, der mit Gasheizung oder Ölofen frostfrei gehalten wird

23. Geeignete Sorten der Hydrangea macrophylla (Hortensie) blühen blau, wenn man

① entsprechende Düngesalze verwendet, z. B. Nitrophoska blau
② Pflanzen aus Klonvermehrung nimmt, die nur blau blühen
③ Kultursubstrate mit hohem pH-Wert, fast im alkalischen Bereich, verwendet
④ Substrate mit niedrigem pH-Wert verwendet, damit die Al-Ionen von den Pflanzen aufgenommen werden können
⑤ die Blüten weißer Sorten entsprechend färbt

24. Kennzeichnen Sie die Pflanze, die man als Trockenblume verwendet!

① Lilium longiflorum
② Tulipa gesneriana
③ Syringa-Vulgaris-Hybriden
④ Helichrysum bracteatum
⑤ Gloriosa superba

25. Die Sorte „Apeldoorn" gehört zur Gattung

① Tulipa fosteriana
② Tulipa Gartentulpen
③ Tulipa greigii
④ Tulipa-Fosteriana-Hybriden
⑤ Tulipa gesneriana

26. Als Ampelpflanzen werden Ausläufer-, Kletter- und Hängepflanzen kultiviert. Am heimatlichen Standort wachsen als Hängepflanzen

① Chlorophytum comosum, Saxifraga stolonifera, Tradescantia fluminensis
② Cissus antarctica, Cissus discolor, Ficus pumila
③ Hedera helix, Epipremnum pinnatum, Scindapsus pictus
④ Hoya carnosa, Rhoicissus capensis, Nepenthes-Hybriden
⑤ Columnea gloriosa, Kalanchoe manginii, Hoya bella

27. Zur Gattung Rosa-Gartenrosen (Edelrosen) gehören die Sorten:

① Carol, Cognac, Evergold
② Belinda, Bellona, Jack Frost
③ Whisky, Ilona, Carina
④ Coral Dawn, Goldstern, Dirigent
⑤ Motrea, Garnette, Laminuette

28. Palmen ordnet man den Monocotyledoneae, den Einkeimblättrigen Pflanzen zu. Sie bilden bis 35 m hohe schlanke Stämme. Wie wird der notwendige Stammdurchmesser erreicht?

① Durch sekundäres Dickenwachstum wie bei den Dicotyledoneae, den Zweikeimblattrigen Pflanzen
② Durch primäres Dickenwachstum vor dem Höhenwachstum
③ Durch sekundäres Dickenwachstum ähnlich dem bei Cordyline und Yucca
④ Die Stammdicke wird durch Reste von Blattstielen vorgetäuscht
⑤ Der an sich dünne Stamm ist von einer starken Korkschicht umgeben

29. Wie erfolgt das Dickenwachstum bei Dracaena, Cordyline, Yucca und Aloe?

① Es erfolgt ein primäres Dickenwachstum, bevor die Pflanze in die Höhe wächst.
② Es liegt ein echtes sekundäres Dickenwachstum wie bei den Dicotyledoneae vor.
③ Es gibt kein Dickenwachstum. Die Stammstärke wird von den Blattresten gebildet.
④ Außerhalb der primären Leitbündel liegt ein Kambium unter der Rinde. Dieses ermöglicht ein sekundäres Dickenwachstum. Es gibt nach außen sekundäre Rindenzellen, nach innen sekundäre Leitbündel- und sekundäre Parenchym-(Grundgewebe-) Zellen ab.
⑤ Die Stammstärke wird durch ein Wassergewebe gebildet.

30. Wegen ihrer Ähnlichkeit im Habitus verwechseln die Kunden häufig Kakteen und Euphorbien. Letztere sind typische Beispiele für Konvergenz. Konvergenz bezeichnet

① die Entwicklung eines gleichartigen Habitus auf Grund gleicher Standortbedingungen auch bei systematisch auseinanderstehenden Familien
② die Gleichartigkeit im anatomischen Bau der Pflanzen
③ gleichartige Blütenausbildung
④ das gleichzeitige Erscheinen unterschiedlicher Familien an bestimmten Plätzen verschiedener Erdteile
⑤ gleichartige Früchte bei unterschiedlichen Familien und an unterschiedlichen Standorten

31. Als Epiphyten bezeichnet man solche Pflanzen, die in ihrer Heimat

① Felsen besiedeln
② extrem atmosphärisch wachsen, also keine Wurzeln besitzen und nur von der Feuchtigkeit der Atmosphäre leben
③ als Parasiten auf anderen Pflanzen leben
④ als Halbschmarotzer auf anderen Pflanzen leben
⑤ andere Pflanzen nur als Standort benutzen, nicht von ihnen leben

32. Zur Aufnahme von Wasser aus der Luft und gleichzeitig als Verdunstungsschutz dienen

① die Spaltöffnungen der Wasserpflanzen
② die stark verdickten Epidermiszellen der Nadelblätter
③ Saugschuppen der Bromeliaceae, Velamen (Wurzelhülle) der Orchidaceae und die Dornen der Cactaceae
④ die Luftwurzeln der Araceae (Aronstabgewächse)
⑤ Atemwurzeln der Mangrovepflanzen

33. Die Blüten der Euphorbia pulcherrima sind

① auffallend rot, rosa, weiß oder cremefarben.
② unscheinbar, einhäusig, in Blütenständen (Cyathien) stehend.
③ zu einem gelben Korbchen vereint, das von Brakteen getragen wird.
④ zweihäusig, nicht alle Pflanzen bilden überhaupt Blüten aus.
⑤ besonders dekorativ, wenn die weibliche Blüte reift.

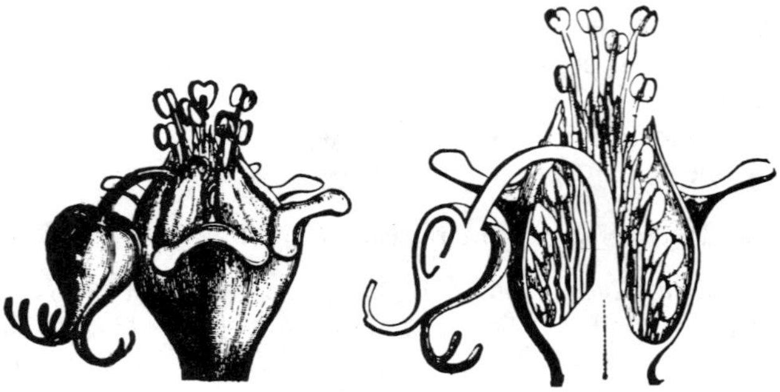

34. Die Blüten der Euphorbia fulgens stehen in Blütenständen (wie die Blüten aller Euphorbiaceae). Es sind dies Cyathien als

① Dolden ② Rispen ③ Trauben ④ Trugdolden ⑤ Doldenrispen

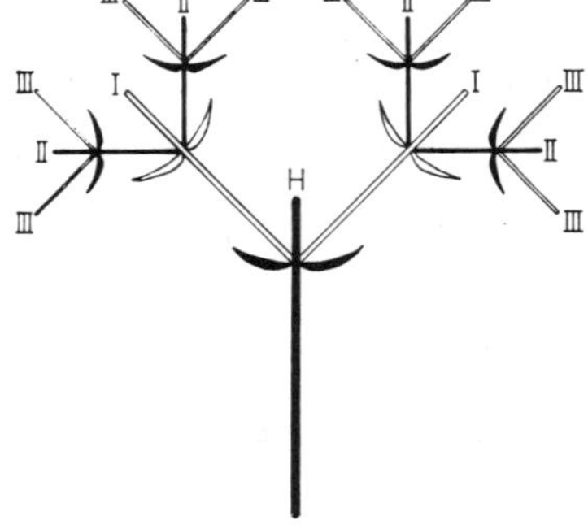

35. Zur Gruppe der „Lilienblütigen Tulpen“ gehört die Sorte

① Peach Blossom
② Kees Nelis
③ WhiteTriumphator
④ Texas Gold
⑤ Gudoshnik

36. Kennzeichnen Sie die Freilandfarne!

① Adiantum pedatum, Matteuccia struthiopteris
② Adiantum raddianum, Nephrolepis exaltata
③ Platycerium bifurcatum, Pteris cretica
④ Asplenium nidus, Adiantum tenerum
⑤ Arachniodes adiantiformis, Cyrtomium falcatum

37. Stauden mit fleischigen Wurzeln werden auch durch Wurzelschnittlinge vermehrt, z. B.

① Coreopsis verticillata
② Helianthus salicifolius
③ Verbascum olympicum
④ Liatris spicata
⑤ Arabis caucasica

38. Dunkelkeimer unter den Stauden sind u. a. Arten der Gattung

① Aconitum ② Convallaria ③ Sedum ④ Dicentra ⑤ Delphinium

39. Eine Staude für einen schattigen Standort ist

① Waldsteinia ternata
② Iris germanica
③ Heliopsis helianthoides var. scabra
④ Paeonia lactiflora
⑤ Aster dumosus

40. Als Stauden bezeichnet man

① ausdauernde Pflanzen wie Zwergsträucher, Sträucher und Bäume
② krautige Pflanzen, die die ungünstige Jahreszeit als Samen überdauern
③ alle Pflanzen, die sich nur vegetativ vermehren lassen
④ krautige Pflanzen, die die ungünstige Jahreszeit mit vegetativen Organen überdauern, dann blühen, fruchten und absterben
⑤ krautige mehrjährige Pflanzen, die die ungünstige Jahreszeit als Zwiebeln, Knollen, Rhizome, Wurzelstöcke oder Blattrosetten überdauern

41. Welche Stauden sollten wegen ihrer Giftigkeit nicht in Anlagen (Hausgärten) verwendet werden, in denen sich Kinder aufhalten?

① Viola cornuta, Doronicum orientale, Dryas octopetala
② Convallaria majalis, Helleborus niger, Aconitum napellus
③ Delphinium-Hybriden, Dianthus barbatus, Geum-Hybriden
④ Aster amellus, Veronica longifolia, Iberis sempervirens
⑤ Gypsophila repens, Helenium-Hybriden, Salvia nemorosa

42. Kennzeichnen Sie die Polsterstauden!

① Incarvillea-Hybriden, Caltha palustris, Cortaderia selloana
② Saxifraga cespitosa, Veronica caespitosa, Arabis androsacea
③ Phlox paniculata, Aster amellus, Erigeron-Hybriden
④ Helenium-Hybriden, Anemone-Japonica-Hybriden, Veronica spicata
⑤ Phyllitis scolopendrium, Pennisetum alopecuroides, Lagurus ovatus

43. Als Sumpf-Iris verwendet man

① Iris mandshurica
② Iris germanica
③ Iris ensata
④ Iris pumila
⑤ Iris-Hollandica-Hybriden

44. In die Schwimmblattzone eines Gartenteiches pflanzt man z. B.

① Polygonum affine - Bergenia cordifolia
② Trapa natans - Nymphaea candida
③ Caltha palustris - Primula rosea
④ Iris pseudacorus - Typha minima
⑤ Trollius europaeus - Lysimachia punctata

45. Ein Ziergras für feuchte Lagen, z. B. den Teichrand ist

① Festuca cinera
② Carex pendula
③ Pennisetum alopecuroides
④ Helictotrichon sempervirens (Avena candida)
⑤ Stipa pennata

46. Welche Steingartenstaude blüht im April (IV) gelb?

① Lychnis chalcedonica
② Gentiana acaulis
③ Phlox subulata
④ Phlox paniculata
⑤ Adonis vernalis

47. In welcher Zeile steht ein Merkmal, das nicht unter die Qualitätsbestimmungen für Stauden (DIN 18916) fällt?

① Herkunft und Sortenechtheit
② Gesundheit und Wüchsigkeit
③ Wuchsform
④ Festigkeit der Wurzelballen
⑤ Schönheit der Blütenfarbe

48. Stauden werden häufig verschickt. Welche Anforderungen stellt man an die Verpackung? Die Verpackung muß so beschaffen sein, daß

① sich die Pflanzen darin gut erwärmen können.
② möglichst kein Luftaustausch stattfindet.
③ sie durch die Art der Behältnisse und der Einbringung der Pflanzen ein unbeschädigtes Eintreffen de Pflanzen sichert.
④ die Pflanzen gut austrocknen, damit keine Fäulnis eintritt.
⑤ sie nicht über Transportbänder laufen darf. Das könnte den Pflanzen schaden.

49. Der Kunde erkennt einen Mitgliedsbetrieb des Bundes Deutscher Staudengärtner, der die Qualitätsbestimmungen einhält, an

① den besonders hohen Preisen.
② dem Qualitätszeichen „Stauden".
③ besonders langen Lieferfristen.
④ der kundenfreundlichen Aufmachung des Angebotes.
⑤ dem Angebot problemloser Massenware in großen Partien.

50. Für welche Erzeugnisse der Zierpflanzenbaubetriebe gelten Qualitätsnormen auf EU-Ebene (Europäische Union)?

① Schnittblumen und frisches Blattwerk
② Topfpflanzen blühend und Grünpflanzen
③ Laubgehölze, Rosen, Immergrüne Gehölze
④ Stauden und Bodendecker
⑤ Beet- und Balkonpflanzen

51. Sie sollen zeitgerecht aussäen. Ergänzen Sie die Übersicht!

Pflanzen	Saat	1. Pikieren	2. Pikieren	Topfen	Verkauf
Begonia-Semper-florens-Hybriden					V
Cyclamen persicum					IX
Primula obconica					IV
Viola-Wittrockiana-Hybriden					III

52. Geben Sie die wichtigsten Daten für die vegetative Vermehrung an!

Pflanzen	Stecklinge	Topfen	Stutzen	Verkauf
Hibiscus rosa-sinensis				Mai
Pelargonium zonale				Mai
Dianthus caryophyllus				Oktober
Fuchsia-Hybriden				Mai

53. Erklären Sie „Meristemkultur".

54. Nennen Sie Pflanzenarten, die in vitro (lat. vitrum - Glas) kultiviert werden!

55. Was ist beim Pikieren zu beachten?

56. Beschreiben Sie die Einrichtung eines Arbeitsplatzes zum Umtopfen!

57. Wenn Sie Folgesätze einer Kultur benötigen, haben Sie mehrere Möglichkeiten, über längere Zeit Pflanzen verkaufsfertig zu haben. Nennen Sie einige!

58. Was ist bei der Kultur buntlaubiger Topfpflanzen zu beachten?

59. Welche Faktoren erhöhen die Verdunstung bei Pflanzen?

60. Was kann man im Gartenbau tun, um die Photosynthese der Pflanzen zu erhöhen?

61. Unterscheiden Sie Langtag- und Kurztagpflanzen!

62. Unterscheiden Sie Treiben und Verfrühen!

63. Erklären Sie Vor- und Nachteile der Hydrokultur!

64. Erklären Sie die Wirkung von Frischhaltemitteln!

65. Wie pflegt man Dekorations-(Kübel-)pflanzen?

66. Beschreiben Sie die Lagerung von trockenen Werkstoffen für die Binderei!

67. Nennen Sie Pflanzen, die einen mittleren Nährstoffbedarf haben, jedoch salzempfindlich sind!

68. Welche Auswirkungen hat CO_2-(Kohlendioxid-)Begasung auf die Qualität von Topfplanzen?

69. Nennen Sie Düngemittel, die für Balkonkästen mit Sommerflor geeignet sind!

70. Schreiben Sie unter die nachstehenden Zeichen die Bedeutung!

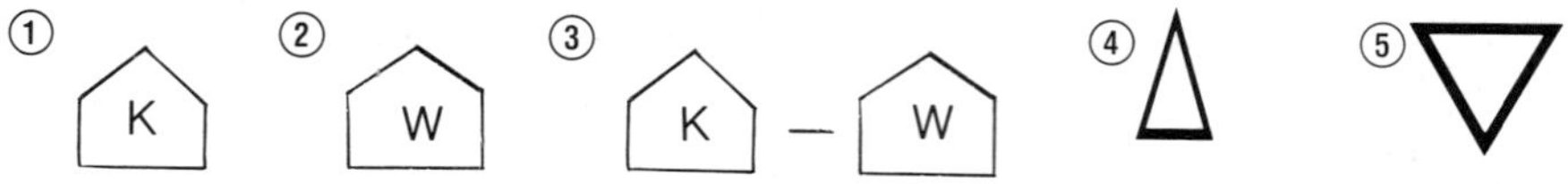

1 2 3 4

5

71. Erklären Sie die Funktion der Schuppenhaare von Bromelien!

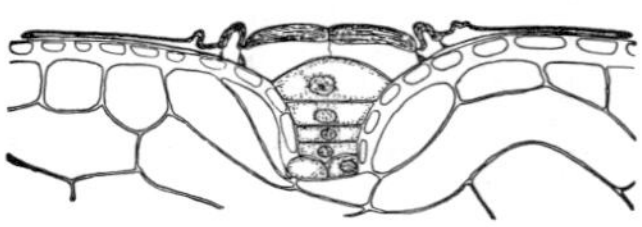

72. Erklären Sie die Funktion der Luftwurzeln bei Orchideen!

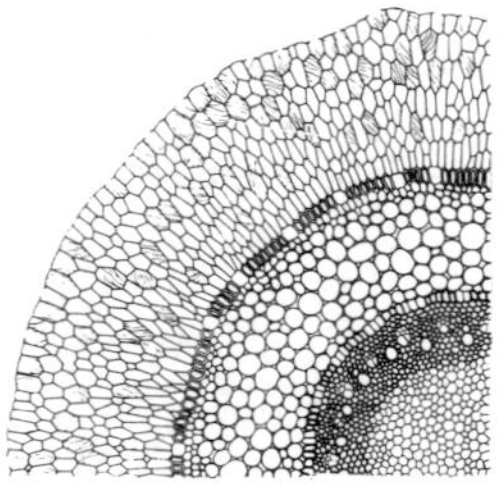

1

2

3

4

5

73. Unterscheiden Sie die Sauergräser von den echten, den Süßgräsern!

74. Erklären Sie die Vermehrung der Farne!

75. Nennen Sie Arten der Euphorbiaceae!

76. Nennen Sie Pflanzen, die im Herbst blühen!

77. Nennen Sie Pflanzen, die als Kübelpflanzen geeignet sind!

78. Welche Stauden eignen sich als Pflanzware für Schalen oder Kästen (Kübel)?

79. Nennen Sie Orchideen, die im Gartenbau kultiviert werden!

80. Nennen Sie Gehölze, die sich zum Treiben eignen!

81. Was ist bei der Kultur von Moorbeetpflanzen zu beachten?

82. Mit Hilfe welcher Maßnahmen können Blüten induziert werden?

83. Nennen Sie Sommerblumen (Annuelle), die sich zum Trocknen eignen!

84. Nennen Sie Zweijährige (Bienne), die sich als Schnittblumen eignen!

85. Welche Qualitätsmerkmale gelten für Schnittblumen?

86. Welche Qualitätsmerkmale gelten für Topfpflanzen?

87. Nennen Sie Beispiele für die optimale Schnittreife einiger Schnittblumen!

88. An welchen Merkmalen kann man die Überlagerung von Schnittblumen erkennen?

89. Für Balkone und Terrassen werden „Stämmchen" gern gekauft. Nennen Sie Pflanzenbeispiele!

90. Nennen Sie Kübelpflanzen, die sich für Balkon und Terrasse eignen!

91. Welche Annuellen (Einjährige) eignen sich als Schnittblumen?

92. Nennen Sie Topfpflanzen mit ihren Heimatgebieten, die in letzter Zeit auf den Markt kamen!

93. Nicht alle blühenden Topfpflanzen eignen sich für Hydrokultur. Nennen Sie einige, die in Hydrokultur regelmäßig wieder blühen!

94. Was sind „Minis" (Miniaturpflanzen)?

95. Nennen Sie Ampelpflanzen, die sich für Räume eignen!

96. Welche Schling- und Kletterpflanzen können Sie Ihren Kunden empfehlen?

97. Von mehreren Stauden kann man Schnittblumen verwenden. Nennen Sie einige!

98. Was bedeutet „Rote Liste"? Nennen Sie Pflanzenbeispiele, die dort aufgeführt sind!

99. Welchen Vorteil haben Plastiktöpfe?

100. Wintergärten finden immer mehr Freunde. Welche Pflanzen können Sie Ihren Kunden für einen temperierten Wintergarten empfehlen?

101. Welche Ansprüche stellen Pflanzen an das Licht?

102. Welche Lichtstärken sind für das Pflanzenwachstum nötig?

103. Welche Beleuchtungsdauer ist für das Pflanzenwachstum erforderlich?

104. Welche Besonderheit hat die Assimilationsbelichtung?

105. Was ist hinsichtlich des Lichtanspruches der Pflanzen bei der Raumbegrünung zu beachten?

106. Wie werden Verkaufsräume optimal ausgeleuchtet?

1. Sie wollen sich als Gemüsegärtner selbständig machen. Wo werden Sie Ihren Betrieb anlegen?

① In einer Talsenke
② Im Regenschatten eines Gebirges
③ In einer rein ländlichen Gegend
④ In klimatisch günstiger Lage und Marktnähe
⑤ In einer Lage mit vorherrschenden Nordwinden

2. Nennen Sie eine wichtige Voraussetzung für einen erfolgreichen Gemüseanbau!

① Einwandfreies Saatgut geeigneter Sorten
② Hoher Grundwasserstand bei Freilandkulturen
③ Genügend Oberflächenwasser zur Beregnung bei Anbau unter Folie
④ Gewächshäuser mit Spezialglaseindeckung
⑤ Gute Kenntnisse des Kultivateurs in der Okulation

3. Ein Gemüsebaubetrieb kann den Absatz durch mehrere Maßnahmen sichern. Welche Aussage ist falsch? Den Absatz kann man sichern durch

① ständigen Zukauf minderer Qualitäten.
② Abschluß eines Anbauvertrages mit der verarbeitenden Industrie.
③ Abschluß eines Anbauvertrages mit Einzelhandelsketten.
④ gute Sortierung.
⑤ gleichbleibendes Angebot guter Qualität.

4. Gemüseverzehr ist für eine gesunde Ernährung wichtig, weil

① die ansprechende Farbe des Gemüses den Appetit anregt.
② Gemüse einen hohen Anteil an Kohlenhydraten besitzt.
③ der Anteil an Vitaminen und Mineralstoffen besonders hoch ist.
④ der Kaloriengehalt groß ist.
⑤ Gemüse einen hohen Eiweißgehalt hat.

5. Allgemein bekannt wegen des hohen Vitamin A-Gehaltes sind

① Paprika
② Möhren
③ Chicorée
④ Tomaten
⑤ Endivien

6. Einen besonders hohen Gehalt an Vitamin C hat

① Blumenkohl
② Feldsalat
③ Schnittlauch
④ Wirsing
⑤ Petersilie

7. Welche Aussage zu Standardsaatgut ist richtig? Standardsaatgut muß

① direkt vom Züchter gewonnen werden. Sein Farbetikett ist weiß.
② sortenecht, sortenrein sein und die Anforderungen an die Beschaffenheit erfüllen. Sein Farbetikett ist dunkelgelb.
③ unmittelbar aus anerkanntem Basissaatgut gewonnen werden. Sein Farbetikett ist blau.
④ artenecht sein und die festgesetzten Anforderungen an die Beschaffenheit erfüllen. Sein Farbetikett ist braun.
⑤ pilliert oder kalibriert sein und einen bestimmten Feuchtigkeitsgehalt aufweisen. Sein Farbetikett ist violett.

8. Aus welchem Grunde führt der Gärtner Keimprüfungen des Saatgutes durch? Kennzeichnen Sie die falsche Aussage!
Die Keimfähigkeit des Saatgutes könnte nicht optimal sein, weil

① das Saatgut nicht richtig gelagert wurde.
② das Saatgut nicht richtig ausgereift war.
③ das Saatgut viel Verunreinigungen enthält.
④ das Saatgut überlagert ist.
⑤ man sich auf das Saatgutetikett nicht verlassen kann.

9. Welche Gemüseart kann veredelt werden?

① Rosenkohl
② Artischocken
③ Kürbis
④ Tomaten
⑤ Melonen

10. Gurken veredelt man auf Kürbis gegen

① Fusarium-Welke, Fusarium solani und Fusarium oxysporum
② Gurkenkrätze Cladosporium cucumerinum
③ Blattbrand Corynespora melonis
④ Gurkenmosaik Cucumis Virus I
⑤ Brennfleckenkrankheit Colletotrichum lagenarium

11. Zusatzbelichtung bei der Pflanzenanzucht kann wirtschaftlich eingesetzt werden

① sofort nach der Aussaat.
② unmittelbar nach dem Keimen.
③ im Jungpflanzenstadium.
④ nach dem Auspflanzen.
⑤ kurz vor der Ernte

12. Um ein schnelles Wachstum zu erreichen, sollte die Beleuchtungsstärke betragen:

① 400 Watt/m^2
② 2000 Watt/m^2
③ 1000 Watt/m^2
④ 100 bis 200 Watt/m^2
⑤ 50 Watt/m^2

13. Unter welchen Voraussetzungen können Möhren wirtschaftlich angebaut werden?

① Hoher Grundwasserstand
② Tiefgründiger Sandboden, sandiger Lehmboden, anmooriger Boden
③ Periodisch länger anhaltende Trockenheit
④ Podsol- und Gleyböden
⑤ Schieferböden mit geringer Mutterbodenschicht

14. Welche besonderen Ansprüche stellen Tomaten an ihren Standort?

① Viel Licht, Wärme, Wasser
② Regelmäßig wiederkehrende kalte Nächte
③ Hohe Luftfeuchtigkeit
④ Geringes Calcium- und Magnesium-Angebot im Boden
⑤ Früh einsetzender Herbst

15. Für den Anbau von Freilandsalat im Sommer sind folgende Böden geeignet:

① Sandige Lehmböden, die sich leicht erwärmen
② Trockene, leichte Böden ohne Bewässerungsmöglichkeit
③ Humusreiche Lehmböden mit ausgeglichenem Wasserhaushalt
④ Hitzige Kalkböden in Hanglagen
⑤ Moorböden mit hohem Grundwasserstand

16. Kennzeichnen Sie den Grund für das „Schießen" (Blühen) des Kopfsalates!

① Die Kultur erfolgte zu trocken.
② Die Sonnenscheindauer war zu gering.
③ Die Kultur wurde zu häufig gehackt.
④ Es wurden Sorten gewählt, deren kritische Tageslänge der Kulturzeit nicht entspricht.
⑤ Die Unkrautbekämpfung erfolgte mit ungeeigneten Mitteln.

17. Im Gewächshaus werden Gurken u.a. auf Strohballen kultiviert.
Dies hat den Vorteil, daß

① die Pflanzen höher stehen.
② die Luft mit Kohlendioxid angereichert wird.
③ die Gurken nicht von Stengelfäule befallen werden können.
④ der gewachsene Mutterboden durch zu reiche Düngergaben nicht versalzen wird.
⑤ man die Feuchtigkeit leichter regulieren kann.

18. Bei der Tomatenkultur in Gewächshäusern setzt man Gebläse oder Rüttler ein, damit

① die Luftzirkulation verbessert wird.
② der Schädlingsbefall gemindert wird.
③ die Wärme gleichmäßig verteilt wird.
④ das Kohlendioxid leichter zu den Spaltöffnungen gelangt.
⑤ die Bestäubung der Blüten gefördert wird.

19. Auf zu hohe Salzanreicherung im Boden reagiert mit Kümmerwuchs:

① Tomate
② Gurke
③ Kopfkohl
④ Sellerie
⑤ Salat

20. Kennzeichnen Sie die Starkzehrer!

① Erbsen
② Möhren
③ Weißkohl
④ Feldsalat
⑤ Bohnen

21. Einige Gemüsearten vertragen chlorhaltige Düngesalze, z.B.

① Sellerie und Kohlarten
② Radies und Rettich
③ Spinat und Mangold
④ Möhren und Petersilie
⑤ Kohlrabi und Gurken

22. Durch welchen Fehler in der Kultur bilden Gurken Bitterstoffe?

① Stauende Nässe
② Trockenheit
③ Zu warme Nächte
④ Zu hohe Sonneneinstrahlung
⑤ Organische Dünger

23. Kennzeichnen Sie die Gemüseart mit einer kurzen Vegetationsdauer!

① Rote Rüben
② Porree
③ Schwarzwurzeln
④ Endivien
⑤ Grünkohl

24. Sulfathaltige Kalium-Dünger verwendet man für

① Spargel ② Spinat ③ Bohnen ④ Möhren ⑤ Salat

25. Hummeln setzt man im Gemüsebau ein, um

① damit die Weiße Fliege zu bekämpfen.
② Unbefugte aus den Gewächshäusern fern zu halten.
③ den Befall mit Baumwolläusen zu verhindern.
④ Gurken zu befruchten.
⑤ die Tomatenbestäubung zu verbessern.

26. Welcher Schädling ist beim Möhrenanbau besonders lästig?

① Möhrenfliege
② Möhrenblattfloh
③ Möhrenblattlaus
④ Trockenherzfäule
⑤ Blattfleckenkrankheit

27. Bei welcher Rettichkultur sind prophylaktische Maßnahmen gegen Kohlfliegenbefall entbehrlich?

① Aussaat Anfang April
② Frühe Aussaat kurzer Kultur (Sechswochenrettiche)
③ Längere Kulturen bei Aussaat Ende März
④ Kurze Kultur Aussaat Mitte April
⑤ Herbst- und Winterrettiche

28. Welchen Schäden in der Tomatenkultur kann man durch Veredelung auf resistente Unterlagen begegnen?

① Kraut- und Braunfäule
② Grünkragen, Wassersucht
③ Samtfleckenkrankheit, Grauschimmel
④ Korkwurzelkrankheit und Nematoden
⑤ Stengelfäule, Bakterienwelke

29. Welcher Qualitätsmangel bei Sellerie geht auf Spurennährelementmangel (Bor) zurück?

① Hohle Knollen
② Pelzige Knollen
③ Herz- und Knollenfäule
④ Schwarzkochen
⑤ Rostflecken in der Knolle

30. Ein mindestens 4jähriger Fruchtwechsel ist notwendig bei Anbau von Kohl, weil andernfalls

① der Befall mit Kohlweißling zu stark wird.
② der Molybdänmangel überhand nimmt.
③ die Schwarzbeinigkeit nicht vermieden werden kann.
④ die Erdflöhe zu großen Schaden anrichten.
⑤ die Kohlhernie nicht vermieden werden kann.

31. Welche Maschinen werden bei der Marktaufbereitung von Gemüse eingesetzt?

① Trommelwaschmaschinen
② Siebkettenroder
③ Schwingsiebroder
④ Vollerntemaschinen
⑤ Schlegelfeldhäcksler

32. Welche Richtlinien gelten für das Sortieren von Gemüse?

① Das Handbuch des Deutschen Gemüsebaues
② Die Richtlinien der Landwirtschaftskammern
③ Die Richtlinien der Landesverbände Gartenbau
④ Die Richtlinien des Zentralverbandes Gartenbau
⑤ Die EU-Qualitätsnormen fur Gemüse

33. Kennzeichnen Sie die Gemüsearten, die nicht in den EU-Qualitätsnormen, sondern bei den „Gesetzlichen Handelsklassen für frisches Obst und Gemüse" erfaßt werden!

① Gurken und Tomaten
② Puffbohnen und Rettich
③ Bohnen und Salat
④ Blumenkohl und Rotkohl
⑤ Möhren und Zwiebeln

34. Wie wird Salat sortiert?

① Nach Gewicht: Gewächshaussalat mindestens 80 g pro Kopf
② Nach der Farbe: Hellgrüne Kopfe werden besser bezahlt
③ Nach der Große: Mindestdurchmesser 15 cm
④ Nach der Festigkeit des Kopfes: Darf nicht einzudrücken sein
⑤ Nach der Große des festen Kopfes: Mindestens 10 cm Ø

35. Die Skala der Durchmesser für runde Tomaten reicht von

① 47 mm bis 56 mm
② 67 mm bis 76 mm
③ 35 mm bis 86 mm
④ 50 mm bis 80 mm
⑤ 77 mm bis 100 mm

36. Verhältnismäßig lange kann man bei optimalen Bedingungen lagern

① Salat
② Spargel
③ Brokkoli
④ Knollensellerie
⑤ Gurken

37. Nennen Sie den Grund dafür, daß Gemüse im allgemeinen nur kurz oder gar nicht gelagert werden sollte!

① Es besteht zu 95 % aus Wasser und wird schnell welk.
② Es besteht zu 75 % aus fester Substanz und wird zu schnell hart.
③ Es ist grundsatzlich gegen Botrytis anfällig wegen der hohen Stickstoffdüngung.
④ Es ist wegen der maschinellen Ernte verletzt und für Schädlinge ein guter Nährboden.
⑤ Wegen des hohen Vitamingehaltes wird es von tierischen Schädlingen leicht befallen.

38. Die relative Luftfeuchte in Prozent (%) sollte in einem Gemüselager betragen:

① um 16 %
② um 98 %
③ ca. 70 %
④ unter 70 %
⑤ 85 % bis 95 %

39. Eine relativ hohe Lagertemperatur (12°C bis 14°C) benötigen

① Kopfsalat und Endivien
② Tomaten und Gurken
③ Spargel und Brokkoli
④ Rote Rüben und Porree
⑤ Spargel und Spinat

40. Bei welchen der nachstehend genannten Gemüsearten handelt es sich um Stauden?

① Rhabarber und Spargel
② Möhren und Petersilie
③ Kohlrabi und Rosenkohl
④ Zuckermais und Popcorn
⑤ Aubergine und Zuckermelone

41. Neuere Gurkensorten werden angeboten als F_1-Hybriden „rein weiblich". Erklären Sie den Zusatz „rein weiblich"! Gurken sind

① Pflanzen mit Zwitterblüten, deren weibliche Teile vor den männlichen reifen. Sie sind protogyn.
② zweihäusige Pflanzen. Bei den angebauten F_1-Hybriden handelt es sich um die weiblichen Pflanzen.
③ Pflanzen mit Zwitterblüten, deren männliche Teile vor den weiblichen reifen. Sie sind protandrisch.
④ einhäusige Pflanzen, deren männliche Blüten nicht zur Entwicklung kommen.
⑤ Pflanzen mit Zwitterblüten, deren männliche Teile verkümmert sind.

42. Kennzeichnen Sie die parthenokarpen Sorten der Traubengurke!

① Lucinde, Valore, Palmera
② Elon, Meresto, Tomara
③ Colet, Nanet, Paragon
④ Alcor, Bambina, Corona
⑤ Osiris, Vesta, Wistlo

43. Kreuzen Sie die Salatsorte an, die sich seit Jahren für Freilandbau und unter Folie bewährt hat!

① Arabel
② Reskia
③ Saladin RZ
④ Jessy
⑤ Caprice

44. Für den Unterglasanbau ist geeignet die Eissalatsorte

① Aubade,
② Ithaca RZ
③ Saladin RZ
④ Monterey RZ
⑤ Chantal RZ

45. Als Saatgemüse bezeichnet man

① Blumenkohl, Rosenkohl, Kohlrabi
② Kopfsalat, Endivien, Pflücksalat
③ Sellerie, Fenchel, Chinakohl
④ Bohnen, Erbsen, Möhren
⑤ Gurken, Tomaten, Melonen

46. Zum Salatgemüse rechnet man nicht

① Kopfsalat, Winterendivien, Feldsalat
② Eissalat, Eisbergsalat, Bindesalat
③ Schnittlauchsalat, Eskariol, Rapunzel
④ Brennessel, Löwenzahn, Gartenkresse
⑤ Mangold, Petersilie, Boretsch

47. Welche Gemüseart gehört zu den Gänsefußgewächsen, den Chenopodiaceae?

① Kopfkohl, Grünkohl
② Spinat, Mangold
③ Salat, Endivien
④ Chicoree, Gemüsefenchel
⑤ Boretsch, Dill

48. Zu welcher Pflanzenfamilie gehört die Aubergine?

① Cichoriaceae (Compositae)
② Cucurbitaceae
③ Solanaceae
④ Liliaceae
⑤ Chenopodiaceae

49. Zu den Nachtschattengewächsen (Solanaceae) gehören

① Zwiebel, Porree, Schnittlauch
② Stielmus, Chinakohl, Grünkohl
③ Dill, Petersilie, Fenchel
④ Paprika, Tomate, Kartoffel
⑤ Thymian, Majoran, Pfefferminze

50. Der botanische Name für Bohnenkraut ist

① Scorzonera hispanica
② Satureja hortensis
③ Origanum majorana
④ Cynara sacolymus
⑤ Foeniculum vulgare var. azoricum

B-2 Gemüsebau **Konventioneller Teil**

51. Nennen Sie Anforderungen, die ein Gärtner an Gemüsejungpflanzen stellt!

52. Für welche Gemüsearten hat sich das Flüssig-Säverfahren bewährt?

53. Bei welchen Gemüsekulturen ist ein Fruchtwechsel unerläßlich?

54. Nennen Sie Voraussetzungen für einen wirtschaftlichen Gemüseanbau!

55. Welche Gemüsearten eignen sich für den Feldgemüseanbau?

56. Welche Maßnahmen sind für das Pflanzen von Gemüse bei flächenmäßigem Anbau zu treffen?

57. Unterscheiden Sie verschiedene Aussaattechniken!

58. Nennen Sie Gemüsearten, die für eine gute Haltbarkeit eine optimale Kalium-Düngung benötigen!

59. Unterscheiden Sie Stark-, Mäßig- und Schwachzehrer unter den Gemüsearten!

60. Nach welchen Kriterien richtet sich ein Anbauplan für Gemüse?

61. Was ist kontrollierter integrierter Anbau von Gemüse?

62. Für welche Gemüsearten sind Nitrat-Grenzwerte festgelegt?

63. Gemüse unter Glas wird oft in erdelosen Kulturverfahren herangezogen. Nennen Sie Beispiele !

64. Was sind Mulchfolien?

65. Erklären Sie Frischhaltung!

66. Erklären Sie Lagerung!

67. Wie wird Gemüse sorgfältig geerntet?

68. Nennen Sie Sorten von Einlegegurken, die genetisch parthenokarp, bitterstoffrei und tolerant gegen Echten Mehltau sind!

69. Unterscheiden Sie Markerbsen und Palerbsen!
70. Welche Eigenschaften sollten Buschbohnensorten haben?
71. Nennen Sie Buschbohnensorten, die sich für Maschinenpflücke eignen!
72. Schreiben Sie die Anforderungen auf, die Gärtner an Blumenkohlsorten stellen!
73. Welche Anforderungen stellt man an Zwiebelsorten (Winterzwiebeln)?
74. Freilandsalat wird besonders häufig angebaut. Welche Anforderungen stellt man an die Sorten?
75. Welchen Anforderungen sollen Porreesorten genügen?
76. Unterscheiden Sie Schnitt-, Bleich- und Knollensellerie!
77. Nennen Sie Anforderungen an Spinatsorten!
78. Unterscheiden Sie verschiedene Gruppen von Salat!
79. Betriebe mit intensivem Gemüseanbau sind hoch mechanisiert. Welche Maschinen kennen Sie?
80. Erklären Sie „Transportkette"!
81. Nennen Sie Kräuter, die Sie in Töpfen für den Kleinverkauf kultivieren können!
82. Wie sollte der Boden für eine optimale Zwiebelkultur beschaffen sein?
83. Welche Vorteile entstehen, wenn Jungpflanzen mit Topfballen gesetzt werden?
84. Unterscheiden Sie „Grobgemüse und „Feingemüse"!
85. Erklären Sie, warum die Luftfeuchtigkeit in Tomatenkulturen 70 % betragen sollte!
86. Nennen Sie Kulturfehler, die die Qualität von Tomaten beeinflußen!
87. Welchen Vorteil hat eine Gemüsekultur unter Vliesen und Netzen?
88. Welche Eigenschaften sollte eine gute Eissalatsorte aufweisen?
89. Unterscheiden Sie Gemüsearten nach ihrem Nitratgehalt!
90. Welche Pflanzenteile der Gemüsepflanzen haben hohe, welche niedrige Nitratgehalte?
91. Welche Kulturmaßnahmen führen zu erhöhtem Nitratgehalt?
92. Welche Maßnahmen sind Ihnen bekannt, mit denen der Nitratgehalt des Gemüses verringert werden kann?
93. Im „Ernährungsbericht" der Deutschen Gesellschaft für Ernährung (DGE) werden Gemüse an zahlreichen Stellen erwähnt. Welche Stoffe sollten Gärtner bei erntereifem Gemüse beachten?
94. Welche Gemüsepflanzen fördern die Bodenqualität?
95. Welche Gemüsepflanzen mindern die Bodenqualität?
96. Wie kann man Zwiebeln lagern?
97. Bei welchen Gemüsearten werden Mulchfolien in der Kultur eingesetzt?
98. Erklären Sie die Vorteile, die das Setzen von Jungpflanzen gegenüber der Direktsaat haben kann!
99. Erklären Sie „Frostschutzberegnung"!
100. Nennen Sie Gruppierungen von Gemüsearten mit Beispielen!

1. Eine Marken-Baumschule

① liefert nur bestimmte Markenartikel
② wurde nach Prüfung durch den BdB gemäß den Gütebestimmungen anerkannt
③ ist Mitglied im BdB, dem Bund deutscher Baumschulen
④ ist als Ausbildungsbetrieb anerkannt
⑤ ist Mitglied im Zentralverband Gartenbau

2. Schwerpunkte für Baumschulen bilden sich dort, wo

① billige Arbeitskräfte zu haben sind
② viele Menschen arbeitslos sind wegen fehlender Industrie
③ Boden und Klima für das Wachstum günstig sind
④ Absatz in nächster Nähe garantiert ist, z. B. Großstädte
⑤ die Anbindung an das öffentliche Verkehrsnetz besonders günstig ist

3. Versandbaumschulen übernehmen

① die Aufgaben des Großhandels zwischen Produktionsbetrieben und Markt
② den Verkauf an Privatleute nach Katalog
③ den Versand von Jungpflanzen und Unterlagen an andere Baumschulen
④ den Verkauf an Kleingärtnervereine auf Gartenbauausstellungen
⑤ den Verkauf an Privatleute durch Hausverkauf

4. Baumschulgebiete in der Bundesrepublik Deuschland befinden sich

① im Alpenvorland
② in den Randlagen der Mittelgebirge
③ auf den Schotterebenen des Alpenvorlandes
④ in der Kölner Bucht
⑤ in Schleswig-Holstein, Oldenburg, Sachsen, Thüringen und am Mittelrhein bei Bonn

5. Eine große Anzahl an Jungpflanzen läßt sich gewinnen durch

① Veredelung
② Stecklinge
③ Steckholz
④ Aussaat
⑤ Absenker

6. Die Keimdauer der Samen ist unterschiedlich. Nach 1 bis 2 Jahren keimen die Samen von

① Andromeda, Betula
② Buddleja, Calluna
③ Deutzia, Forsythia
④ Ribes, Spiraea
⑤ Amelanchier, Cornus

7. Ein besonders hohes Tausend-Korn-Gewicht (10 000!) haben die Samen von

① Castanea sativa
② Aesculus hippocastanum
③ Fagus sylvatica
④ Malus floribunda
⑤ Prunus avium

8. Ein sehr geringes Tausend-Korn-Gewicht (0,01!) haben die Samen von

① Betula pendula
② Choenomeles japonica
③ Populus tremula
④ Clematis vitalba
⑤ Syringa vulgaris

9. Bei welcher Gattung ist das Tausend-Korn-Gewicht relativ gering?

① Abies
② Taxus
③ Juniperus
④ Picea
⑤ Cedrus

10. Stratifikation ermöglicht häufig eine wirtschaftliche Vermehrung der Gehölze aus Samen. Man bezeichnet damit

① eine feuchte Lagerung der Samen bei niedrigen Temperaturen in einem geeigneten Substrat
② eine trockene Lagerung der Samen bei Temperaturen um 5°C.
③ eine trocken-kalte Lagerung um 0°C.
④ feuchte Lagerung der Samen in klimatisierten Räumen, z. B. Kühllager knapp über dem Gefrierpunkt
⑤ eine feuchte Lagerung in einem geeigneten Substrat bei 27°C.

11. Als „Inhibitor" bezeichnet man einen Stoff, der

① die Keimhemmung in den Samen abbaut und die Keimung fördert
② die Keimhemmung in den Samen verursacht und die Keimung hemmt
③ die Hartschaligkeit der Nüsse bedingt
④ die sekundäre Keimruhe hervorruft
⑤ die Undurchlässigkeit der Samenschale verursacht

12. Der Fachausdruck „Dormancy" bezeichnet

① das Lagern von Saatgut unter feucht-kühlen Bedingungen
② das Ruhen des Embryos nach der Samenreife
③ die geminderte Keimfähigkeit nach Überlagerung des Saatgutes
④ die geminderte Keimfähigkeit bei unreifem Saatgut
⑤ die sekundäre Keimruhe bei Lagerung von Saatgut bei hohen Temperaturen

13. Kennzeichen Sie die Laubgehölze, deren Samen die Keimfähigkeit über 30 Jahre behalten!

① Rhododendron, Mahonia
② Hedera, Hypericum
③ Ligustrum, Magnolia
④ Gleditsia, Robinia
⑤ Prunus, Viburnum

14. Welche Veredelungsmethode wendet man allgemein bei Rosen an?

① Kopulieren
② Pfropfen
③ Okulieren
④ Geißfußveredelung
⑤ Einspitzen

15. Als Unterlagen für Edelrosen verwendet man häufig

① Rosa centifolia, Rosa foetida, Rosa omeiensis
② Rosa x damascena, Rosa gallica, Rosa glauca
③ Rosa laevigata, Rosa majalis, Rosa moschata
④ Rosa canina, Rosa multiflora, Rosa laxa
⑤ Rosa odorata, Rosa persica, Rosa rugosa

16. Vermehrung durch Stecklinge gewinnt an Bedeutung, weil

① damit mehr Arbeitskräfte beschäftigt werden können
② eine größere Anzahl von Pflanzen auf der Flache kultiviert werden kann
③ bei Sprühnebelverfahren und Bewurzelungshormonen auch solche Hölzer sicher wurzeln, die bisher nur veredelt werden konnten
④ Unterlagen für bestimmte Arten immer schwieriger zu beschaffen sind
⑤ Jungpflanzen aus Stecklingen besonders widerstandsfähig gegen Krankheiten und Schädlinge sind

17. Bei der Bewurzelung der Stecklinge wendet man Wuchsstoffe an. In welchem Präparat ist β-Indolylessigsäure die wirksame Substanz?

① Rhizopon A
② Rhizopon AA
③ Rhizopon B
④ Gibberelline
⑤ Wurzelfix

18. Welche Vermehrungsart wendet man allgemein für Nadelhölzer an?

① Veredelung
② Absenker im Quartier
③ Stecklingsvermehrung unter Sprühnebel
④ Ableger im Quartier
⑤ Aussaat

19. Erklären Sie den Begriff schlafende Augen!
Mit schlafenden Augen bezeichnet man

① noch geschlossene Blütenknospen
② Knospen, die im Frühjahr nicht austreiben, aber nicht abgestorben sind
③ Knospen, die bereits abgestorben sind
④ die Blüten- und Blattknospen am jungen Trieb
⑤ noch geschlossene Blütenknospen

20. In welcher Reihe stehen schwachwüchsige Obst-Unterlagen?

① Quitte, M 9, M 27
② Vogelkirsche, F 12/1
③ M 11, M 7
④ Prunus myrobalana, Prunus „St. Julien d'Orleans"
⑤ Gimbsheimer Sämling, Prunus „Brompton"

21. Unter welchen Voraussetzungen wird man eine Veredelung durch die Kopulation durchführen? Kopulieren wird man dann, wenn

① die Rinde gut löst
② die Rinde schwer löst
③ die Unterlage noch sehr schwach ist
④ Reis und Unterlage etwa gleich stark sind
⑤ die Veredelungsköpfe groß sind und die Rinde dick ist

22. Als „Containerpflanzen" bezeichnet man Gehölze, die

① in einem Container aus Übersee mit einem Schiff geliefert wurden
② in einem Container mit einem LKW ausgeliefert werden
③ in Kunststoffbehältern oder -beuteln kultiviert und verkauft werden
④ nach dem Roden in Kunststoffbehälter eingesetzt werden
⑤ als „mobiles Grün" in Betongefäßen in Fußgängerzonen stehen

23. Welche besonderen Ansprüche stellen Ericaceae (Rhododendron, Erica, Calluna) an den Boden bzw. das Substrat?

① nährstoffreich, pH-Wert 6 bis 7
② anlehmiger Boden, pH-Wert 5 bis 6
③ salzarmer Rohhumus, pH-Wert 3,5 bis 4,5
④ Verwitterungsboden, pH-Wert 4,5 bis 6,5
⑤ durchlässiger Sandboden, pH-Wert 6

24. Was bezeichnet man als „Gießwagen"? Es ist

① ein Wagen, auf dem die Gießkannen zum Quartier gefahren werden
② ein Wagen, der an den Schlepper gehängt wird und Wasser zum Quartier bringt
③ ein Wasserfaß auf Rädern
④ ein Wagen, der Schläuche und Rohre für die Regenanlage transportieren kann
⑤ ein Wagen mit Rohren und Düsen, der über ein Quartier fährt und die Pflanzen wässert

25. Kennzeichnen Sie die Ziergehölze, deren Früchte für Menschen genießbar sind!

① Laburnum anagyroides, Viburnum opulus
② Hedera helix, Ligustrum vulgare
③ Euonymus europaea, Wisteria sinensis
④ Choenomeles-Hybriden, Hippophae rhamnoides
⑤ Symphoricarpos albus, Sambucus ebulus

26. Eine auffallend strukturierte Borke haben

① Acer negundo, Cornus alba
② Laburnum alpinum, Kerria japonica
③ Robinia pseudoacacia,Euonymus europaea
④ Cornus mas, Jasminum nudiflorum
⑤ Hippophae rhamnoides, Sophora japonica

27. Zu den Beetrosen gehören

① alle Kletterrosen (Rankrosen), Climbing-Rosen
② Polyantha- und Floribunda-Rosen
③ Strauchrosen und Parkrosen
④ Bodendecker-Rosen und andere flachwachsende Sorten
⑤ alle kleinblütigen Rosen, z. B. Zwergbengalrosen

28. Kennzeichnen Sie die immergrünen Heckenpflanzen!

① Ilex aquifolium, Ligustrum ovalifolium, Buxus sempervirens
② Amelanchier lamarckii, Cornus alba, Choenomeles japonica
③ Kerria japonica, Ribes alpinum, Philadelphus coronarius
④ Lonicera caerulea, Rosa rugosa, Spiraea x arguta
⑤ Carpinus betulus, Fagus sylvatica, Symphoricarpos albus

29. Von welchen Gehölzen kann man Blütentriebe für die frühe Treiberei verwenden?

① Buddleja davidii
② Deutzia gracilis
③ Hydrangea paniculata
④ Prunus triloba
⑤ Forsythia x intermedia

30. Welche Gehölze tragen gelbe Früchte?

① Cotoneaster horizontalis, Daphne mezereum
② Lonicera periclymenum, Gaultheria procumbens
③ Choenomeles-Hybriden, Celastrus orbiculatus
④ Symphoricarpos albus, Morus alba
⑤ Hedera helix, Ligustrum ovalifolium

31. In allen Teilen giftig ist

① Deutzia scabra
② Acer palmatum
③ Kerria japonica
④ Ligustrum ovalifolium
⑤ Philadelphus coronarius

32. Haltbares Bindegrün kann man schneiden von

① Blaufichte Picea pungens „Glauca"
② Blautanne Abies procera (Abies nobilis)
③ Douglasie Pseudotsuga menziesii
④ Serbische Fichte Picea omorika
⑤ Schimmelfichte Picea pungens

33. Laubgehölze werden vor dem Roden entblättert, weil sie

① mit Laub zu sperrig für den Versand sind.
② mit Laub zuviel Wasser verdunsten (8mal soviel wie ohne Laub).
③ auf dem Versand faulen können.
④ mit Schädlingsbefall verschickt würden.
⑤ mit Laub zu schwer sind.

34. Sortiert und gebündelt wird

① nach den Gütebestimmungen des BdB.
② nur nach den Anforderungen der Verbrauchermärkte.
③ rationell und praktisch, wie Größen und Mengen gerade anfallen.
④ je nach Transportmöglichkeit.
⑤ bei Containerversand gar nicht.

35. Gehölze aus dem Kühlhaus werden vor dem Versand

① langsam an die Temperatur der Außenluft gewöhnt.
② sofort gut ausgeputzt und verpackt.
③ gut gewässert.
④ mit Insektiziden abgespült.
⑤ in Fungizide getaucht.

36. Was bedeutet die Abkürzung oB oder OB?

① ohne Bedenken (für luftbelastete Räume)
② ohne Befund (an Schädlingen)
③ aus dem Quartier Oberbarmen
④ ohne Bastkorb
⑤ ohne Ballen

37. Alter und Anzucht der Gehölze werden gekennzeichnet z.B. mit 4.v.S.
Das bedeutet:

① 4 Pflanzen vom vorigen Sommer
② vierjährig verpflanzte Sämlinge
③ vierjährig verpflanzte Stecklinge
④ vierjährig verpflanzte Stämme
⑤ vier Pflanzen des gewünschten Sortimentes

38. Bei Alleebäumen bezeichnet die Farbe Weiß

① die Größenkennzeichnung 60 – 70
② den Stammumfang STU 8 – 10
③ Freisein von Schädlingen
④ den Stammumfang 12 – 14
⑤ den Stammumfang 30 – 35

39. Als „Heister“ bezeichnet man

① baumartige Gehölze mit gerade gewachsenem Mitteltrieb, bis unten mit Seitentrieben bezweigt, ohne Krone.
② besonders gut gewachsene Sträucher.
③ verholzte Pflanzen mit einem zylindrischen Stamm und einer Krone.
④ Hochstämme mit besonders schönen, fehlerfreien Stämmen.
⑤ junge Bäume der Nadelhölzer mit besonders guten Zweigquirlen.

40. Solitärgehölze müssen folgenden Anforderungen genügen:

① Höhe mindestens 2,50 m, aus weitem Stand, besonders gute Zweiggarnierung.
② Höhe mindestens 1,80 m, gerade Stammverlängerung in der Krone, besonders gut ausgebildete gleichmäßige Krone.
③ aus weitem Stand, mindestens dreimal verpflanzt, bis zum Boden beastet, arttypischer Habitus.
④ mindestens 3 m hoch, gut aufgeastete Krone, Stammumfang in 1 m Höhe 10 – 12 cm.
⑤ Aus weitem Stand, Höhe des Stammes 1,90 m, seltenes Gehölz, besonders volle Zweiggarnierung.

41. Giftige Früchte hat

① Robinia pseudoacacia
② Buxus sempervirens
③ Lonicera xylosteum
④ Rosa rugosa
⑤ Choenomeles-Hybriden

42. Wie werden Giftpflanzen in Katalogen und Büchern gekennzeichnet?

① G ②  ③ + ④ ∇ ⑤ 

43. Kreuzen Sie die zweihäusigen Gehölze an!

① Ilex aquifolium, Taxus baccata
② Corylus avellana, Picea abies
③ Quercus robur, Abies alba
④ Tilia cordata, Pinus pinea
⑤ Sorbus aucuparia, Sciadopitys verticillata

44. Einhäusige Gehölze sind

① Hippophae rhamnoides, Araucaria araucana
② Pernettya mucronata, Torreya grandis
③ Alnus glutinosa, Sequoiadendron giganteum
④ Prunus triloba, Juniperus communis
⑤ Salix caprea, Ginkgo biloba

45. Welche Pflanze gehört nicht zu den Zapfenträgern, den Coniferae?

① Pinus strobus
② Picea abies
③ Abies nordmanniana
④ Juniperus communis
⑤ Ginkgo biloba

46. Beerenzapfen trägt

① Cedrus atlantica
② Juniperus horizontalis
③ Cupressus sempervirens
④ Pinus wallichiana
⑤ Picea omorika

47. Nußartige Samen, von einem fleischigen, scharlachroten Arillus becherartig umgeben, bilden aus:

① Juniperus communis
② Taxodium distichum
③ Taxus baccata
④ Hedera helix
⑤ Sciadopitys verticillata

48. Welches Gehölz trägt echte Früchte?

① Pinus pinea (Pinie)
② Areca catechu (Betelnußpalme)
③ Taxus baccata (Eibe)
④ Torreya grandis (Nußeibe)
⑤ Ginkgo biloba (Götterbaum)

49. Beeren als Früchte trägt

① Mahonia aquifolium, Pernettya mucronata
② Ilex aquifolium, Hippophae rhamnoides
③ Pyracantha coccinea, Rosa rugosa
④ Cotoneaster buxifolius, Malus-Hybriden
⑤ Crataegus monogyna, Sambucus racemosa

50. Wegen ihres farbigen Winterholzes werden geschätzt

① Ribes sanguineum, Syringa vulgaris
② Fagus sylvatica, Aesculus hippocastanum
③ Cornus mas, Vitis vinifera
④ Cornus alba „Sibirica", Kerria japonica
⑤ Prunus avium, Prunus cerasus

51. In der Bundesrepublik Deutschland gibt es Baumschulgebiete. Ergänzen Sie die Übersicht!

Bundesland	Region	Gehölze
Baden-Württemberg		
Bayern		
Brandenburg		
Niedersachsen		
Nordrhein-Westfalen		
Sachsen		
Sachsen-Anhalt		
Schleswig-Holstein		
Thüringen		

52. In Europa sind wichtige Anbaugebiete:

Land	Region	Gehölze
Belgien		
Dänemark		
Frankreich		
Großbritannien (England)		
Italien		
Niederlande		

53. Erklären Sie die Wirkung von Windschutzanlagen in Baumschulen!

54. Nennen Sie Flurgehölze, die sich für Windschutzhecken eignen!

55. Beschriften Sie die abgebildeten Bäume!

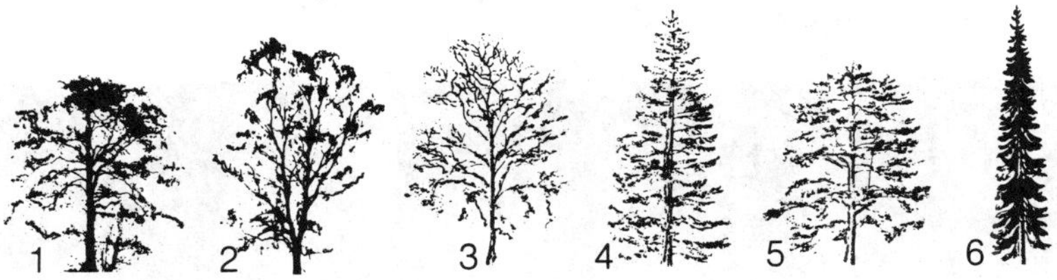

56. Welche Blätter gehören zu welchem Baum?

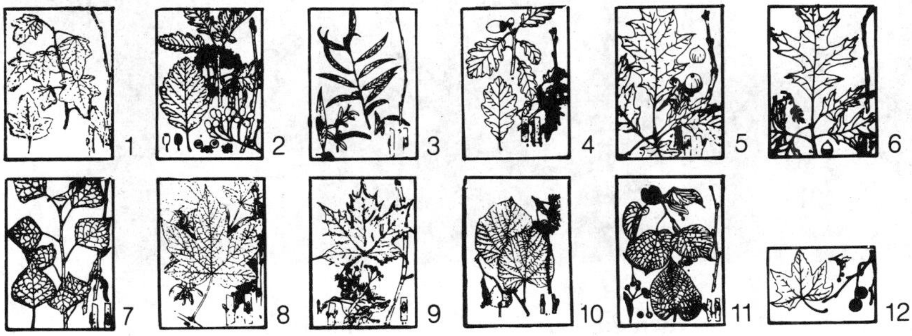

57. Erklären Sie, warum ein Baumschuler wissen sollte, welche Gehölze bzw. Teile von Gehölzen giftig sind!

58. Nennen Sie Laubgehölze, deren reine Arten vorwiegend durch Aussaat vermehrt werden!

59. Nennen Sie Nadelgehölze, deren reine Arten vorwiegend durch Aussaat vermehrt werden.

60. Schreiben Sie zu den Methoden der vegetativen Vermehrung Gattungen oder Arten der so vermehrten Pflanzen hinzu!

Methode	Gattung (Art)
Steckholz	
Abriß	
Ableger und Absenker	
Anhäufeln	
Ausläufer	
Wurzelschnittlinge	

61. Unterscheiden Sie Klon-, Typen- und Sämlingsunterlagen!

62. Bezeichnen Sie die Veredelungsmethoden!

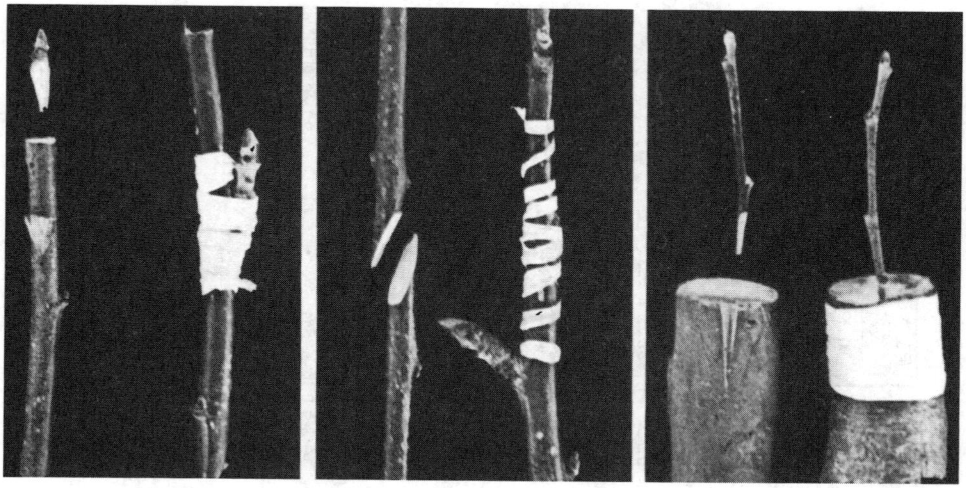

63. In welchen Monaten werden die einzelnen Veredelungsarten durchgeführt?

64. **Nennen Sie Vorteile, die sich aus der Sämlingsanzucht in Kleincontainern ergeben!**

65. **Aussaaten unter Glas bringen den Baumschulen Vorteile. Nennen Sie diese!**

66. **Welche Möglichkeiten hat man in Baumschulen, die Jungpflanzenanzucht zeitlich zu verkürzen?**

67. **Welche Möglichkeiten kennt man, die Blütezeit zu verschieben?**

68. **An Gestalt und Stellung der Blätter kann man die Arten der Cupressaceae (Zypressengewächse) unterscheiden. Ordnen Sie die Namen den Abbildungen zu!**

① Chamaecyparis lawsoniana
② Chamaecyparis obtusa
③ Juniperus chinensis
④ Thuja occidentalis
⑤ Thuja orientalis

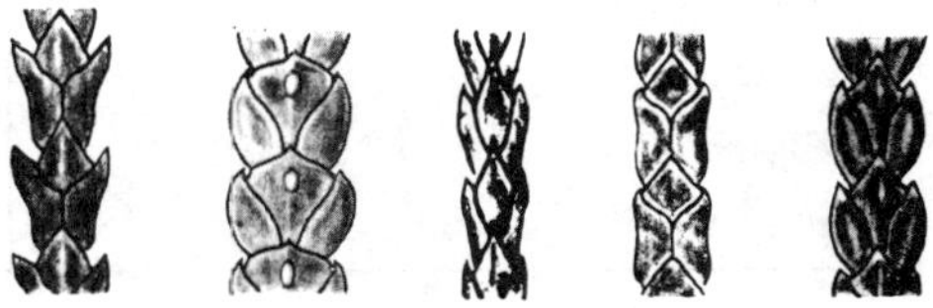

69. **Unterscheiden Sie Zeder und Lärche!**

Merkmale	Zeder	Lärche
Stammhöhe		
Borke		
Blätter		
Zapfen		

70. **Beschriften Sie die Zapfen mit den richtigen Namen!**

71. Unterscheiden Sie Tanne, Fichte, Kiefer!

Merkmal	Tanne	Fichte	Kiefer
Stammhöhe			
Borke			
Blätter			
Blattstellung			
Zapfen			

72. Nennen Sie Vorschriften, die bei Sortieren, Bündeln und Handel mit Gehölzen zu beachten sind!

73. Setzen Sie den Abkürzungen die Erklärungen hinzu!

Gebräuchliche Abkürzung	EDV-Schreibweise und DIN 18916	Bedeutung
ha	HA	
Hei	HEI	
He	HE	
Sol	SOL	
Sth	STH	
v	V	
ew	EW	
oB	OB	
mDb	MDRAHTB	
StU	STU	
Ø	DU	
Tr	TR	
-R-	-R-	
2j.S	2/0	
2j.v.S.	1/1	
4.v.S.	1/3 oder 2/2	
1j.b.Sth.	0/1	
Hybr.	HYBR	

74. Was besagen die „Allgemeinen Gütebestimmungen für Baumschul-Pflanzen"?

75. Wie bereitet man in den Quartieren die Gehölze für die Rodung vor?

76. Baumschulpflanzen werden „gerodet" oder „herausgenommen". Erklären Sie den Unterschied!

77. Die Baumschulpflanzen müssen je Sortierungseinheit mit einem dauerhaften Etikett versehen sein. Was muß darauf vermerkt sein?

78. Nennen Sie Gefäße, die als Kleincontainer für die Jungpflanzenanzucht verwendet werden können!

79. Welche Maschinen oder Geräte werden zum Roden für Baumschulgehölze eingesetzt?

80. Welche Maßnahmen kann man in Baumschulen treffen, um Windeinwirkungen abzuschwächen?

81. Welchen Anforderungen sollen Wundverschlußmittel genügen?

82. Nennen Sie Gehölze, die in-vitro. vermehrt werden können!

83. Welche Dünger empfehlen Sie für Container-Gehölze?

84. Was bezeichnet man als Baumsanierung?

85. Welche Ansprüche und Vorteile haben bodendeckende Rosen?

86. Welche Gehölze bezeichnet man als Bodendecker?

87. Mit welchen Maßnahmen kann man das Wurzelwachstum fördern?

88. Nennen Sie Bäume, die für Straßenpflanzung geeignet sind!

89. Was kann man tun, um Baumschulpflanzen zwischen Quartier und Standort keiner Qualitätsminderung auszusetzen?

90. Wie entstehen Jahresringe?

91. Erklären Sie, wie die Herbstfärbung der Laubgehölze entsteht!

92. Welche Vorzüge haben Ballenpflanzen?

93. Wie unterscheiden sich Solitärpflanzen von normalen Gehölzen?

94. Was sind Stammbüsche?

95. Was sind mehrstämmige Gehölze?

96. Wie sollte der Boden für eine Baumpflanzung vorbereitet werden?

97. Wie kultiviert man Schling- und Kletterpflanzen?

98. Nennen Sie Merkmale von gesunden, lebenden Gehölzen!

99. Woran erkennt man nach der Pflanzung, daß ein Gehölz nicht angewachsen ist?

100. Mit welchen Maßnahmen kann man das Anwachsen von Gehölzen in der Natur fördern?

101. Woran erkennt man, das StraBenbäume im „Großstadtstreß" stehen?

102. Nennen Sie Bäume, die sich als StraBenbäume eignen, da sie weniger empfindlich gegen Streßfaktoren sind!

B-4 Obstbau — Programmierter Teil

1. Als „Obst" bezeichnet man

① für den menschlichen Genuß geeignete Früchte und Samen von Bäumen, Sträuchern und Stauden (außer Artischocke).
② alle Früchte von Bäumen und Sträuchern.
③ alle süßschmeckenden Früchte der Gehölze.
④ fleischige, saftige Früchte und Samen der Stauden.
⑤ alle Früchte der im Gartenbau kultivierten Pflanzen.

2. Zu welcher Pflanzenfamilie gehören die Kern- und Steinobstarten?

① Steinbrechgewächse, Saxifragaceae
② Buchengewächse, Fagaceae
③ Rosengewächse, Rosaceae
④ Heidekrautgewächse, Ericaceae
⑤ Berberisgewächse, Berberidaceae

3. Zu der Familie der Steinbrechgewächse – Saxifragaceae – gehören

① Himbeere und Brombeere
② Johannisbeere und Stachelbeere
③ Gartenerdbeere und Monatserdbeere
④ Haselnuß und Lambertsnuß
⑤ Bittermandelbaum und Mandelbaum

4. Die Walnuß gehört zur Familie

① Betulaceae
② Fagaceae
③ Fabaceae (alt. Leguminosae)
④ Juglandaceae
⑤ Arecaceae (alt. Palmae)

5. Kennzeichnen Sie die Obstarten, die einhäusig sind!

① Haselnuß und Walnuß
② Apfel und Birne
③ Süßkirsche und Sauerkirsche
④ Johannisbeere und Stachelbeere
⑤ Erdbeere und Heidelbeere

6. Auf welcher Unterlage gedeihen Schattenmorellen auf leichten und trockenen Böden am besten?

① Prunus avium
② Prunus mahaleb
③ Prunus cerasus
④ Prunus domestica
⑤ Prunus triloba

7. Was bedeutet „M" bei der Unterlagenbezeichnung?

① Für mittelstarken Wuchs geeignet
② Für mittelschwere Böden geeignet
③ Abkömmling von Myrobalane
④ Abkömmling von Prunus mahaleb
⑤ Typenunterlage der Gattung Malus, in East Malling entwickelt, früher als „EM" bezeichnet

8. Kennzeichnen Sie die Sämlingsunterlage für Sauerkirschen

① „Kirchensaller Mostbirne" Quitte „Provence"
② M 2, M 4, M 7
③ Vogelkirsche Prunus avium
④ Hauszwetsche, Marillensämling
⑤ Myrobalane, Mirabellentypen

9. „Myrobalane" heißt mit dem botanischen Namen

① Prunus armeniaca
② Prunus triloba
③ Prunus serotina
④ Prunus cerasifera
⑤ Prunus mahaleb

10. Nennen Sie Gründe, die gegen eine sortenechte Vermehrung von Obstbäumen aus Samen sprechen!

① Durch den großen Aufwand, den eine Auslese erfordert, ist das viel zu teuer.
② Die Jungpflanzen wären zu starkwüchsig und erforderten große Anbauflächen.
③ Aus Samen gezogene Jungpflanzen sind alle selbststeril.
④ Obstbaumschulen haben sich auf das Veredeln spezialisiert, man kann ihnen das Geschäft nicht verderben.
⑤ Da die Obstsorten in hohem Grade heterozygot (mischerbig) sind, bekäme man keine echten Sorten, sondern viel Aufspaltungen.

11. Wie werden die meisten Obstgehölze vermehrt, wenn man das Aufspalten und die nichtblühfähige Jugendphase vermeiden will?

① Durch Veredelung
② Durch Blattstecklinge
③ Durch Steckholz
④ Durch Wurzelschnittlinge
⑤ Durch Ausläufer

12. Welche Aussage zur Okulation ist richtig?

① Die Unterlage ist stärker als das Edelreis.
② Unterlage und Edelreis besitzen die gleiche Stärke.
③ Der Schnitt im Stamm der Mutterpflanze wird gut mit Moos eingepackt.
④ Das Rinden- oder Gewebestück an der Basis wird mit einem scharfen Messer nachgeschnitten.
⑤ Die Knospe der Edelsorte wird in die Unterlage mittels T-Schnitt eingesetzt.

13. Welche Obstarten werden nur durch Aussaat vermehrt?

① Johnnisbeeren
② Himbeeren
③ Monatserdbeeren
④ Brombeeren
⑤ Gartenerdbeeren

14. Die Knospen der Steinobstarten sind dadurch gekennzeichnet, daß

① sie sowohl Blüten- als auch Blattanlagen enthalten, also gemischte Knospen sind.
② sich reine Blütenknospen und reine Blattknospen entwickeln.
③ sich erst die Blattknospen entwickeln, später die Blütenknospen.
④ sie sich erst nach vielen Jahren entwickeln, weil Steinobstarten stets aus Sämlingen vermehrt werden.
⑤ bei starkem Fruchtbesatz nur wenige Blütenknospen angelegt werden, da der Fruchtbesatz den Blütenansatz hemmt.

15. Als „Intersterilität" (Zwischenunfruchtbarkeit) bezeichnet man die Tatsache, daß

① bestimmte Obstsorten nur bei besonderen Klimabedingungen selbstfertil sind.
② sich einige Obstsorten nur bei Zwischenfruchtanbau gegenseitig befruchten können.
③ bei einigen Obstsorten die Staubgefäße verkümmert und die Pollen nur mangelhaft ausgebildet sind.
④ bestimmte Sorten einer Art sich gegenseitig nicht befruchten können, weil sie die gleichen Sterilitätsgene haben.
⑤ es sich um triploide Sorten handelt, die schlecht Pollen bilden.

16. Was kann man tun, um die Bestäubung in den Obstanlagen zu fördern?

① Pollenspender anpflanzen und Bienenvölker in den Obstanlagen aufstellen.
② Den Boden vor allem mit humushaltigem Naturdünger düngen.
③ Während der Blütezeit reichlich beregnen.
④ Den Boden durch Mulchen immer gut abdecken.
⑤ Nur parthenokarpe (jungfernfrüchtige) Sorten anpflanzen.

17. Obstbäume werden wiederholt geschnitten.
Kreuzen Sie an, was keine Begründung für die Schnittmaßnahme ist!
Man schneidet Obstbäume, um

① den Baum gut aufzubauen und später lange zu erhalten.
② die Rentabilität des Betriebes zu fördern durch Einsparung von Arbeitskräften, Pflanzenschutz- und Düngemaßnahmen.
③ die Fruchtqualität zu steigern.
④ den Fruchtansatz zu regulieren, das heißt gleichmäßig zu halten.
⑤ die Färbung und Strukturierung der Borke zu verbessern.

18. Der Sommerschnitt wird durchgeführt, um

① bei der Pflanzung Wurzel und Sproß gut aufeinander abzustimmen.
② den Baum hinsichtlich seiner Äste gut aufzubauen.
③ den Früchten mehr Belichtung zu geben und damit ihre Färbung zu verbessern.
④ eine gut aufgebaute, gesunde Krone zu erhalten.
⑤ einen älteren Baum zu neuem Austrieb zu bringen und seinen Ertrag zu verlängern .

19. In welcher Jahreszeit beginnt im allgemeinen die Anlage von Blütenknospen ?

① Im Juli des der Ernte vorangehenden Jahres.
② Im März des Erntejahres.
③ Im Oktober des der Ernte vorangehenden Jahres.
④ Nach den ersten Herbstfrösten.
⑤ Nach dem Schneefall im Januar des Erntejahres.

20. Wann erfolgt der Formschnitt bei Spindeln, Palmetten u.a.?

① Nach der Pflanzung an Ort und Stelle.
② Ein Jahr nach der Pflanzung.
③ Nach der ersten Ernte.
④ Bereits in der Baumschule.
⑤ Im ersten Jahr nach der Veredelung.

21. Welcher Arbeitsgang kann in Obstanlagen mit Hilfe chemischer Mittel, z.B. Amidthin rationalisiert werden?

① Das Ausdünnen bei Äpfeln
② Das Entblättern der Bäume
③ Das Ausdünnen bei Kirschen
④ Der Fruchtholzschnitt bei Pflaumen
⑤ Die Maschinenernte bei Brombeeren

22. Schwach wahsende Süßkirschenbäume erhält man durch

① kräftigen Rückschnitt der Bäume
② Veredelung auf Unterlage M 9
③ häufiges Umstechen der Wurzelballen
④ Verdelung auf „Colt" oder „Gisela"
⑤ intensive Fahrgassenbegrünung

23. Die Winterspritzung in Obstanlagen ist sinnvoll, weil

① man dann die Arbeitskräfte nutzen kann.
② die am Baum überwinternden Schädlinge und ihre Eier abgetötet werden können.
③ dann die Spritzmaschinen genutzt werden.
④ die Gefährdung der Menschen bei Kälte wesentlich geringer ist.
⑤ die Spritzmittel im Winter billiger sind als in der Vegetationszeit.

24. Welche Apfelsorten blühen früh?

① Gravensteiner, Boskoop
② Gloster, Rote Sternrenette
③ Cox Orange, Ontario
④ Gelber Edelapfel, Granny Smith
⑤ Melrose, Pohorka

25. Ab Weihnachten sind genußreif:

① James Grieve, Jamba
② Klarapfel, Summerred
③ Ontarioapfel, Berlepsch
④ Alkmene, Geheimrat Oldenburg
⑤ Goldparmäne, Weißer Winterglockenapfel

26. Frühe Birnen sind z.B.

① Alexander Lucas, Vereins Dechantsbirne
② Boscs Flaschenbirne, Packhams Triumph
③ Gellerts Butterbirne, Nordhäuser Forellenbirne
④ Clapps Liebling, Frühe aus Trévoux
⑤ Gräfin von Paris, Köstliche von Charneu

27. Triploid (drei Chromosomensätze) sind die Birnensorten

① Conference, Madam Verté
② Diels Butterbirne, Pastorenbirne
③ Gute Luise, Stuttgarter Geißhirtle
④ Tongern, Williams Christbirne
⑤ General Leclerc, Jeanne d'Arc

28. Kennzeichnen Sie die nicht selbstfruchtenden Sorten der Sauerkirschen!

① Morellenfeuer, Ludwigs Frühe
② Schattenmorelle, Schwäbische Weinweichsel
③ Stevnsbaer, Kelleriis 14
④ Beutelsbacher Rexelle, Heimanns Rubinweichsel
⑤ Königin Hortense, Schöne aus Chatenay

29. Bei welchen Obstarten sind fast alle Sorten selbststeril?

① Aprikosen und Pfirsiche
② Pflaumen und Zwetschen
③ Äpfel und Birnen
④ Sauerkirschen und Beerenobst
⑤ Quitten und Haselnüsse

30. Bei Pflaumen und Zwetschen sind selbststeril die Sorten

① Große Grüne Reneclaude, Zimmers Frühzwetsche
② Anna Späth, Bühler Frühzwetsche
③ Hauszwetsche, Königin Viktoria
④ Nancy-Mirabelle, Ontariopflaume
⑤ The Czar, Wangenheims Frühzwetsche

31. Für den Erwerbsanbau geeignet ist die Stachelbeersorte

① GroßeTriumphbeere
② Grüne Kugel
③ RoteTriumphbeere
④ Maiherzog
⑤ Hönings Früheste

32. Eine gute Sorte für den Erwerbsanbau ist trotz ihrer Stacheln die Brombeersorte

① Theodor Reimers
② Dirksen Thornless
③ Thornfree
④ Thornless Evergreen
⑤ Black Satin

33. Welche Johannisbeersorten reifen früh, bereits Ende Juni?

① Heros, Jonkheer van Tets
② Heinemanns Rote Spätlese, Red Lake
③ Rondom, Rosetta
④ Rotet, Rote Vierländer
⑤ Rovada, Stanza

34. Welche Sorte der Schwarzen Johannisbeeren bildet keine Trauben?

① Rosenthals Langtraubige Schwarze
② Silvergieters Schwarze
③ Wellington XXX
④ Roodknop
⑤ Josta

35. Rutenkrankheiten beeinträchtigen den Anbau von Himbeeren. Welche Sorte ist besonders anfällig für Rutenkrankheiten und Virus?

① ZEFA 3
② Preußen
③ Multiraspa
④ Malling Promise
⑤ Gigant

36. Welche Obstart ist von Mangelkrankheiten besonders betroffen?

① Äpfel – Stippigkeit
② Erdbeeren – Botrytis
③ Birnen – Monilia
④ Stachelbeeren – Mehltau
⑤ Johannisbeeren – Blattläuse

37. Blattfall bei Obstbäumen kann zurückgehen auf

① Kaliummangel
② Stickstoffüberschuß
③ Magnesiummangel
④ Phosphormangel
⑤ Kalküberschuß

38. Wie kann man die Pflückreife des Kernobstes feststellen?
Kernobst hat dann die richtige Reife erreicht, wenn

① die ersten Früchte abfallen
② alle Früchte gut weich sind
③ die Kerne braun sind
④ die Früchte leicht vom Stiel lösen
⑤ eine Veränderung der Fruchtfärbung eintritt und die Anzahl von Reifetagen erreicht ist

39. Erklären Sie „Alternanz“!
Mit Alternanz bezeichnet man

① in einer Obstanlage den Wechsel von Apfel- und Birnbäumen
② den Wechsel von Ertrags- und Ausfalljahren im Obstbau
③ den Wechsel zwischen Gründüngung und Mineraldüngung in der Plantage
④ den Wechsel der Jahreszeiten
⑤ den Wechsel von heißen und milden Sommern

40. Welches Obst wird man auch heute noch von Hand ernten?

① Industrieobst
② Besonders hoch hängendes Kernobst
③ Obst für den Wochenmarkt
④ Tafelobst
⑤ Kirschen für den Wochenmarkt

41. Wie kann man in Obstanlagen ohne Einsatz von chemischen Mitteln Ansatz, Reife und Färbung der Früchte fördern? Kennzeichnen Sie die falsche Aussage!

① Man sorgt für optimalen Kronenaufbau.
② Die Kulturen werden gut gewässert.
③ Die Stickstoffgaben werden erhöht.
④ Der Bienenflug wird begünstigt.
⑤ Man verabreicht eine ausgewogene Blattdüngung.

42. Was muß beachtet werden, wenn Obst für den Markt aufbereitet wird?

① Die Aufbereitung des Obstes hat nach den EG-Normen – EG-Verordnung Nr. 158 vom 25. Okt. 1966 – zu erfolgen. Dies gilt für Sortierung nach Qualität und Größe.
② Die oberen Schichten erhalten nur Qualität 1, die unteren Lagen können von minderer Qualität sein
③ Fleckiges Obst wird man immer in die unteren Lagen packen
④ Die Sortierungsvorschriften gelten nur für Exporte
⑤ Die Sortierungsvorschriften gelten nur für Importe

43. Man zieht die Großensortierung mit Maschinen der von Hand vor. Begründen Sie dies!

① Die Handsortierung ist zu genau und ergibt zu wenig 1. Qualität
② Durch die Mitarbeiter könnten Krankheitskeime auf das Obst übertragen werden
③ Bei Handsortierung entsteht zuviel Ausschuß, d.h. es wird zu sehr auf Flecken usw. geachtet.
④ Die Mitarbeiter sind durch die Spritzmittelrückstände auf dem Obst zu stark gefährdet.
⑤ Die Maschinensortierung ist genauer und wirtschaftlicher

44. Was bezeichnet man als „CA-Lager"?

① Ein Lagerraum, der mit **K**ohlendioxid und **A**cetylen keimfrei gehalten wird
② Ein Kühllager mit kontrollierter (**C**ontrolled) **A**tmosphäre: Die Summe der O_2- und der CO_2-Konzentrationen beträgt 21% der Lagerluft
③ **K**ohlendioxod und **E**thylen (Ähtylen) werden regelmäßig abgesaugt, um die Atmung der Früchte zu fördern
④ Die Temperatur in °**C** und der Luftdruck in **A**tü (Bar) werden regelmäßig kontrolliert
⑤ Der Lagerbestand wird kontrolliert (**C**ontrolled) und die **A**bfuhr schriftlich festgehalten

45. Wie lange lassen sich Äpfel und Birnen im CA-Lager lagern?
Hochwertiges Lagergut vorausgesetzt, haben sie folgende Lagerzeit:

① Ca. 3 Wochen
② Ca. 3 Monate
③ Ca. 8 Wochen
④ Äpfel 6 bis 8 Monate, Birnen 8 Monate
⑤ Äpfel 10 Monate, Birnen 5 Monate

46. Was ist bei der Lagerung zu beachten?

① Im CA-Lager nichts, alles wird geregelt durch Steuerung
② Geringe Luftfeuchtigkeit, mittlere Temperaturen, ca. 10°C
③ Luftfeuchtigkeit ca. 90 %, Temperaturen für Apfel +1°C bis +5°C; für Birnen -1°C bis +2°C
④ Rasche Luftumwälzung, um das Ethylen abzuführen, gleichbleibende Temperaturen um 28°C
⑤ Das Lager soll hell sein, trocken, ca. 15°C Temperatur haben.

47. Nennen Sie Lagerschäden!

① Gewichtverlust
② Echter und Falscher Mehltau
③ Rostkrankheiten
④ Viruserkrankungen
⑤ Schalen- und Fleischbräune, Bitterfäule, Glasigkeit

48. Zu welchen Arbeiten kann man einen Arbeitswagen einsetzen?
Selbstfahrende Arbeitswagen (ohne Zugmaschine) kann man einsetzen

① zum Schnitt, zum Ausdünnen, zum Ernten
② zum Düngen von Hand
③ zum Ausbringen von Schädlingsbekämpfungsmitteln
④ zur Bewässerung
⑤ ausschließlich zum Transport beladener Erntekisten

49. Was ist bei der Abfuhr des Erntegutes vom Quartier zu beachten?

① Die Erntekisten sollen möglichst bei Frost eingefahren werden
② Die Erntekisten sollen im Schatten gelagert und rasch in das Lager gebracht werden
③ Die Abfuhr soll möglichst bei Regen erfolgen
④ Die Abfuhr des Lagergutes ist nicht eilig, es kann am nächsten Tag eingelagert werden
⑤ An einem warmen, sonnigen Tag kann das Erntegut in der Sonne abtrocknen

50. Wie wird die Stammhöhe gemessen?

① Vom Erdboden bis zum obersten Kronentrieb
② Vom Erdboden bis zum mittleren Kronentrieb
③ Vom Erdboden bis zur Veredlungsstelle
④ Vom Erdboden bis zum untersten Kronentrieb
⑤ Vom Erdboden die gesamte Baumhöhe bis zur Spitze

51. Unterscheiden Sie die Blüten von Steinobst und Kernobst!

_____ Kelchblätter _____

_____ Blütenblätter _____

_____ Staubblätter _____

____

Fruchtknoten

_______________ _______________

52. Unterscheiden Sie die Früchte von Kirsche, Himbeere, Erdbeere?

53. Ergänzen Sie die Tabelle!

Obstart	Fruchttyp	Obst	genießbarer Teil der Frucht
Kernobst			
Steinobst			

54. Nicht alle Beeren sind echte Beeren!

Obstart	Fruchttyp	Obst	genießbarer Teil der Frucht
Beerenobst	echte Beere		
	Sammelfrucht		
	Sammelstein- frucht		

55. Ergänzen Sie die Tabelle zu Schalenobst!

Obstart	Fruchttyp	Obst	genießbarer Teil der Frucht
Schalenobst		Haselnuß Mandel Walnuß	

56. Ordnen Sie den Obstarten die vorteilhaften Unterlagen zu!

Obstart	Unterlage
Apfel	
Birne	
Süßkirschen	
Sauerkirschen	
Pflaumen	

57. Nennen Sie Pflanzen, die zur Gründüngung in Obstanlagen verwendet werden können!

58. Stellen Sie Vor- und Nachteile einer Windschutzpflanzung in Obstanlagen gegenüber!

59. Was ist beim Schnitt von Edelreisern zu beachten?

60. Wie vermehrt man die einzelnen Obstarten?

Obstart	Vermehrungsart
Johannisbeeren	
Stachelbeeren	
Himbeeren	
Brombeeren	
Gartenerdbeeren	
Walnüsse	
Haselnüsse	

61. Wieviel Zentimeter soll nach den „Gütebestimmungen für Baumschulpflanzen die Stammhöhe" betragen?

	Stammhöhe in cm
Büsche	
Niederstämme	
Halbstämme	
Hochstämme	
Formobstgehölze	

62. Beschriften Sie die nachstehenden Zeichnungen zum Ansatz von Blütenknospen bei Kernobst und bei Steinobst!

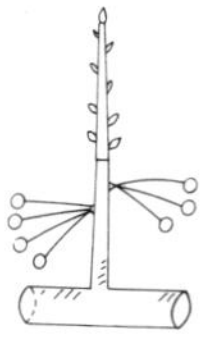

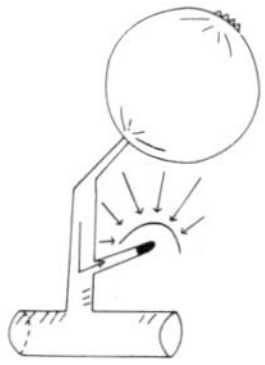

63. Welche Schnittwerkzeuge benötigt man in den Obstbaubetrieben?

64. Erklären Sie die verschiedenen Schnittarten bei Obstbäumen!

65. Nennen Sie triploide Apfelsorten!

66. Welche Obstarten sind selbstfertil (selbstfruchtbar)?

67. Unterscheiden Sie Herzkirschen und Knorpelkirschen!

68. Erklären Sie die Abkürzungen, mit denen Pflaumensorten in Katalogen gekennzeichnet sind!

69. Warum sollen schalenempfindliche Apfelsorten (z. B. Golden Delicious) hinsichtlich der Witterungsbedingungen sorgfältig geerntet werden?

70. Welche Erntehilfen können im Obstbau eingesetzt werden?

71. Welche Maschinen werden im Lager benutzt?

72. Nennen Sie Kriterien, die bei der Anlage eines Obstbaubetriebes zu berücksichtigen sind!

73. Einzäunungen von Plantagen sollten mehreren Anforderungen entsprechen. Nennen Sie einige!

74. Welche Baumformen sind im Obstbau gebräuchlich?

75. Unterscheiden Sie Gruppenkultur und Mischkultur!

76. Welche Obstarten pflanzt man im Frühjahr, welche im Herbst?

77. Unterscheiden Sie Quadrat- und Rechteckpflanzung (Hilkenbäumer)!

78. Nennen Sie Maßnahmen, mit denen man einen Ernteertrag steigern kann!

79. Nach welchen Merkmalen richtet sich die Bepflanzungsdichte in einer Anlage?

80. Unterscheiden Sie verschiedene Lagerverfahren!

81. Unterscheiden Sie virusgetestet und virusfrei!

82. Welchen Anforderungen sollten Sorten der Schwarzen Johannisbeere genügen?

83. Nennen Sie Voraussetzungen für einen ertragreichen Erdbeeranbau!

84. Welche Eigenschaften der Kultursorten sollte man bei der Pflanzenauswahl für eine Neuanlage beachten?

85. Was bezeichnet man als Formobst?

86. Nennen Sie die Maße, die für Obstbäume gelten!

87. Nennen Sie Eigenschaften, die Obstbaumunterlagen haben müssen!

88. Wann sind Zwischenveredelungen erforderlich?

89. Nennen Sie Wildobstarten, die als Stammbildner eine Rolle spielen!

90. Was ist „Nicolierem?

91. Welche Möglichkeiten haben Sie, aus einem Ouartier mit Pflanzen einer guten Himbeersorte, Jungpflanzen für eine Neuanlage zu gewinnen?

92. Stachelbeerbüsche werden durch Abrisse vermehrt. Erklären Sie diese Kultur!

93. Johannisbeerbüsche werden durch Steckholz vermehrt. Erklären Sie diese Kultur!

94. Welche Bedeutung haben Pollenspender?

95. Was sind Wildtriebe?

96. Welche Schäden können in einem Obstlager entstehen?

97. Welche Möglichkeiten der Sortierung von Obst sind Ihnen bekannt?

98. Nennen Sie Apfelsorten, die in der Bundesrepublik Deutschland bevorzugt angebaut und verkauft werden!

99. Welche Stachelbeersorten sind mehltauresistent?

100. Wie kann man im Obstbau im integrierten Pflanzenschutz gegen Feld-, Wühlmäuse und Vögel vorgehen?

1. **Im Gartenbau entwickelten sich in Deutschland Zentren für den Samenbau.**
   Diese liegen z.B.

   ① in regenreichen Gebieten
   ② in Gebieten mit regelmäßigen Überschwemmungen
   ③ im Regenschatten von Gebirgen
   ④ in Regionen mit frühen Herbstfrösten
   ⑤ in Regionen mit heißen Sommern und frühen, kalten Wintern

2. **Günstige Klimabedingungen für einen Betrieb des Samenbaues sind:**

   ① Warme Sommer, hohe Zahl von Sonnenstunden im Herbst, mäßig hohe Niederschlage
   ② Spätes Fühjahr, kurze heiße Sommer, früher Herbst
   ③ Warmes Frühjahr, milde, feuchte Sommer, trockener Herbst
   ④ Milde Sommer, milde Winter, hohe Niederschläge im Herbst
   ⑤ Hohe Luftfeuchtigkeit, vorherrschende Westwinde und Regen im Gebirgsstau

3. **Samenbaubetriebe liegen in der Bundesrepublik Deutschland z.B.**

   ① in Oberbayern
   ② im Allgäu
   ③ in der Eifel
   ④ am Oberrhein
   ⑤ in Oberfranken

4. **Im Sortenschutzgesetz stehen die Begriffe „Pflanzgut und Pflanzenteile“. Nennen Sie Beispiele, die damit nicht gemeint sind!**

   ① Schnittgrün für die Binderei
   ② Edelreiser
   ③ Zwiebeln
   ④ Saatkartoffeln
   ⑤ Ausläufer der Erdbeere

5. **Erklären Sie den Begriff „Provenienz des Saatgutes“!**
   Provenienz bedeutet Herkunft. Man bezeichnet damit

   ① den Standort eines Saatgutlieferanten
   ② die geographische Herkunft des Saatgutes
   ③ importiertes Saatgut
   ④ anerkanntes Saatgut
   ⑤ Samengröße und Korngewicht

6. **Erklären Sie »generative „Vermehrung“!**
   Generative Vermehrung bezeichnet die Vermehrung einer Pflanze durch

   ① Kopfstecklinge
   ② Teilung
   ③ Absenker
   ④ Kindel
   ⑤ Samen

7. **Welche Pflanzen bilden Samen aus?**

   ① Moose und Flechten
   ② Farnpflanzen
   ③ Tannen und Fichten
   ④ Bakterien
   ⑤ Pilze

8. **„Stratifikation“ bezeichnet**

   ① feuchte Lagerung von Saatgut bei niedrigen Temperaturen
   ② Behandlung hartschaliger Samen mit konzentrierter Schwefelsäure
   ③ Behandlung hartschaliger Samen mit kochendem Wasser
   ④ Herbeiführen der sekundären Keimruhe durch hohe Temperaturen
   ⑤ feuchtkalte Saatgutlagerung in klimatisierten Räumen

9. Mit Stratifikation will man erreichen, daB z.B. bei Gehölzsamen

① die Nachreife hinausgezögert wird
② Keimhemmungen bestehen bleiben bis zum Frühjahr
③ die Ruheperiode ausgedehnt wird
④ Frucht- und Samenschale durchlässig werden für Wasser und Luft
⑤ der Keimling möglichst nicht atmet

10. Was sind Mutationen? Als Mutation bezeichnet man

① die Veränderung einer Eigenschaft infolge von Standortbedingungen
② eine sprunghafte Veränderung des Erbgutes
③ eine besonders gute Ausbildung der Blattfärbung durch optimale Kulturbedingungen
④ die Veränderung der Blatffarbe durch Lichtmangel nach Grün
⑤ die besondere Haltbarkeit von Sommerblumen durch geringe Wassergaben

11. „Heterozygot" ist die Bezeichnung für

① reinerbig
② überdecktes Merkmal
③ vorherrschendes Merkmal
④ zwischen zwei Merkmalen liegendes Erscheinungsbild
⑤ mischerbig

12. Modifikationen entstehen durch

① Änderung des Erbgutes
② Verdoppelung des Chromosomensatzes
③ Umwelteinflüsse, z. B. Standortverhältnisse
④ Crossing-over
⑤ radioaktive Substanzen

13. Kennzeichnen Sie die Aussage, die als Erklärung eines dominanten Merkmales richtig ist!

① Die Blütenfarbe Rot herrscht in der F_1-Generation vor, so daß alle Individuen im Phänotypus (Erscheinungsbild) rot sind
② Die Blütenfarbe Weiß wird in der F_1-Generation unterdrückt, so daß alle Individuen im Phänotypus weiß sind
③ Die Blütenfarbe Rot wird in der F_1-Generation unterdrückt, so daß alle Individuen im Phänotypus rosa sind
④ In der F_2-Generation spaltet das Merkmal Rot so auf, daß im Phänotypus einmal Weiß, zweimal Rosa und einmal Rot erscheinen
⑤ In der F_2-Generation sind alle Individuen im Phänotypus rosa

14. Als Samen bezeichnet man

① ein Gehäuse, das den Samen bis zu seiner Reife umschließt und dann seiner Verbreitung dient
② ein Gebilde, das nach der Befruchtung aus dem Fruchtknoten entsteht
③ einen Pflanzenteil, der sich aus Fruchtknoten und Blütenachse bildet
④ den jungen Keimling, der von Schale (und Nährgewebe) umschlossen ist
⑤ haploide Sporen, die durch den Wind verbreitet werden

15. Das Samengewicht der einzelnen Pflanzenarten ist verschieden, je nachdem, ob sie viel, wenig oder kein Nährgewebe (Endosperm) besitzen. Welche Pflanzen haben leichte Samen?

① Corylus avellana, Aesculus hippocastanum
② Larix decidua, Picea abies
③ Kalanchoe blossfeldiana, Lobelia erinus
④ Papaver rhoeas, Apium graveolens
⑤ Callistephus chinensis, Brassica oleracea

16. Gärtner sollten das Tausend-Korn-Gewicht von Saatgut kennen, um

① die Saatmenge für eine bestimmte Fläche festlegen zu können
② bei der Lagerung des Saatgutes die Tragfähigkeit von Dachböden nicht zu überschreiten
③ besonders feines Saatgut nicht bei windigem Wetter auszubringen
④ festzulegen, ob die Saatkisten noch auf der Hänge untergebracht werden können
⑤ zu vermeiden, daß bei nassem Wetter mit zu hohem Gewicht über das Land gefahren wird

17. Welches Tausend-Korn-Gewicht trifft auf Buschbohnen zu?

① 2 bis 3
② 18 bis 25
③ 40 bis 55
④ 280 bis 500
⑤ 400 bis 700

18. Nicht nur das Tausend-Korn-Gewicht gibt Auskunft über die Größe eines Samenkornes, sondern auch die Angabe, wieviel Samenkörner in 1 g Saatgut enthalten sind. Wieviel Körner befinden sich in 1 g Saatgut von Zwiebel (Allium cepa)?

① 20
② 300
③ 12000
④ 20000
⑤ 300000

19. Nicht alle „Samen" sind echte Samen. Es können auch Früchte sein, z. B. bei:

① Radies, Rettich, Kohl
② Begonien, Kalanchoe, Petunien
③ Sonnenblumen, Gräser, Möhren
④ Walnuß, Haselnuß, Hasel
⑤ Bohnen, Erbsen, Wicken

20. Welche Aussage trifft auf die Reife des Saatgutes zu?

① Saatgut ist erst dann reif, wenn es ausfällt
② Saatgut reift oft ungleichmäßig, so daß sich die Ernte über Wochen hinziehen kann
③ Saatgut wird immer unreif geerntet, weil es im Lager besser ausreift
④ Saatgut wird nur in vollreifem Zustand in einem Zuge geerntet
⑤ Saatgut wird sofort nach der Ernte verkauft oder gesät, um Arbeitsgänge einzusparen

21. Unter Gebrauchswert des Saatgutes versteht man

① Reinheit in Prozent
② Keimfähigkeit in Prozent
③ die Klassifizierung nach dem Saatgutverkehrsrecht
④ Saatgut mit hoher Triebkraft
⑤ Prozentwert der Reinheit x Prozentwert der Keimfähigkeit, geteilt durch 100

**22. Warum wird Saatgut getrocknet?
Saatgut wird auf 8 % bis 12 % Wassergehalt getrocknet, damit**

① es leichter ist
② es besser atmen kann
③ man es besser aufbereiten kann
④ beim Versand nicht so hohe Kosten entstehen
⑤ es Fungizide besser annehmen kann

23. Welche Aussage trifft auf graduiertes Saatgut zu? Es ist

① nach grober Größensortierung gekennzeichnet
② ohne gröbere Verunreinigungen, jedoch sind alle Korngrößen noch vorhanden
③ nur in Form von Splitpillen im Handel erhältlich
④ nach Gewicht der Körner in Klassen eingeteiltes Saatgut
⑤ als Fließpille von einer Hüllmasse umgeben

24. Was ist inkrustiertes Saatgut?

① Es ist nach gleicher Größe der Samenkörner sortiert.
② Das Saatgut wird mit einer farbigen Umhüllung versehen, der Fungizide und/oder Insektizide beigemischt sind. Die Samenform bleibt erhalten.
③ Granulatkörner enthalten mehrere feine Samen und lassen sich leichter säen als der sehr feine Samen.
④ Die keimhemmenden Stoffe im Fruchtfleisch, im Sameninneren und in der Samenschale sind abgebaut
⑤ Durch feuchte Lagerung bei niedrigen Temperaturen wurde die Nachreife beschleunigt

25. Das Saatgut-Verkehrsgesetz in der Fassung vom 23. Juni 1975 besagt, daß

① nur Personen mit Sachkundenachweis mit Saatgut handeln dürfen
② eine Qualifikation als Gärtnermeister Voraussetzung für den Handel mit Saatgut ist
③ nur anerkannte Betriebe Saatzucht betreiben dürfen
④ neue Sorten eines anerkannten Betriebes automatisch dem Sortenschutz unterliegen
⑤ nur solches Saatgut gehandelt werden darf, das die Anforderungen des Gesetzes erfüllt und amtlich anerkannt ist

26. Das Sortenschutzgesetz (seit 1968) sichert

① dem Sortenschutzinhaber das Recht, allein die geschützte Sorte zu vermehren und zu vertreiben
② allein den in der Sortenliste eingetragenen Sorten den Patentschutz zu
③ der durch Warenzeichen (R) gekennzeichneten Sorte das Erzeugermonopol
④ international neuen Sorten den Urheberschutz
⑤ nur bei Anmeldung zum internationalen Patentschutz das Erzeugermonopol

27. Wie hoch darf der Wassergehalt der Samen bei luftdichter, keimdichter Verpackung (Aluminium-Folie, Blechdosen) sein?

① 3 %
② 5 % bis 8 %
③ 8 % bis 12 %
④ 16 %
⑤ 25 %

28. Wie soll Saatgut gelagert werden?

① trocken und warm
② naß und kalt
③ dunkel und luftdicht
④ temperiert, mäßig feucht
⑤ hell, luftdicht, warm

29. Kennzeichnen Sie die Faktoren, die die Atmung gelagerten Saatgutes fördern!

① Feuchtigkeit, Wärme, Sauerstoff
② Trockenheit, Kälte, Kohlendioxid
③ Stickstoff, Kälte, Dunkelheit
④ Helligkeit, Methangas, Nässe
⑤ Totaler Luftabschluß, totaler Wasserentzug, -1°Lagertemperatur

30. Mit „Primäraufbereitung des Saatgutes" bezeichnet man

① Saatgutbeizung mit chemischen Mitteln
② Keimstimulation. Keimsynchronisation und Vorkeimung
③ Reinigung von Staub, Beimengungen, Schmacht-, Bruch- und Fremdkorn
④ Kalibrierung des Saatgutes
⑤ Inkrustierung und Naßbeize

31. Aufbereitet wird Saatgut auch zur Pillensaat, d. h.

① Standardsaatgut wird nach Korngröße in Kaliber sortiert.
② Besonders hochkeimfähige Saatgutpartien werden nach Größe und Gewicht sortiert.
③ Das Saatgut wird in Pillendosen abgepackt zur leichteren Handaussaat.
④ Die Samenkörner werden einzeln mit Kunststoff beschichtet.
⑤ Hoch keimfähiges Saatgut wird zur besseren Einzelablage mit einer kugeligen Umhüllung versehen.

32. Was sind Chromosomen?

① Träger der Erbanlagen im Zellkern
② Kleine Partikelchen im Plasma
③ Organellen für Atmung in der Zelle
④ Organellen, die Stoffwechselprodukte ausscheiden
⑤ Steuermechanismus für das Einsetzen der Zellteilung

33. Auf welchen Forscher gehen die Gesetze der Vererbungslehre zurück?

① Justus von Liebig
② Gregor Mendel
③ Alexander von Humboldt
④ Albrecht Thaer
⑤ Otto Hahn

34. Mit Heterosiszüchtung bezeichnet man

① eine Auslese aus einem gemischten Bestand
② die Kreuzung reinerbiger Eltern
③ die Verstärkung gewünschter Merkmale durch Inzucht
④ die Verdoppelung der Chromosomen
⑤ das Hervorrufen spontaner Erbänderungen durch Chemikalien

35. Mit Auslesezüchtung bezeichnet man folgendes Verfahren:

① Die Kreuzung einzelner Pflanzen mit den gewünschten Merkmalen und nachfolgender Auslese ergibt neue Sorten
② Eine Änderung der Eigenschaften wird in den Chromosomen künstlich hervorgerufen. Die Pflanzen mit den gewünschten Merkmalen werden dann vermehrt
③ Die Pflanzen mit den gewünschten Merkmalen werden ausgelesen und zur Samengewinnung angebaut
④ Das Saatgut wird stets wieder aus den Eltern durch Kreuzung neu gewonnen
⑤ Durch Inzucht wird eine Eigenschaft verstärkt

36. Bei welcher Züchtungsmethode hat die Uniformitätsregel Bedeutung?

① Resistenzüchtung
② Auslesezüchtung
③ Mutationszüchtung
④ F_1-Hybriden (Hybridzüchtung)
⑤ Rückkreuzung

37. In welcher Tatsache liegt ein besonderer Wert der F_1-Hybriden für den Züchter begründet?

① Bei generativer Vermehrung spalten die Erbanlagen wieder auf, so daß nur durch ständig neue Kreuzung die gewünschten Samen entstehen
② Es sind stets besonders wüchsige oder farbenprächtige Pflanzen
③ Er kann sie beim Bundessortenamt zur Prüfung anmelden
④ Sie sind nur für die Weitergabe rezessiver Eigenschaften wichtig
⑤ Sie sind besonders teuer und bringen dem Züchter hohen Gewinn

38. Für welche Sorten gilt das Sortenschutzgesetz? Die zu schützende Sorte muß

① etwas völlig Neues sein
② einer Art zugehören, die im Artenverzeichnis zum Sortenschutz aufgeführt ist
③ aus einer Mutation hervorgegangen sein
④ dem Obst oder Gemüse zugehören
⑤ einer landwirtschaftlich bedeutenden Art, z.B. Getreide, zugehören

39. Bei welcher Stelle werden Sortenliste und Beschreibende Sortenliste geführt?

① Zentralverband Gartenbau e.V.
② Centrale Marketinggesellschaft der Deutschen Agrarwirtschaft
③ Bundesverband Deutscher Samenkaufleute und Pflanzenzüchter e.V
④ Landesverbände des Gartenbaues
⑤ Bundessortenamt in Hannover

40. Sortennamen werden als Warenzeichen (R) geschützt bei

① dem Bundessortenamt
② den Landwirtschaftskammern
③ dem Bundespatentamt in München
④ den Landespatentämtern
⑤ den Amtsgerichten

41. Erklären Sie „Inkrusaat" (Inkrustiertes Saatgut)!
42. Erklären Sie „Saatband"!
43. Erklären Sie „Pillensaat" (Pilliertes Saatgut)!
44. Erklären Sie die Begriffe Genotyp und Phänotyp!
45. Unterscheiden Sie Parental- und Filialgeneration!
46. Erklären Sie mit einem Beispiel „haploid"!
47. Erklären Sie mit einem Beispiel „diploid"!
48. Erklären Sie mit einem Beispiel „triploid"!
49. Nennen Sie das 1. Mendelsche Gesetz, die Uniformitätsregel!
50. Was besagt das 2. Mendelsche Gesetz, die Spaltungsregel?
51. Was besagt das 3. Mendelsche Gesetz, die Unabhängigkeitsregel?
52. Unterscheiden Sie Sortengarten und Vermehrungsgarten!
53. Unterscheiden Sie Spezialzüchter und Universalzüchter!
54. Erklären Sie Maßnahmen zur Aufbereitung des Saatgutes!
55. Was versteht man unter „Klengen"?
56. Wie wird Saatgut richtig geerntet?
57. Was ist bei der Lagerung von Saatgut zu beachten?
58. Welche Anforderung stellen Gärtner an Saatgut?
59. Welchen Anforderungen muß zertifiziertes Saatgut genügen?
60. Nennen Sie Maßnahmen, mit denen man die Keimruhe verkürzen kannl
61. Was kann man mit der Röntgenographie untersuchen?
62. Unterscheiden Sie Mitose, die vegetative Zellteilung, und Meiose, die generative Zellteilung!
63. Schildern Sie kurz die einzelnen Phasen der Mitose!
64. Schildern Sie kurz die einzelnen Phasen der Meiose!
65. Erklären Sie den Begriff „F_1-Hybriden"!
66. Was versteht man unter Auslesezüchtung?
67. Was versteht man unter Kombinationszüchtung?
68. Was versteht man unter Mutationszüchtung?
69. Beschreiben Sie kurz ein klassisches Beispiel für eine Kombinationszüchtung!

70. Vervollständigen Sie das Schema über die möglichen Kombinationen!

GR	Gr	gR	gr	
				GR
				Gr
				gR
				gr

71. Erklären Sie „Klonung"!

72. Was bedeutet „Selektion"?

73. Welche Eigenschaften müssen Mutterpflanzen aufweisen, von denen man Saatgut gewinnen will?

74. Erläutern Sie die Ansprüche, die man an Quartiere mit Mutterpflanzen stellt!

75. Was bedeutet „Provenienz"?

76. Welchen Arbeitsvorgang erfordert das Kalibrieren von Saatgut?

77. In einem Saatgutbetrieb fallen typische Arbeiten an. Nennen Sie einige!

78. Unterscheiden Sie Selektieren und Bonitieren!

79. Unterscheiden Sie Isolieren und Kastrieren!

80. Wie erfolgt die Bestäubung in einem Saatgutbetrieb?

81. Wie verfährt man, um eine Verwechslung und damit Irrtümer bei der Züchtungsarbeit auszuschließen?

82. Unterscheiden Sie Modifikation und Mutation!

83. Erklären Sie RSM (Regelsaatgutmischung) am Beispiel Rasenmischungen!

84. Welchen Vorteil haben fungizid-inkrustierte Gemüsesamen?

85. Begründen Sie die Notwendigkeit, Saatbeete – auch Saatgut in Töpfen – sorgfältig zu wässern!

86. Nennen Sie Ursachen für das Überliegen von Samen!

87. Welche Eigenschaften der Pflanzen werden in Sichtungsgärten überprüft?

88. Gibt es einen internationalen Sortenschutz?

89. Nennen Sie Gebiete in Deutschland, die sich für den Samenbau eignen!

90. Nennen Sie Gebiete in Europa, die sich für den Samenanbau eignen!

1. Den Bipentagonkopf benötigt man

① zum Nivellieren
② zum Abstecken eines rechten Winkels
③ zum Einfluchten
④ zur Entfernungsmessung

2. Beim Nivellement macht man zuerst

① einen Vorblick ② einen Rückblick ③ einen Zwischenblick

3. Einen „Rechten Winkel" errichtet man in der freien Landschaft mittels

① Pentagonkopf ② Winkelspiegel ③ Zählnadeln ④ Fluchtstäben

4. Was besagen die Zahlen 6,00 m; 8,00 m; 10,00 m?

① Teilstrecken einer Vermessungslinie
② Satz des Pythagoras und damit Errichten eines rechten Winkels möglich
③ Entfernungslinie Haus – Baum – Grundstück

5. Nach dem Koordinatenverfahren wird

① ein Grundstück vermessen
② eine Strecke vermessen
③ eine Höhe aufgenommen

6. Beim Polygon-Zug hat die Kreisskala

① 360°Grad ② 400°Gon ③ 300°Grad

7. Um eine Strecke (Flucht) zu errichten, benötigt man

① Schnur, Fluchtstäbe, Nivelliergerät
② Fluchtstäbe, Bandmaß, Zählnadeln
③ Bandmaß, Lot
④ Zählnadeln, Schnur, Winkelspiegel

8. Zur Flächenberechnung eines Parallelogrammes braucht man die Formel:

① $A = \frac{g \cdot h}{2}$ ② $A = \frac{h \cdot s}{2} \cdot n$ ③ $g \cdot h$

9. Als Bodendecker für sonnige Lagen eignen sich

① Pachysandra terminalis ② Hedera helix ③ Cotoneaster dammeri

10. Die Hundsrose heißt botanisch

① Rosa hugonis ② Rosa canina ③ Rosa rugosa

11. Pflanzen für schattige Lagen sind

① Rhododendron catawbiense, Deutzia gracilis, Vinca minor
② Festuca cinerea, Pennisetum alopecuroides (P. compressum), Carex pendula
③ Pachysandra terminalis, Astilbe-Arendsii-Hybriden, Waldsteinia geoides

12. Wegen der schönen Blüten pflanzt man gern

① Taxus baccata
② Laburnum anagyroides
③ Thuja orientalis
④ Magnolia x soulangiana

13. Eine Staude ist

① Ageratum houstonianum
② Deutzia gracilis
③ Helianthus annuus
③ Delphinium-Hybriden
④ (Delphinium x cultorum)

14. Die Königskerze heißt

① Verbascum-Hybriden ② Digitalis purpurea ③ Liatris spicata

15. Als Pflanzen für Formhecken eignen sich

① Ribes sanguineum
② Carpinus betulus
③ Picea omorika
④ Ligustrum ovalifolium

16. Sand hat eine Korngröße von

① 2,00 mm – 6,00 mm
② 0,06 mm – 2,00 mm
③ 0,02 mm – 0,06 mm

17. Ein stark bindiger Boden ist

① Ton, Mergel
② Hochmoor, Niederungsmoor
③ Moränen, Dünen

18. Oberboden muß

① fachgerecht abgefahren werden
② fachgerecht gelagert werden
③ vernichtet werden

19. Zu den fließenden Bodenarten (nach DIN 183 00) zählen:

① Schluff, Ton, Faulschlamm
② Tonschiefer, Hüttenschlackenhalden
③ Kies, Sand, Torf

20. Der Bodentyp „Tschernosem" ist ein(e)

① Podsolboden ② Steppenboden ③ Rohboden ④ Braunerde

21. Granit ist ein

① Sedimentgestein (Sediment)
② „metamorphes Gestein" (Metarmophit)
③ „magmatisches Gestein" (Magmatit)

22. Sedimentgesteine entstanden durch

① Ablagerung ② Umwandlung ③ Eruption

23. Sandgesteine kann man

① leicht bearbeiten
② schwer bearbeiten
③ überhaupt nicht bearbeiten

24. 2 % Gefälle bedeutet:

① 20 cm fallend auf 100 m Länge
② 20 cm fallend auf 10 m Länge
③ 20 cm fallend auf 50 m Länge
④ 2 cm fallend auf 1 m Länge

25. Das Böschungsverhältnis 2:1 besagt:

① 2,00 m Länge der Sohle und 1,00 m Höhe
② 2° Länge und 1° Breite
③ Winkel α und Winkel ß verhalten sich 2:1
④ Böschungsneigung 2 Teile, Böschungshöhe 1 Teil

26. Einen Absatz in einer künstlichen Böschung bezeichnet man als

① Bodensenke
② Berme
③ Böschungsgefälle
④ Fahrweg

27. Wie baut man Faschinen ein?

① Senkrecht zur Böschung
② Waagerecht zur Böschung
③ Diagonal zur Böschung

28. Zur Verhinderung einer Bodenerosion soll die Böschung

① flach ausgebildet werden
② steil ausgebildet werden
③ nicht besonders ausgebildet werden

29. Auf einem Lageplan ist eine Böschung zu zeichnen. Wie ist es richtig?

Böschungskopf
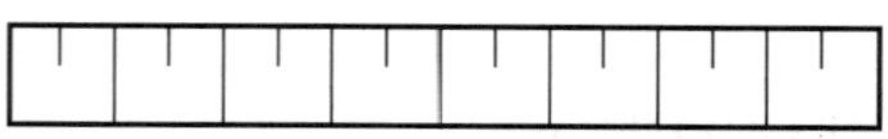
Böschungsfuß

Böschungskopf
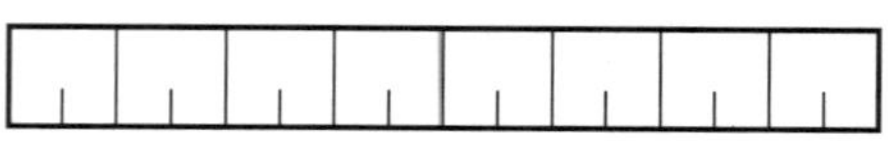
Böschungsfuß

Böschungskopf
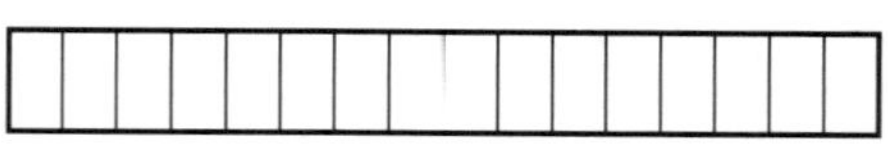
Böschungsfuß

30. Mit dem Standbagger kann man

① lösen
② lösen und laden
③ nur laden

31. Der Tieflöffelbagger steht bei seiner Arbeit

① auf der unteren Sohle
② am Kopf der auszuhebenden Erde
③ oben oder unten, je nach Wahl

32. Mit einem Dumper kann

① Erde gebaggert werden
② Erde geladen werden
③ Erde befördert werden

33. Die Rüttelplatte

① stampft ② vibriert ③ walzt

34. Einen Radlader kann man

① nur im Gelände einsetzen
② nur auf der Straße einsetzen
③ im Gelände und auf der Straße einsetzen

35. Das Längsgefälle für Radwege sollte maximal betragen:

① 5 % bis 12 %
② weniger als 16 %
③ weniger als 3 %, maximal auf kurzen Strecken 5 %

36. Für die Tragschicht und Ausgleichsschicht eines Fahrweges gebraucht man

① Grobschotter, Feinschotter, Kies, Sand, Pflaster
② Setzpacklage, Schottertragschicht, Sand, Pflaster
③ Körnung 0/54, Sand, Pflaster

37. Polygon-Platten sind

① unregelmäßig ② rechteckig ③ rund

38. Bei der Arbeitsweise „Pflasterung rückwärts" arbeitet der Pflasterer

① mit dem Gesicht zur Pflasterrichtung
② seitlich zur Pflasterrichtung
③ mit dem Rücken zum Pflasterbett

39. Eine Kreuzfuge entsteht, wenn

① vier Platten aneinanderstoßen
② zwei Platten gegeneinanderstoßen
③ eine Längs- und eine Querfuge sich kreuzen
④ drei Platten aneinanderstoßen

40. Teermakadamdecken bestehen aus

① Zement und bituminösen Mitteln
② Grobpflaster und bituminösen Mitteln
③ aus grobkörnigem Gestein (Schotter, Splitt) und bituminösen Mitteln

41. Eine wassergebundene Decke ist

① Grobpflaster, Großsteinpflaster
② Verfestigung von Gesteinsmehl in der Deckschicht
③ Mosaikpflaster
④ Betonpflaster

42. Zement besteht aus

① Calcium, Silicium, Aluminium, Eisenoxid
② Calcium, Silicium und organischen Bindemitteln
③ gemahlenem Gestein, Holz und Wasser

43. Beton wird hergestellt aus

① Eisen + Zement + Wasser
② Zuschlagstoffe + Zement + Wasser
③ Zuschlagstoffe + Zement + Holz + Wasser

44. Die Bezeichnung HOZ bei Zement bedeutet, daß er

① bis zu 35 % Hochofenschlacke enthält
② zu 100 % aus Zementklinker besteht
③ bis zu 85 % Hochofenschlacke enthält

45. Das Wechselmauerwerk hat

① Kreuzfugen
② größere und kleinere Steine
③ gleiche Lagen
④ gleichbleibende Lagerfugen

46. Trockenmauern

① bestehen aus betonierten Bruchsteinen
② sind elastisch und leicht zu reparieren
③ sind mit Beton hintermauert

47. Die Treppenformel lautet:

① 2 x Stufenhöhe + Auftritt = Schrittlange (63 – 65 cm)
② 1 x Stufenhöhe + Auftritt + 20 % = Schrittlänge (63 – 65 cm)
③ 2 x Stufenhöhe + 1/2 Auftritt + 20 % = Schrittlänge (63 – 65 cm)

48. Bei der Stellstufe

① wird der Block hingelegt
② ist die Stellkante das wichtigste Element
③ wird die Legstufe hingelegt und unterfüttert

49. Bei einem Höhenunterschied von 1,20 m sind zum Überbrücken erforderlich:

① 8 Blockstufen zu je 15 cm Höhe
② 10 Blockstufen zu je 15 cm Höhe
③ 12 Blockstufen zu je 12 cm Höhe

50. Die Treppe erreicht bei 1,20 m Höhenunterschied dann eine Länge von:

① 3,00 m ② 3,50 m ③ 2,80 m

51. Zum Rasenbau benötigt man folgende Gräser:

① Agrostis capillaris, Poa palustris, Pennisetum alopecuroides (compressum)
② Agrostis gigantea, Festuca cinerea, Carex morrowii
③ Lolium perenne, Agrostis stolonifera, Poa pratensis

52. Spielrasen ist bzw. hat

① ganzjährig beanspruchbar
② widerstandsfähig gegen Trockenheit und Erosion
③ eine dichte, teppichartige Narbe aus feinblättrigen, farbintensiven Gräsern

53. Lolium-Arten haben folgende Merkmale:

① Die Basis ist rot, die Blätter sind groß, die Samen keimen schnell (Ammengras)
② Die Blätter sind fein und leicht bläulich
③ Sie sind borstige, kurz bleibende Gräser, die die Trockenheit lieben

54. Rasen sät man am besten

① zeitig im Frühjahr, damit er im Sommer eine dichte Grasnarbe bildet
② spät im Jahr, ab Oktober, da dann die Feuchtigkeit im Boden ausreicht
③ von Mitte April bis Mitte Oktober

55. Welcher Schichtaufbau ist bei Tennenflächen (Sportplatzbau) gegeben?

① Filterschicht – dynamische Schicht – Tragschicht – Tennenschicht
② Dynamische Schicht – Filterschicht – Tragschicht – Tennenschicht
③ Filterschicht – Tragschicht – dynamische Schicht – Tennenschicht

56. Welche Abmessungen hat ein Fußballplatz (DIN 18035 Teil 1) in „m" nach den Wettkampfbestimmungen?

	Breite in m	Länge in m
①	50 – 55	91,40
②	30 – 40	75 – 90
③	45 – 90	90 – 120

57. Nennen Sie die Eigenschaften und Verwendung von Akazien-Holz!

① Weich, fault leicht, wird für Balken verwendet
② Billig, gutes Kantholz, ist für Rankgerüste geeignet
③ Hart, ohne Imprägnierung haltbar

58. Fichten-Holz ist

① hart, harzreich, braucht keine Imprägnierung
② leicht, weich, billig; muß imprägniert werden
③ teuer, als Geflecht einsetzbar, hart, aber nicht harzreich

59. Für Holzaufbauten auf Kinderspielplätzen verwendet man

① unbehandeltes Weichholz, z.B. Fichte
② kesseldruck-imprägniertes Holz
③ mit Carbolineum geschütztes Holz
④ Eichenbalken
⑤ Eisenbahnschwellen

60. Bäume nehmen im Laufe des Jahres Nährstoffe in unterschiedlichen Mengen auf. Die Nährstoffaufnahme ruht fast ganz in den Monaten

① Januar, Februar, März
② April, Mai
③ Juni, Juli
④ August September
⑤ Oktober November Dezember

61. In wieviel Bodenklassen (DIN 18300) sind die Böden nach ihrer Belastbarkeit eingeteilt?

62. Zu welcher Klasse gehören leicht lösbare Bodenarten?

63. Der Bodenabtrag kann durch Seitenabbau durchgeführt werden. Welche Vor- und Nachteile hat dieser Abbau?

64. Welche Baggerarten werden im Garten- und Landschaftsbau eingesetzt?

65. Zur Verdichtung des nichtbindigen Materials gibt es dynamisch wirkende Geräte. Nennen Sie 3 Arten!

66. Beim Abführen des Oberflächenwassers ist der Abflußbeiwert zu berücksichtigen. Was versteht man darunter?

67. Welchen Abflußbeiwert hat a) eine Pflasterung, b) eine wassergebundene Decke, c) eine große Rasenfläche

68. Aus welchem Material können Drainagerohre bestehen?

69. Welche Nennweiten haben a) Steinzeugrohre, b) Kunststoffrohre

70. Warum darf zur Betonherstellung kein Ziegelsplitt verwendet werden?

71. Wie errechnet sich der Wasserzementwert des Betons (w)?

72. Was sagen die Zahlen „Z 25" – „Z 45t" – „Z 55" aus?

73. Wie muß Zement gelagert werden?

74. Warum wird Baustahl in einer Mauer immer in der Zugzone angeordnet?

75. Beim Betonieren gibt es verschiedene Fugenausbildungen. Wie heißen sie?

76. Warum muß Beton nachbehandelt werden?

77. Welche Maßnahmen der Betonnachbehandlung sind erforderlich?

78. Beim Ziegelmauerwerk gibt es eine Läufer- und eine Binderschicht. Wodurch unterscheiden sich diese?

79. Wie lautet die Stufenformel?

80. Nennen Sie verschiedene Stufenformen!

81. Im Garten- und Landschaftsbau werden viele Natursteine verarbeitet. Nennen Sie je drei Hart- und drei Weichgesteine!

82. Welche Eigenschaften hat eine Trockenmauer?

83. Beim Mauerbau spricht man von einer Dossierung bzw. vom Anlauf.
Was heißt z. B. 10 % Anlauf bei einer 1,80 m hohen Mauer?

84. Wie muß ein Gehweg mit Mosaikpflaster (nicht befahrbar und unbeparkt) vom Unterbau und insgesamt aufgebaut sein?

85. Eine Pflasterdecke aus Betonverbundsteinen besteht aus verschiedenen Schichten. Nennen Sie diese!

86. Selektierte Stauden haben folgende Kennzeichnungen: +++ / ++ / +
Was sagen diese Zeichen aus?

87. Bei welcher Art der Pflanzung – Dreieck- oder Quadratpflanzung – werden mehr Pflanzen pro Quadratmeter benötigt?

88. Nach DIN 18916 gibt es für Gehölze u. a. folgende Zeichen:
H / HEI / HE / SOL. Was sagen diese Zeichen aus?

89. Bäume werden bei der Pflanzung mit einem Baumpfahl versehen.
Wie muß dieser Pfahl angebracht werden (Windrichtung)?

90. Was sind Bodendecker? Nennen Sie drei verschiedene Arten für schattige Lagen!

91. Bei Baumarbeiten wird eine besondere Fachkunde von den Ausführenden erwartet. Wer ist fachkundig im Sinne der Unfallverhütungsvorschrift?

92. Erklären Sie die Belastung der Bäume durch Streusalz!

93. Welche Standortprobleme ergeben sich bei „mobilem Grün“?

94. Nennen Sie Pflanzen für die Uferbepflanzung an Gartenteichen!

95. Nennen Sie typische Rasenunkräuter!

96. Von welchen Schädlingen wird Rasen vorwiegend befallen?

97. Unterscheiden Sie Vertikutieren und Aerifizieren!

98. Welche Sicherheitsbestimmungen sind bei Verpflanzung von Großbäumen zu beachten?

99. Wie lassen sich Schlepperunfälle vermeiden?

100. Welche Vorsichtsmaßnahmen sind bei Steinarbeiten zu treffen?

101. Staudenpflanzungen sind im allgemeinen aufwendig zu pflegen. Was muß man bei der Planung beachten, um die Folgekosten gering zu halten?

102. Erklären Sie „Pflanzengesellschaften"!

103. Unterscheiden Sie Sumpf- und Wasserpflanzen!

104. Pflasterflächen sind groß in Mode gekommen. Welche Anforderungen stellt man an sie?

105. Welche Pflanzen eignen sich für ungünstige Standorte hinsichtlich des Lichtes und der Wasserversorgung?

106. Nennen Sie Gehölze, die in Hecken Bedeutung für den Tierschutz haben!

107. Nennen Sie einige Wildkräuter, die Insekten anzulocken vermögen!

108. Ihr Kunde wünscht stark duftende Rosen für seinen Garten. Welche Sorten werden Sie ihm empfehlen?

109. Welche Anforderungen stellt man an Flachdächer?

110. Sie sollen eine Pflanzendecke auf einem Dach anlegen. Welche Funktionsschichten sind vorzusehen?

111. Nennen Sie Pflanzenarten, die sich für eine extensive Dachbegrünung eignen!

112. Welche Pflanzen eignen sich allgemein für eine Dachbegrünung?

113. Welche Standortansprüche haben bodendeckende Rosen?

114. Welche Kletterpflanzen eignen sich gut für Nordfassaden?

115. Welche Kletterhilfen benötigen Kletterpflanzen?

116. Für welche Zwecke kann Bauschuttgranulat verwendet werden?

117. Welchen Unbilden sind Straßenbäume ausgesetzt?

118. Was ist hinsichtlich des Lichtanspruches der Pflanzen bei der Raumbegrünung zu beachten?

1. Der juristische Eigentümer eines Friedhofes ist

① die Bundesrepuklik Deutschland
② das zuständige Bundesland
③ der jeweilige Landkreis
④ die Landeskirche
⑤ die Kirchengemeinde oder die politische Gemeinde

2. Einen Friedhofstyp kennzeichnet z. B. diese Bezeichnung nicht:

① Waldfriedhof
② Architektonischer Friedhof
③ Städtischer Friedhof
④ Parkfriedhof
⑤ Soldatenfriedhof

3. In der Friedhofsordnung sind Rechte und Pflichten der Friedhofsbenutzer geregelt. Was gehört nicht dazu?

① Gebührenordnung
② Ordnungsvorschriften
③ Allgemeine Bestimmungen, z. B. Öffnungszeiten
④ Einsatz gelernter oder ungelernter Arbeitskräfte
⑤ Vorschriften zur Gestaltung der Grabstätten

4. Gesundheitspolitische Vorschriften spielen für das Anlegen von Friedhöfen eine Rolle. Welche Bestimmung gehört nicht dazu?

① Gelände und Bodenart müssen für Erdbestattungen geeignet sein
② Die Belegungsflache soll ca. 35 % der Bodenfläche betragen
③ Der Grundwasserstand soll mindestens 2,50 m tief sein
④ Der Abstand zu offenem Wasser oder Brunnen soll mindestens 20 m betragen
⑤ Der Abstand zu Wohnhäusern soll mindestens 8 m betragen

5. Eine Friedhofsgärtnerei ist durch drei Betriebszweige gekennzeichnet:

① Friedhofsgärtnerische Leistungen, Blumenfachgeschäft, eigene Erzeugung
② Schnittblumen- und Topfpflanzenhandel, Hydrokultur, Grabpflege
③ Blumenfachgeschäft, Fahrverkauf, Dekorationen
④ Garten- und Landschaftsbau, Blumenfachgeschäft, eigene Erzeugung
⑤ Eigene Erzeugung, Verkauf an gewerbliche Unternehmen, Dekorationen

6. Reihengräber haben ein vorgeschriebenes Bruttomaß:

① 80 cm x 80 cm
② 100 cm x 100 cm
③ 110 cm x 240 cm
④ 120 cm x 250 cm
⑤ 240 cm x 250 cm

7. Nennen Sie Sommerblüher, die für eine Grabbepflanzung geeignet sind!

① Alcea rosea, Helianthus annuus, Cosmos bipinnatus
② Impatiens walleriana, Tagetes-Patula-Hybriden, Celosia cristata
③ Coreopsis tinctoria, Helichrysum bracteatum, Lathyrus odoratus
④ Verbascum-Hybriden, Papaver rhoeas, Helianthus argophyllus
⑤ Cucurbita pepo, Nicotiana tabacum, Impatiens parviflora

8. Als Bodendecker kann man folgende Stauden verwenden:

① Achillea filipendulina, Delphinium-Hybriden
② Gypsophila paniculata, Iris germanica
③ Trollius-Hybriden, Doronicum orientale
④ Canna-Indica-Hybriden, Dianthus caryophyllus
⑤ Waldsteinia ternata, Tiarella cordifolia

9. Die Wege zwischen den einzelnen Gräbern sollen nicht unter 30 cm breit sein, weil

① andernfalls zuviel Fläche verbraucht wird
② sie sonst zuviel Mühe beim Saubermachen verursachen
③ die Grabstelle dann zu teuer wird
④ dies arbeitswirtschaftlich die günstigste Breite ist
⑤ man die einzelnen Grabstellen sonst schlecht voneinander unterscheiden kann

10. Als Dauerbepflanzung bezeichnet man

① eine bodendeckende Bepflanzung und die Rahmenbepflanzung
② die provisorische Anlage kurz nach der Beisetzung
③ die Bepflanzung mit Sommerflor
④ eine Anlage, die mindestens 30 Jahre hält und nicht auswächst
⑤ die Pflanzung von großen Bäumen auf dem Friedhof

11. Bei der Neuanlage einer Grabbepflanzung wird der Friedhofsgärtner

① die Wünsche des Kunden nicht berücksichtigen, weil er seine Vorschriften in der Friedhofsordnung hat
② auf keinen Fall die alte Erde entfernen, sie ist Eigentum der Friedhofsverwaltung
③ die überständige, alte Dauerbepflanzung entfernen und auskoffern, d. h. alte, unbrauchbare Erde abfahren
④ Modepflanzen auswählen, ohne die Umgebung des Grabes zu beachten
⑤ vor allem teure Pflanzen nehmen, damit der Preis gerechtfertigt ist

12. Für das Auffüllen der Grabfläche verwendet man am besten:

① reinen Torf mit Düngerzusatz, z. B. TKS 1
② eine humusreiche, mit Vorratsdünger versehene Erde
③ die Erde, die man aus einer anderen Grabstelle entnommen hat
④ Einheitserde Typ T
⑤ eine schwere Rasenerde

13. Gehölze für die Rahmenbepflanzung sollen

① möglichst groß und imponierend sein
② mit ihren flachen Wurzeln die Grabstelle möglichst schnell durchziehen
③ einen hohen Wasserbedarf haben
④ kleinwüchsig sein und ihre volle Größe nach ca. 3 Jahren erreicht haben
⑤ nicht winterhart sein

14. Gehölze, deren Zweige herabhängen, werden häufig auf Friedhöfen gepflanzt. Welche Bezeichnung tragen die Gehölze in Katalogen und Pflanzenlisten?

① betulifolius
② excelsus
③ fastigiatus
④ pedunculatus
⑤ pendulus

15. Die Sortenbezeichnung „Tristis" bedeutet:

① dreifarbig
② dreimonatig
③ dreifach
④ traurig
⑤ gewöhnlich

16. Nennen Sie immergrüne Laubgehölze, die als Bodendecker auf einem Waldfriedhof geeignet sind!

① Juniperus communis, Juniperus horizontalis
② Pachysandra terminalis, Cotoneaster dammeri var. radicans
③ Carpinus betulus, Taxux baccata
④ Salix purpurea, Spiraea albiflora
⑤ Acer campestre, Euonymus europaea

17. Welche der nachstehend genannten Nadelhölzer werfen das Laub ab?

① Picea abies, Picea omorica
② Juniperus sabina, Chamaecyparis lawsoniana
③ Larix decidua, Metasequoia glyptostroboides
④ Thuja orientalis, Cupressus sempervirens
⑤ Abies alba, Pinus pinea

18. Nennen Sie aufrechtwachsende Laubgehölze zur Grabbepflanzung!

① Buxus sempervirens var. sempervirens, Pieris japonica
② Berberis buxifolia „Nana", Pieris nana
③ Gaultheria procumbens, Vinca minor
④ Juniperus chinensis, Taxus cuspidata
⑤ Daphne cneorum, Erica carnea

19. Für niedrige Einfassungen sind folgende Pflanzen geeignet:

① Ligustrum ovalifolium
② Ilex aquifolium
③ Rosa rubiginosa
④ Buxus sempervirens
⑤ Clematis-Hybriden

20. Säulenförmig wachsen folgende Bäume:

① Acer campestre, Betula nigra
② Pinus mugo, Pinus pinea
③ Fagus sylvatica, Corylus colurna
④ Castanea sativa, Salix alba
⑤ Quercus robur „Fastigiata" Robinia pseudoacacia „Pyramidalis"

21. Für den Friedhof geeignete Kletterpflanzen sind z. B.:

① Polygonum amphibium, Salix caprea „Pendula
② Clematis-Hybriden, Hedera helix
③ Jasminum nudiflorum, Cytisus procumbens
④ Potentilla fruticosa, Hypericum repens
⑤ Tamarix parviflora, Symphoricarpos x chenaultii

22. Als Heckenpflanzen eignen sich

① Carpinus betulus, Fagus sylvatica
② Amelanchier canadensis, Gaultheria procumbens
③ Betula pendula, Aesculus hippocastanum
④ Prunus triloba, Rhododendron-Simsii-Hybriden
⑤ Magnolia-Soulangiana-Hybriden, Tamarix gallica

23. Welche Dekorationspflanzen verwendet man auf Friedhöfen?

① Washingtonia robusta, Cycas revoluta
② Ficus carica, Philodendron scandens
③ Laurus nobilis, Aucuba japonica
④ Pinus pinaster, Picea abies
⑤ Larix sibirica, Opuntia ficus-indica

24. Bei der Dekoration in der Friedhofshalle arbeitet man gern symmetrisch, weil

① alle Dekorationselemente doppelt vorhanden sind
② die Gestaltung leichter von Hilfskräften erledigt werden kann
③ der Gesamteindruck freudig und lebhaft ist
④ die Dekoration besser zu den runden Kränzen paßt
⑤ der Gesamteindruck ernst, würdig, feierlich ist

25. Welche Farben wählt man für die Gestaltung des Sargschmuckes?

① Die drei Grundfarben Gelb – Rot – Blau zu gleichen Teilen
② Dunkle, ruhige Farbtöne, möglichst Abstufungen einer Farbe
③ Helle, kräftige Farben, z. B. Lachsrosa und Blau
④ Kombinationen von Gelb und Rot
⑤ Den Komplementärkontrast Orange und Blau

26. Bei der Gestaltung des Sargschmuckes gilt außerdem, daß

① er möglichst den Sarg verdecken soll
② der Sargschmuck sich der Form des Sarges nicht anschmiegen darf
Er muß als eigenes Werkstück kenntlich bleiben
③ die Farbe des Sarges keine Rolle spielt
④ die Blumen den Sarg schmücken sollen und durch verbindende Ranken oder
Linien mit ihm ein Ganzes werden
⑤ er so gearbeitet sein muß, daß er vor der Beisetzung abgenommen werden kann

27. Die Kränze werden auf Friedhöfen oft unsanft behandelt, wenn sie von der Halle zum Grab getragen werden. Es gilt deshalb,

① alle Teile fest zu verankern, daß sich nichts lösen kann
② besonders locker zu binden
③ den Kunden abzuraten, Kränze zu kaufen
④ Plastikkränze und Plastikblumen zu verwenden
⑤ die Kränze erst nach der Beerdigung anzuliefern

28. Bei der Wahl der Kranzunterlagen ist es sehr wichtig, daß sie

① naß und schwer sind, damit sie gut aufliegen
② aus Kunststoff bestehen. Dann sind sie leicht und billig
③ aus leicht verrottbarem Material bestehen, das zu kompostieren ist
④ aus einem stabilen Eisenreifen bestehen
⑤ aus unzersetzbarem Kuststoff gefertigt sind wegen der besseren Haltbarkeit

29. Das ideale Verhältnis zwischen / Kranzkörper und Kranzöffnung ist

① 1 : 2 : 1
② 2 : 1 : 2
③ 1,5 : 1 : 1,5
④ 2 : 1 : 2
⑤ 1 : 1,6 : 1

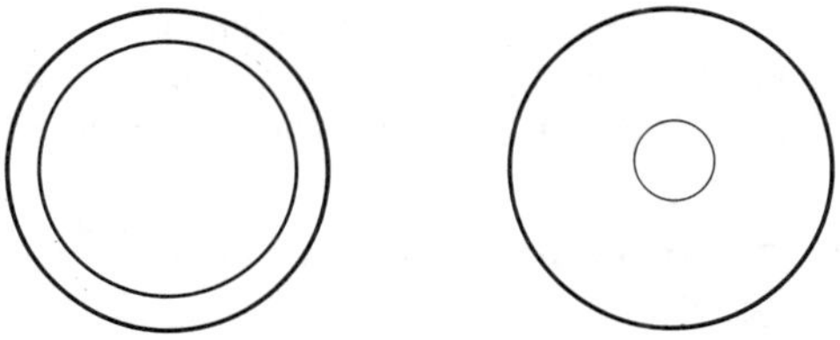

Kranzöffnung zu weit — Kranzöffnung zu eng

30. Kränze kann man in verschiedenen Techniken herstellen. Welches Verfahren ist heute nicht mehr üblich?

① Stecken
② Kleben
③ Binden mit Büscheln
④ Römern
⑤ Binden einzelner Zweige auf eine Römerunterlage

31. Als Andrahttechnik kann nicht verwendet werden

① Gabeln
② Büscheln
③ Tüllen
④ Andrahten mit Silberdraht
⑤ Andrahten mit Zapfensteckdraht

32. Für den Blumenschmuck gibt es mehrere Möglichkeiten.
Ein symmetrischer, dekorativer Blumenschmuck sollte

① nicht mehr als 1/3 des Kranzkörpers bedecken
② mindestens die Hälfte bedecken
③ sehr klein sein, damit der Kranz voll zur Geltung kommt
④ den Kranz völlig bedecken
⑤ den Kranz zu 3/4 bedecken

33. Die Farbe des Bandes wird so gewählt, das sie

① einen starken Kontrast zu den Blumen bildet
② neutral ist, im Falle der Trauer also schwarz
③ neutral ist, im Falle der Trauer also weiß
④ sich in Signalfarben deutlich vom Kranz abhebt
⑤ sich den Farben der Blumen anpaßt, unterordnet, mit ihnen harmoniert

34. Maschinen, die auf einem Friedhof eingesetzt werden, sollten vor allem

① wartungsfrei sein
② sehr leise laufen und fahren
③ eine große Ladekapazität haben
④ vielseitig zu verwenden sein
⑤ eine hohe Zugleistung haben

35. In einer Friedhofsgärtnerei sollten für den Einsatz auf dem Friedhof folgende Maschinen vorhanden sein:

① Ein starker Schlepper mit Pflug
② Motorsägen
③ Starke Fräsen und Spatenmaschinen
④ Transportmaschinen, Laubabsauger, Gießeinrichtungen, Heckenscheren
⑤ Steh- und Drehleitern verschiedener Höhen

36. Im Binderaum kann wertvolle Zeit durch Maschineneinsatz gespart werden. Nicht nötig ist

① eine Schnittblumenputzmaschine
② eine Topfwaschmaschine
③ eine Kranzbindemaschine
④ eine Kranzschleifenprägmaschine
⑤ eine Topfmaschine

37. Trockene Pflanzenteile verwendet der Friedhofsgärtner für Dauergrabschmuck. Von einheimischen Pflanzen verwendet man

① Lunaria annua, Nigella damascena
② Nelumbo nucifera, Papaver orientale
③ Argyreia rosea (Baby-Wood-Rose), Xylomelum pyriforme (Australische Birne)
④ Banksia serrata, Combretum grandiflorum
⑤ Helicia serrata (Hölzerner Pfirsich), Eucalyptus cornuta (Spidergum)

38. Aus welchem Erdteil werden die Teile jener Pflanzen importiert, die in den „Scrubs“ (Hartlaubwälder, Hartlaubbüsche) wachsen?

① Europa
② Asien
③ Afrika
④ Amerika
⑤ Australien

39. Besonderen Bestimmungen unterliegen im Handel

① Cynara - Artischocke
② Papaver - Mohn
③ Banksia - Banksia
④ Nelumbo - Lotosblume
⑤ Eucalyptus - Blaugummibaum

40. Für trockenen Grabschmuck kann man folgende Gräser verarbeiten:

① Poa annua, Melica ciliata
② Glyceria maxima, Calamagrostis x acutiflora
③ Lagurus ovatus, Cortaderia selloana
④ Stipa barbata, Spartina pectinata
⑤ Sasa palmata, Sinarundinaria nitida

41. Band für Grabsträuße und Kränze sollte

① grundsätzlich aus reiner Seide sein
② immer aus Papier sein
③ am besten aus Kunststoff geschnitten sein
④ aus gut präpariertem Textilgewebe bestehen
⑤ einfach aus Folien geschnitten werden

42. Welche Zapfen können für Dauerkränze nicht verwendet werden?

① Picea abies, Pinus pinaster
② Abies concolor, Abies alba
③ Cedrus atlantica, Cedrus libani
④ Larix decidua, Pseudotsuga menziesii
⑤ Pinus sylvestris, Pinus wallichiana

43. Zur Dauergrabpflege gehört nicht

① die Neuanlage von Grabbepflanzungen
② Lockern des Erdreiches an nicht bepflanzten Stellen
③ Unkrautentfernen auf der Grabfläche und zwischen der Dauerbepflanzung
④ Beseitigen überständiger Schnittblumen und Pflanzenschalen
⑤ Säubern verblühter Teile der Bepflanzung

44. Einen Dauergrabpflegevertrag können Kunden abschließen

① mit der zuständigen Friedhofsverwaltung
② mit der Kirchengemeinde
③ mit der politischen Gemeinde
④ mit dem Bundesland
⑤ mit einem Friedhofsgärtner und einer Dauergrabpflegeeinrichtung

45. Einer der nachstehend aufgeführten Bodendecker gehört zu den Moorbeetpflanzen!

① Cotoneasterr dammeri
② Euonymus fortunei
③ Gaultheria procumbens
④ Hedera helix
⑤ Vinca minor

46. Frostempfindlich ist

① Sedum album
② Pachysandra terminalis
③ Sedum floriferum
④ Sedum spurium
⑤ Vinca minor

47. Was ist bei der Anwendung von Herbiziden auf Friedhöfen zu beachten?

① Nur die üblichen Vorsichtsmaßnahmen wie sonst im Gartenbau
② Es sollten nur solche mit breitem Wirkungsspektrum verwendet werden.
③ Benachbarte Gräber können gleich mit versorgt werden.
④ In den meisten Kommunen ist die Anwendung von Herbiziden verboten.
⑤ Versorgt man die Wege gleich mit, spart man das Unkrautjäten.

48. Es ist auf Friedhöfen besonders schwierig, Kaninchen, Wühlmäuse und andere größere Tiere zu bekämpfen. Worin liegt das begründet?

① Es sind viele Menschen unterwegs, die zu Schaden kommen könnten
② Die dichte Belegung mit Gräbern verhindert eine wirkungsvolle Ausbringung der Mittel
③ Frei herumlaufende Hunde könnten geschädigt werden
④ Spielende Kinder sind gefährdet
⑤ Nur in Zusammenarbeit mit der Friedhofsverwaltung, den Kollegen und evtl. der Jagdbehörde ist eine Bekämpfung möglich

**49. Bei der Grabbepflanzung werden aktive und passive Formen der Pflanzung durch verbindende Formen zusammengefügt.
Welche Aussage trifft auf aktive Formen zu?**

① Sie fordern freien Raum über sich, in den hinein sie sich entfalten können
② Sie finden ihren Platz wegen der in ihnen ruhenden Wirkung vor allem am Boden, in der Basis
③ Sie streben zur Seite oder nach unten, benötigen also einen Freiraum an der Seite oder im unteren Drittel
④ Sie vermitteln zwischen aktiven und passiven Formen, zwischen dem oberen und dem unteren Freiraum
⑤ Sie finden im vorderen Drittel der Grabstelle in Gruppen ihren Platz

**50. Eine harmonische Wirkung der Grabgestaltung kann durch die richtige Farbenwahl – vor allem bei Blüten – erreicht werden.
Kennzeichnen Sie den Farbenklang, der ruhig, würdig, feierlich wirkt!**

① Harmonie der großen Abstände, der großen Kontraste
② Komplementärkontrast
③ Harmonie der Nachbarfarben, der kleinen Kontraste
④ Farbe-an-sich-Kontrast (Buntheitskontrast)
⑤ Dreiklang der Grundfarben Rot-Blau-Gelb

51. Ergänzen Sie die Beschriftung!

52. Nennen Sie Voraussetzungen für die Anerkennung als Fachbetrieb!

53. Was wird bei der Qualitätskontrolle geprüft?

54. Nennen Sie Schwerpunkte für die gärtnerische Grabgestaltung!

55. Welche Grabarten unterscheidet man auf Friedhöfen (mit Abmessungen)?

56. Nennen Sie Gestaltungsmerkmale für Grabbepflanzungen!

57. Erklären Sie kurz Bepflanzungsarten!

58. Nennen Sie Stauden, die sich als Bodendecker bewährt haben!

59. Welche Gehölze sind als Bodendecker auf Friedhöfen geeignet?

60. Beschreiben Sie drei Arten von Girlanden!

61. Welche Gestaltungskriterien gelten für Sargsträuße?

62. Wie arbeitet man eine Sargdecke?

63. Wie bereitet man eine Dekoration in der Friedhofshalle für eine Trauerfeier vor?

64. Beschreiben Sie das Anfertigen eines Grabstraußes?

65. Welchen Vorteil hat das Arbeiten mit Sphagnummoos gegenüber Kunststoffen?

66. Erklären Sie Andrahttechniken!

67. Welche Grundsätze gelten für die Kranzgestaltung?

68. Nennen Sie allgemeine Grundsätze für die Gestaltung des Kranzschmuckes!

69. Welche Flechten und welche Moose kann man in der Friedhofsgärtnerei verarbeiten?

70. Nennen Sie Nadelgehölze, deren Grün für Kränze verwendet wird!

71. Welche Arbeiten fallen im Frühjahr bei der Grabpflege an?

72. Von welchen Gegebenheiten hängt es ab, wie häufig ein Grab zu gießen ist?

73. Bereits bei der Bepflanzung eines Grabes kann man berücksichtigen, daß möglichst wenig Pflanzenschutzmaßnahmen durchgeführt werden sollen. Was ist zu beachten?

74. Außer Kränzen, Sarg- und Grabsträußen arbeiten Friedhofsgärtner andere floristische Werkstücke. Welche Gestaltungsregeln gelten für gesteckte Schalen?

75. Welche Gestaltungsregeln gelten für bepflanzte Gefäße?

76. Nennen Sie Ansprüche an Kondolenzsträuße hinsichtlich der Gestaltung!

77. Erklären Sie den „Goldenen Schnitt"!

78. Geben Sie Beispiele an für verschiedene Blattstrukturen!

79. Wie wird Islandmoos gehandelt?

80. Beschreiben Sie die Lagerhaltung in einer Friedhofsgärtnerei!

81. Auf Friedhöfen stellt sich die Frage, was mit Schnittabfall bei der Grabpflege geschehen soll. Machen Sie Vorschläge!

82. Kunststoffe sind auf vielen Friedhöfen verboten.
Nennen Sie Möglichkeiten, auf andere Stoffe auszuweichen!

83. Noch immer sind Stiefmütterchen (Viola-Wittrockiana-Hybriden) gefragte Pflanzen.
Welche Anforderungen stellt man an die Kultur?

84. Was müssen Sie beachten, wenn Sie bei einer Grabanlage als Rahmenbepflanzung größere Gehölze setzen?

85. Nennen Sie Frühjahrsblüher für eine Wechselbepflanzung!

86. Nennen Sie blühende Pflanzen für den Sommerflor!

87. Welche Pflanzen eignen sich für eine Rahmenbepflanzung?

88. Nach welchen Kriterien suchen Sie die Pflanzen für eine Grabneuanlage aus?

89. Sie haben drei Kranzunterlagen zur Verfügung: 50/10, 50/12 und 50/14.
Welche verwenden Sie jeweils für Rentierflechte (Islandmoos), Blautanne, Magnolienblätter?

90. Maschinen auf Friedhöfen sollen vor allem leise arbeiten.
Welche Maschinen benötigt man?

91. Nennen Sie grob den Prozentsatz der Kosten in einer Friedhofsgärtnerei!

92. Wie kann man die Kosten in einer Friedhofsgärtnerei senken?

1. Wieviel Minuten sind 2820 Sekunden?

① 28,2 ② 47 ③ 4,7 ④ 282

2. Wieviel Minuten und wieviel Sekunden sind 36,70 Minuten?

① 36 min 42 sec ② 36 min 70 sec ③ 36 min 4,2 sec ④ 36 min 7 sec

3. Ein Kilometer hat wieviel Dezimeter?

① 1000 dm ② 10000 dm ③ 100 dm ④ 100 000 dm

4. Wieviel Kilogramm hat 1 dt?

① 1000 kg ② 10 kg ③ 100 kg ④ 10000 kg

5. Die Umrechnungszahl für Raummaße ist 1000. 1 Kubikmeter hat

① 1000 Kubikdezimeter
② 1000000 Kubikdezimeter
③ 100 Kubikdezimeter
④ 10000 Kubikdezimeter

6. Wie heißt die Formel für die Geschwindigkeit?

① $v = \frac{s}{t}$ ② $V = a \cdot b \cdot h$ ③ $v = s \cdot t$ ④ $v = \frac{t}{s}$

7. Die relative Luftfeuchtigkeit beträgt 75 %. Die Sättigungsmenge liegt bei 22,5 g/m³ Luft. Wieviel Wasserdampf sind in 1 m³ Luft enthalten?

① 333,33 g ② 16,875 g ③ 29,999 g ④ 75 g ⑤ 22,5 g

8. Ein Landregen brachte 11,3 mm Niederschlag. Wieviel Liter Wasser sind das auf eine Fläche von 4,2 ha?

① 113 l ② 4200 l ③ 474,6 l ④ 4746 l 474600 l

9. Der Niederschlag wird in „mm" gemessen. Was bedeutet 15 mm Niederschlag?

① 15 l auf 1 cm^2 ② 15 l auf 1 dm^2 ③ 15 l auf 1 m^2 ④ 15 l auf 10 m^2 ⑤ 15 l auf 1 ha

10. Wieviel Zinstage hat ein Monat? (Girokonto)

① Genau soviel wie Monatstage (Kalendertage)
② Immer 28 Tage ③ Immer 31 Tage ④ Immer 30 Tage

11. Stellen Sie die Formel für das Zinsrechnen so um, daß Sie die Zeit (i oder t) erhalten! $z = \frac{k \cdot t \cdot p}{100 \cdot 360}$

① $t = \frac{k \cdot t \cdot p}{100 \cdot 360}$ ② $t = \frac{z \cdot 100 \cdot 360}{k \cdot p}$ ③ $t = \frac{z \cdot 100 \cdot k}{360 \cdot p}$ ④ $t = \frac{z \cdot 360}{100 \cdot p \cdot k}$

12. Ein Guthaben von 5800,00 DM wird mit 8 % verzinst. Wie hoch ist das Guthaben nach 4 Monaten?

① 5954,67 DM ② 7192,00 DM ③ 5858,08 DM ④ 6150,00 DM

13. Ein Girokonto wurde für 30 Tage um 5000,00 DM überzogen bei einem Überziehungszins von 18 %. Wieviel Zinsen sind dafür zu zahlen?

① 750,00 DM ② 75,00 DM ③ 7,50 DM ④ 25,00 DM

14. Bei einer günstigen Zahlungsbedingung zahlen Sie statt 134,40 DM nur 114,24 DM. Wieviel Prozent beträgt der Nachlaß?

① 15 % ② 85 % ③ 11,76 % ④ 6,67 %

15. Sie kaufen 3100,00 öS zum Kurs von 14,14. Wieviel DM müssen Sie bezahlen?

① 219,24 DM ② 456,13 DM ③ 45,61 DM ④ 438,34 DM

16. Auf einen Rechnungsbetrag von 2700,00 DM werden 15 % Rabatt und 2 % Skonto gewährt bei Barzahlung innerhalb 8 Tagen. Wieviel ist zu zahien?

① 2241,00 DM ② 2412,00 DM ③ 2295,00 DM ④ 2249,10 DM

17. Die Miete für ein Ladenlokal wurde um 17 % auf 1171,00 DM erhöht. Wieviel DM betrug die Miete vorher?

① 959,00 DM ② 971,93 DM ③ 1370,07 DM ④ 1000,85 DM

18. Ein Gärtner bezahlt eine Rechnung mit 2 % Skonto innerhalb 8 Tagen. Das sind 29,10 DM. Wieviel DM beträgt der Rechnungspeis?

① 145,50 DM ② 296,94 DM ③ 58,20 DM ④ 1425,90 DM ⑤ 1455,00 DM

19. In einem Verkaufsraum wird die Ausstellungsfläche umgebaut. Der Kostenvoranschlag lautete auf 4 800,00 DM. Die Abrechnung beträgt 5139,40 DM. Wieviel Prozent beträgt die Verteuerung?

① 7,7 % ② 9,3 % ③ 0,93 % ④ 7,07 %

C-1 Mathematik — Konventioneller Teil

20. Ein Darlehen wurde am 15. April zu 9,25 % ausgegeben und am 14. Dezember des gleichen Jahres zurückgezahlt. Mit der Rückzahlung waren 1473,84 DM Zinsen zu zahlen. Wieviel DM betrug das Darlehen?

21. Ein Gärtner hat 2600,00 DM auf der Sparkasse und dafür in 11/2 Jahren 175,50 DM Zinsen bekommen (ohne Zinseszins). Für 1300,00 DM kaufte er Wertpapiere, die ihm halbjährlich 55,25 DM bringen.

a) Berechnen Sie den Zinsfuß bei der Sparkasse!
b) Wieviel Prozent Zinsen bringen die Wertpapiere jährlich?

22. Ersparnisse von 45 000,00 DM wurden als Festgeld angelegt. Vom 12.2. bis 24.12. wurden für die ersten vier Monate 4,25 % Zinsen gezahlt, für die restliche Zeit 4,75 %. Über welchen Betrag kann der Anleger am 24.12. verfügen?

23. Am 5. April geben Sie einen Wechsel über 1027,00 DM zur Bank. Wert 30.06., unversteuert. Die Bank berechnet 12 % Diskont und 3,25 DM allgemeine Kosten. Welcher Betrag wird Ihnen gutgeschrieben?

24. Für eine Jungpflanzenlieferung sind zu zahlen 2184,00 DM. Die Zahlungsbedingungen lauten „10 Tage 2,5 % Skonto". Sie nutzen das aus. Wieviel haben Sie zu zahlen?

25. Die Zahlungsbedingungen sind günstig und wir zahlen statt 154,60 DM nur 131,41 DM. Wieviel % beträgt der Nachlaß?

26. Ein Kunde schuldet einen Rechnungsbetrag von 925,00 DM, der am 10. August fällig war. Sie mahnten im Oktober. Der Kunde teilt Ihnen mit, daß er bereit ist, am 16. November einschließlich 8,5 % Verzugszinsen zu zahlen.

a) Wieviel DM Verzugszinsen fallen an?
b) Wieviel hat der Kunde am 16.11. zu zahlen?

27. Bei einer Pflanzensendung im Wert von 723,60 DM sind Pflanzen im Wert von 187,40 DM verdorben. Der Lieferer ist bereit, 50 % des Schadens zu übernehmen.

Berechnen Sie: a) den Anteil der verdorbenen Ware in Prozent;
b) den zu zahlenden Rechnungsbetrag!

28. Für jeweils 100 Topfpflanzen erhalten Sie im Februar 12 % weniger, im März nochmals 7 % und dann 306,90 DM. Wieviel kosteten die Pflanzen im März und im Februar?

29. Ein Schleifendruckapparat kostet bei Zahlung in Monatsraten 1419,75 DM. In diesem Betrag ist ein Zuschlag von 12,5 % enthalten.

Berechnen Sie: a) den Barpreis; b) den Teilzahlungszuschlag;
c) den Nettopreis bei 2 % Skonto bei Barzahlung;
d) die Ersparnis in Prozent gegenüber dem Teilzahlungspreis!

30. Für einen Kunden erfüllen Sie einen Sonderwunsch und kaufen für ihn eine Dekorationspflanze zum Preis von 155,00 DM ein. Den Verkaufspreis kalkulieren Sie mit 80 % Geschäftskosten, 20 % Gewinn. Berechnen Sie den Bruttoverkaufspreis (einschl. Mehrwertsteuer von 7 %)!

31. Der durchschnittliche Umsatz je beschäftigte Person stieg im gleichen Zeitraum von 91 200,00 DM auf 94 500,00 DM. Berechnen Sie diesen Prozentsatz!

32. Nach einer Mieterhöhung um 20 % beträgt die Jahresmiete für die Geschäftsräume 22 284,00 DM für 120 m^2.

a) Wieviel betrug die Jahresmiete vor der Mieterhöhung?
b) Wie hoch war der Umsatz/m^2 bei einem Gesamtumsatz von 658 365,00 DM?

33. Ein Gärtner versichert seinen Verkaufspavillon gegen Feuerschaden mit 635 000,– DM zu 2 1/4 ‰ Prämie. Für das Inventar und die Lagerbestände schließt er noch einen Vertrag über 157 000,– DM zu einem Satz von 0,9 ‰ Prämie ab.

Wieviel DM sind jährlich insgesamt zu zahlen?

34. Ein Gärtner kauft ein Grundstück für 16,00 DM/m². Es ist 4 400 m² groß. An Kosten kommen hinzu: Grunderwerbssteuer 2 %; 2 Tore je 800,00 DM; ein Zaun für 6 400,00 DM. Der Zaun beansprucht ca. 1 % der Fläche, die Wege weitere 10 %.

Wieviel kostet 1 m² Nutzfläche?

35. Ein Gartenbaubetrieb mit Ladengeschäft bezieht 150 Grünpflanzen und 120 Blütenpflanzen zum Gesamtpreis von 984,00 DM. Beim Auspacken stellte man fest, daß 5 Grünpflanzen und 8 Blütenpflanzen beschädigt und unverkäuflich sind. Um den Schaden auszugleichen und die Gewinnspanne von 328,70 DM zu erhalten, wird der Preis für eine Grünpflanze um 1,50 DM und der Preis für eine Blütenpflanze um 1,40 DM erhöht.

Wieviel kostete eine Pflanze jeder Gruppe im Einkauf?

36. Sie erhalten zwei Angebote über je 100 000 Kunststofftöpfe:
Angebot A: 8 000,00 DM mit 20 % Rabatt zzgl. 15 % MwSt.
Angebot B: 7 500,00 DM mit 15 % Rabatt zzgl. 15 % MwSt.

Welches Angebot ist günstiger und wieviel beträgt die Differenz?

37. Ein LKW kostet 92 000,00 DM. Die Nutzungsdauer beträgt 8 Jahre. Die Verzinsung beträgt 7,5 % vom halben Anschaffungspreis. Für Versicherung und Steuer müssen Sie jährlich 2 567,00 DM aufbringen.

Wie hoch sind die jährlichen Fixkosten?

38. Die durchschnittliche Vergütung je beschäftigte Person erhöhte sich in zwei aufeinanderfolgenden Jahren von 24 725 DM auf 26 750 DM.

Wieviel Prozent sind das?

39. Ein Gärtnergehilfe arbeitet im Monat 200 Stunden. 30 davon werden als Überstunden mit einem Aufschlag von 50 % bezahlt.

Wie groß ist sein Bruttoverdienst bei einem Stundenlohn von 17,00 DM?

40. Bei einem Stadtteilfest arbeiten 5 Gartenbaubetriebe zusammen. Sie teilen sich ihrer aufgewendeten Arbeitszeit entsprechend den Gewinn von 16 800,00 DM. Gärtnerei A trug 1/4 bei, Gärtnerei B 1/5; Gärtnerei C 1/6; Gärtnerei D 1/3 und Gärtnerei E den Rest.

Wieviel DM erhält jeder Betrieb?

41. An einer Dekoration sind 3 Gärtner beteiligt. Sie erhalten als Arbeitslohn insgesammt 6 000,00 DM. Der Arbeitszeit entsprechend erhält A 1/4; B 1/5 und C den Rest.

Wieviel erhält jeder? Wie hoch ist der Anteil von C?

42. Für die Balkonpflanzensaison werden zwei Aushilfskräfte eingestellt. Sie verdienen bei 8stündiger Arbeitszeit in 6 Tagen 864,00 DM.

Wieviel DM verdienen sie bei 6stündiger Arbeitszeit an 4 Tagen?

43. Wieviel Arbeitskräfte (AK) müssen zusätzlich eingestellt werden, um die Arbeitszeit der 2 Aushilfskräfte (48 Stunden) in den 4 Tagen bei 8 Stunden zu erreichen?

44. Eine größere gärtnerische Arbeit kann von 4 Gärtnern in 3 Tagen erledigt werden, wenn sie täglich 7 Stunden daran arbeiten. Ein Gärtner fällt aus.

Wieviel Stunden müssen die verbleibenden drei Gärtner täglich mehr arbeiten, um in der vorgesehenen Zeit fertig zu werden?

45. An einer Pflanzmaschine arbeiten 5 Personen. 2 000 Jungpflanzen können pro Stunde gesetzt werden.

Wieviel Pflanzen pflanzt eine Person bei einer Arbeitszeit von 7 Stunden?

46. Gärtner A. besitzt einen rechteckigen Bauplatz mit den Maßen 75 m lang und 28 m breit. Er verkauft ein Drittel des Bauplatzes für 136,50 DM/m^2.

Berechnen Sie: a) den Preis für den verkauften Platz;
b) die Größe des restlichen Platzes!

47. Ein Blumenfenster soll eingerichtet werden. Die äußeren Maße sind: Länge 2,20 m; Breite 0,55 m; Höhe 0,45 m. Die Wandstärke beträgt 1,8 cm.

Berechnen Sie den Rauminhalt der Pflanzwanne in Liter!

1. Wieviel Quadratmeter sind 15,25 Ar?

① 1525 m^2 ② 1,525 m^2 ② 15,25 m^2 ④ 0,1525 m^2 ⑤ 152,5 m^2

2. Flächenmaße rechnet man mit 100 um. Wieviel Quadratmeter hat 1 ha?

① 100 m^2 ② 1000 m^2 ② 1000 000 m^2 ④ 10 000 m^2

3. Ein Rechteck hat die Seiten a = 7 cm; b = 8 cm. Sein Umfang beträgt

① 56 cm ② 15 cm ② 30 cm ④ 24 cm

**4. Ein Quadrat hat die Seitenlänge a = 15,20 m.
Welche Länge hat die Diagonale?**

① 7,75 cm ② 16 cm ② 21,5 cm ④ 28 cm

5. Eine quadratische Ausstellungsfläche von 13,60 m Seitenlänge wird mit 80 cm langen Randsteinen gefaßt. Wieviel Randsteine sind zu bestellen?

① 100 Stück ② 54 Stück ② 68 Stück ④ 231 Stück

**6. In einem rechtwinkeligen Dreieck betragen die Seiten a = 6 cm; b = 8 cm.
Wie groß ist die Hyothenuse?**

① 48 cm ② 10 cm ② 7 cm ④ 14 cm

7. Sie haben ein Gelände vermessen und stellen es zeichnerisch dar im Maßstab 1:500. Das bedeutet z. B. für eine Strecke von 35 m sind auf dem Plan zu zeichnen

① 70 cm ② 17,5 cm ② 7,00 cm ④ 1,75 cm

**8. Von einem Plan im Maßstab 1:300 nehmen Sie eine Strecke von 8 cm ab.
Wie lang ist sie in der Natur?**

① 24 m ② 240 m ② 24 cm ④ 2,4 km

9. Wie lang ist eine Strecke in Wirklichkeit, die auf einer Zeichnung im Maßstab 1:40 5,2 cm lang ist?

① 28 cm ② 208 cm ② 20,8 cm ④ 280 cm

10. Kennzeichnen Sie die Streckenlängen, mit denen Sie einen rechten Winkel abstecken können!

① 2m; 3m; 4m ② 5m; 6m; 7m ② 3m; 4m; 5m ④ 1,5m; 4,5m; 5,5m

11. Berechnen Sie den Kreisring: r_1 = 100 cm; r_2 = 50 cm.

① 23 550 cm^2 ② 314 cm^2 ② 3,14 m^2 ④ 235,50 m^2

12. Berechnen Sie den Kreisausschnitt: r = 5,5 cm; α 60°

① 17,27 cm^2 ② 15,83 cm^2 ② 103,62 cm^2 ④ 5,75 cm^2

13. Die Stehwand eines Gewächshauses soll verglast werden. Wieviel Quadratmeter Glas benötigt man bei 25 m Länge und 2,20 m Höhe der Stehwand?

① 550 m^2 ② 5 500 m^2 ② 55 m^2 ④ 5 500 cm^2

14. Wie lautet die Formel für die Berechnung des Umfanges einer Ellipse?

① $\pi \cdot a \cdot b$ ② $\pi \cdot \frac{D + d}{2}$ ② $d \cdot \pi$ ④ $a + b + c$

15. Das zu bestellende Feld ist 1 a groß. Wieviel Pflanzen sind nötig, wenn im Abstand 20 cm x 20 cm geflanzt wird?

① 4 000 Stück ② 500 Stück ② 2 500 Stück ④ 1 000 Stück ⑤ 5 000 Stück

16. Wieviel Platz steht einer Pflanze zur Verfügung bei einer Standweite von 24 cm x 12 cm

① 72 cm^2 ② 7,2 dm^2 ② 288 dm^2 ④ 288 cm^2

17. Auf einer Nutzflache von 50 m x 12 m sollen 1100 Pflanzen stehen. Wieviel Standraum erhält jede Pflanze (in dm^2)?

① 54,55 dm^2 ② 5,46 dm^2 ② 545,5 dm^2 ④ 5454,54 dm^2

18. 600 l Spritzbrühe eines Pflanzenschutzmittels enthalten 1500 cm^3 eines Mittels. Wieviel % beträgt die Konzentration?

① 25 % ② 2,5 % ② 2,5 ‰ ④ 25 ‰

19. Welche Spritzbrühe wurde richtig angesetzt, wenn auf der Packung die Anwendungsvorschrift 0,35 % lautet? Für 100 l Spritzbrühe wurden verwendet

① 3,5 cm^3 ② 350 cm^3 ② 35 cm^3 ④ 0,35 cm^3

20. Bei einer Keimprobe keimten von 25 ausgelegten Samen 18 Stück. Wieviel Prozent beträgt die Keimfähigkeit?

① 72 % ② 13,8 % ② 45 % ④ 18 %

C-2 Mathematik — Konventioneller Teil

21. Wieviel Kilogramm eines Düngemittels werden für 400 l Düngerlösung bei einer Konzentration von 0,35 % benötigt?

22. Auf einer Fläche, die als Trapez ausgebildet ist, soll eine Flüssigdüngung durchgeführt werden. Die Fläche hat folgende Maße: a = 230,00 m; c = 180,00 m; h = 85,00 m.

a) Wieviel Liter Düngelösung sind bei einer Gabe von 200 cm^3/m^2 auszubringen?
b) Wieviel Liter Flüssigdünger sind für eine 0,25 %ige Lösung aufzuwenden?

23. Ein Spritzmittel kostet 7 DM/kg.
Wieviel DM kostet das Mittel für 1000 l Spritzbrühe bei einer Konzentration von 1,8 ‰?

24. Wieviel Gramm eines Pflanzenschutzmittels benötigt man für 300 l Spritzbrühe von 0,03 %?

25. In einem Wasserbecken soll eine 0,3 %ige Düngerlösung angesetzt werden.
Das Becken ist 2,20 m lang, 0,90 m breit und 1,20 m tief. Das Becken ist zu 314 gefüllt.

a) Wieviel Liter Wasser enthält das Becken?
b) Wieviel Düngesalz muß zugegeben werden?

26. Ein Gewächshaus muß begast werden. Zum Beispiel rechnet man für Alphos-Sprühdose pro 100,00 m³ 11 sec Sprühzeit.
Wie lange muß gesprüht werden, wenn das Haus folgende Maße hat:

Stehwand	2,00 m
Firsthöhe	4,90 m
Hausbreite	12,00 m
Hauslänge	45,00 m

27. Berechnen Sie den Rauminhalt eines Komposthaufens:
Grundfläche: 24,50 m x 3,20 m **Deckfläche: 22,60 m x 2,80 m**

Höhe: 1,50 m Die Auflockerung bei der Umsetzung beträgt 25 %

28. Für das Frühjahrsgeschäft sollen 8 500 Pelargonien fertig sein.
Sie werden in 11er Töpfe eingetopft.
Wieviel Erde ist bereitzustellen, wenn der Topf folgende Maße (innen) hat:

Oberer Durchmesser 11cm; unterer Durchmesser 7 cm; Höhe 9,5 cm

29. Eine Feldspritze hat einen Durchmesser von 0,90 m und eine Länge von 2,50 m.
Berechnen Sie:

a) den Inhalt,
b) die Spritzmittelmenge, die zugegeben werden muß, damit eine 0,25 %ige Lösung entsteht
c) Welche Fläche kann damit abgespritzt werden, wenn man pro Hektar 600 l rechnet?

30. Ein Wasserbecken mit einer kreisförmigen Bodenfläche soll mit Wasser gefüllt werden.
Durchmesser 6,80 m; Höhe 0,55 m.

a) Wieviel Liter Wasser faßt das Becken, wenn es bis 10 cm unter den Rand gefüllt werden soll?
b) Wieviel Zeit wird zum Füllen benötigt, wenn in 1 Minute 40 Liter Wasser einlaufen?

31. Für eine „Begrünungsaktion" stellt eine Bürgerinitiative in Zusammenarbeit mit Baumschulen 15 000 Laubgehölze als Stämme zur Verfügung.

Wieviel Hektar Land müssen dafür bereitgestellt werden, wenn 1,5 m x 0,7 m gepflanzt werden soll?

1. Welchen Gebrauchswert hat Saatgut, wenn seine Reinheit 96 % beträgt, die Keimfähigkeit 89 %?

① 85,44 % ② 107,9 % ③ 92 7 l % ④ 70 %

2. Es soll eine 0,2 %ige Lösung Spritzbrühe angesetzt werden. Welche Menge Spritzpulver wird für 12 l Wasser benötigt?

① 18 g ② 24 g ③ 18 ml ④ 24 ml

3. Mit einem flüssigen Spritzmittel soll eine 0,3 %ige Lösung für 24 l Wasser hergestellt werden. Welche Menge von dem fiüssigen Mittel werden benötigt?

① 72 g ② 0,72 g ③ 7,2 ml ④ 72 ml

4. Ein Pflanzenschutzmittel wird 0,2 %ig angesetzt. Die Wassermenge beträgt 15 l. Wieviel Gramm sind anzuwenden?

① 15 g ② 30 g ③ 7,5 g ④ 60 g ⑤ 300 g

5. 5 l einer 15 %igen Düngerlösung sollen mit Wasser auf 0,3 % verdünnt werden. Wieviel Liter Wasser sind zuzusetzen?

① 245 l ② 75 l ③ 225 l ④ 73,5 l

6. Ein Düngemittel soll so ausgebracht werden, daß 1700 kg auf 1 ha gestreut werden. Wieviel Gramm sind das auf 1 m²?

① 17 g/m² ② 170 g/m² ③ 1,7 kg/m² ④ 1,7 g/m²

7. Ein Kalkboden verliert jährlich ca. 800 kg Reinkalk pro Hektar. Wieviel Reinkalk, z.B. 50 %iger Hüttenkalk, muß in jedem 2. Jahr dem Boden gegeben werden?

① 3,2t ② 32t ③ 16dt ④ 1,6t

8. Wieviel Kilogramm eines Düngesalzes sind für 500 l Düngerlösung nötig, wenn die Konzentration 0,2 % betragen soll?

① 0,2 g ② 100 g ③ 1 kg ④ 10 g

9. Eine Rasenfläche soll mit 8 g rein N/m² gedüngt werden. Berechnen Sie, wieviel Schwefelsaures Ammoniak (20 % N) für eine Fläche von 80 m x 60 m zu geben ist?

① 38,4 kg ② 384 kg ③ 19,2 kg ④ 192 kg

10. 2 m³ Erde sind abzufahren. Wieviel Schubkarren müssen gefahren werden, wenn 1 Schubkarre ca. 80 l faßt?

① 16 Karren ② 40 Karren ③ 12,5 Karren ④ 25 Karren ⑤ 4 Karren

11. Blaukorn soll mit 6 dt/ha gestreut werden. Wieviel Gramm je Quadratmeter sind das?

① 60 g ② 6 g ③ 10 g ④ 100 g ⑤ 16,6 g

12. Für eine gärtnerische Kultur errechnet man 7 345,754 Tagesquadratmeter. Wieviel Monatsquadratmeter sind das?

① 7315,754 ② 2203,726 ② 245 ④ 425

13. Porree soll gepflanzt werden im Abstand 40 x 15. Wieviel Pflanzen benötigt man für 3 a?

① 500 Stück ② 3000 Stück ② 6000 Stück ④ 5000 Stück

14. In einem Obstbaubetrieb sollen Birnen (Büsche) gepflanzt werden. Das Grundstück ist 90 m lang und 80 m breit. Der Pflanzabstand beträgt 6 m x 6 m. Wieviel Büsche sind zu besorgen?

① 2000 Stück ② 200 Stück ② 360 Stück ④ 720 Stück

15. Die Unterlage für einen Römerkranz soll 80 cm Durchmesser (außen) haben. Wie breit muß der Kranzkörper sein, wenn das Verhältnis Kranzkörper zu Kranzöffnung 1 : 1,6 betragen soll?

① 22 cm ② 31 cm ② 27 cm ④ 36 cm ⑤ 4 cm

16. In einer Friedhofsgärtnerei brauchte man in der vergangenen Woche folgende Längen Kranzband:
25 cm, 50 dm, 470 cm, 5600 mm, 8 m, 1000 mm, 30 dm, 47 cm.
Wieviel Meter sind das insgesamt?

① 2010 m ② 2802 m ② 270 m ④ 28,02 m

17. An einem Tag kauften die Kunden in einem Endverkaufsbetrieb Pflanzenerde in folgenden Mengen:
700 g; 3 kg; 30120 g, 800 g; 12 Pfund; 750 g; 2500 g; 1,7 kg

Wieviel Erde verkaufte man insgesamt?

① 45,570 kg ② 3327,12 kg ② 71,7 kg ④ 455,70 kg

18. Handelsware kalkuliert man mit dem Kalkulationsfaktor. Darunter fallen z.B. Trockenblumen. Wie teuer muß eine Ware verkauft werden, die mit 350,00 DM eingekauft wurde und mit 2,3176 zu kalkulieren ist?

① 352,32 DM ② 501,00 DM ② 700,00 DM ④ 811,16 DM

19. In einem Schaufenster wird in den Abendstunden die Beleuchtung für 4 Stunden eingeschaltet. Es brennen dann 15 Lampen zu je 100 Watt und 12 Punktstrahler mit je 75 Watt Verbrauch pro Stunde. Wieviel Kilowattstunden verbrauchen Lampen und Punktstrahler vom 15. Oktober bis 15. Dezember?

① 576 kWh ② 57,6 kWh ② 585,6 kWh ④ 5856 kWh

20. Berechnen Sie die Kosten für diese Abendbeleuchtung bei einem kWh-Preis von 0,35 DM und einer monatlichen Zählermiete von 15,80 DM!

① 236,56 DM ② 204,96 DM ② 201,60 DM ④ 232,90 DM

21. Stellen Sie die Formel für das Volumen eines Würfels um nach a! $V = a^3$

① $a = \frac{V}{3}$ ② $a = 3\,V$ ② $a = \frac{1}{3}\,V$ ④ $a = \sqrt[3]{V}$

22. **Für die Frühjahrsbestellung sollen Sommerblumen ausgesät werden. Es werden 3500 Stück gebraucht. Wieviel Gramm Samen muß man säen, wenn das Saatgut eine Reinheit von 97 % und eine Keimfähigkeit von 85 % hat? 1 g Saatgut hat 500 Korn.**

23. **8500 Pelargonien (F1-Hybr.) werden zum Frühjahr benötigt. Berechne den Saatgutbedarf, wenn die Reinheit 58 %, die Keimfähigkeit 78 % beträgt! Bei der Kulturführung sind mit 5 % Ausfall durch Kulturfehler zu rechnen!**

24. **Auf Grundbeeten in einem Gewächshaus sollen Chrysanthemen (Kurztagskultur) gepflanzt werden. Die Grundfläche beträgt 360,00 m², der Wegeanteil 25 %. Die Pflanzen sollen im Abstand 12,5 cm x 15 cm gepflanzt werden. Wieviel Pflanzen müssen eingekauft werden?**

25. **Sie verkaufen Gloxinien:**

in der 1. Woche	200 Stück zu DM 5,00/Stück
in der 2. Woche	500 Stück zu DM 4,50/Stück
in der 3. Woche	1000 Stück zu DM 4,00/Stück
in der 4. Woche	300 Stück zu DM 3,50/Stück

Berechnen Sie den Durchschnittspreis!

26. **Kübelpflanzen werden im Herbst eingeräumt. Wieviel Platz wird benötigt?**

Pflanzenart	Pflanzen-durchmesser	Stück-zahl	Vierecksverband Fläche in Quadratmeter
Abutilon-Hybriden	68 cm	15	
Chamaerops humilis	86 cm	7	
Fuchsia-Hybriden	70 cm	23	
Nerium oleander	75 cm	15	

27. **Legen Sie Kunststoffpaletten bereit für**

Pflanzenart	Topfgröße	Anzahl je Palette	Menge	Paletten
Ageratum houstonianum	8 cm	12	2000	
Begonia-Elatior-Hybriden	10 cm	6	1320	
Fuchsia-Hybriden	13 cm	2	120	

28. **Wieviel Quadratmeter Transportraum benötigen Sie bei einer Palettengröße von 40 cm x 30 cm, für die Fuchsien 40 cm x 18 cm?**

29. **In einer Kulturanweisung steht: Düngergabe 1 mg Reinnährstoff je 100 g Boden. Wieviel Kilogramm Reinnährstoff müssen pro Hektar gestreut werden, wenn der Boden ein spezifisches Gewicht von 1,5 hat und 20 cm Ackerkrume berücksichtigt werden?**

30. Laut Bodenanalyse fehlen pro Liter Boden 9 mg N und 12 mg P_2O_5. Der Boden soll auf einer Fläche von 65,00 x 48,00 m in einer Tiefe bis zu 25 cm aufgedüngt werden. Berechne a) die Reinnährstoffmenge und b) die Düngemenge, wenn als N-Dünger KAS = 26 % N und für P_2O_5 = Thomasmehl = 18 % P_2O_5 genommen werden.

31. Es sind zu düngen: 8500 Hortensien mit Hakaphos 3‰. Jeder Topf soll 0,05 l Düngelösung erhalten.

a) Wieviel Liter Düngelösung und wieviel Kilogramm Hakaphos werden benötigt?
b) Wieviel Gramm Hakaphos sind pro Liter zuzugeben?

32. 12000 Pflanzen sollen in 12er-Töpfe (700 cm^3) getopft werden.

a) Wieviel Kubikmeter Erde sind nötig?
b) Wieviel Kilogramm Dünger sind notwendig, wenn man pro Kubikmeter Erde 3,5 kg Dünger zugibt?
c) Wieviel Gramm Reinnährstoff werden zugesetzt bei einem N : P : K-Verhältnis von 15 : 7 : 10?

33. Die Außenmaße eines Bandfundamentes in einem Gewächshaus betragen 20 m Länge, 12 m Breite, 0,70 m Tiefe und 0,30 m Fundamentbreite.

Wieviel Kubikmeter Beton müssen bestellt werden, wenn man mit 15 % Stampfverlust rechnet?

34. An drei Mitarbeiter in einem Gartenbaubetrieb soll eine Umsatzprämie von 4 575,00 DM dem Einkommen entsprechend verteilt werden.

A 1. Gehilfe	2425,00 DM
B 2. Gehilfe	1455,00 DM
C Auszubildender	485,00 DM

a) In welchem Verhältnis wird die Prämie gezahlt?
b) Wieviel DM erhalten die einzelnen Mitarbeiter?

35. Anläßlich einer Ausstellung soll an einer Hallenrückwand ein Dreieck als Kontrast farbig ausgemalt werden. Die Maße sind a = 12,5 m; b = 8,6 m; c = 15,5 m. Für wieviel Quadratmeter ist Farbe zu besorgen? Um voll zur Wirkung zu gelangen, sollte das Dreieck mindestens 6 m hoch sein.

Wie groß ist seine Höhe?

36. Bei einem Ausstellungsstand sind nur die Seiten bekannt: a = 3,1 m; b = 5,4 m; c = 2,5 m. Jeder Stand soll eine Fläche von 2 m^2 haben. Wurde der Teilnehmer gerecht bedacht? Für seine Arbeiten benötigt er eine Fläche, die mindestens an einer Stelle 1,5 m tief ist.

Wie lang ist die Höhe im vorgesehenen Dreieck? (Satz des Heron!)

37. Bei einem Kunden ist ein Rosenbeet anzulegen. Das Beet ist 4,20 m lang und 1,80 m breit. Die Rosen haben einen Planzabstand von 30 cm x 30 cm.

Wieviel Rosen sind zu pflanzen? Wie teuer ist die Pflanzung, wenn eine Rose 4,20 DM kostet und nach VOB 30 % Pflanzkosten zu nehmen sind?

38. An einer Wohnsiedlung soll an den Häusern entlang ein vierläufiger Weg 2,40 m breit und 250,00 m lang angelegt werden. Der Weg muß 0,50 m tief ausgekoffert werden.

Wieviel Erde muß abgefahren werden bei einer Auflockerung von 20 %?

39. Eine quadratische Fläche wird mit Randsteinen eingefaßt, die 80 cm lang sind. Wieviel sind zu beschaffen bei einer Seitenlänge des Quadrates von 15,20 m? Eine Diagonale dieses Quadrates soll mit Hedera helix bepflanzt werden: je 12 cm 1 Pflanze, das Stück zu 0,45 DM.

Wieviel kosten die Pflanzen?

40. Eine Erdmiete hat die Maße: Grundfläche 3,00 m x 25,00 m; Deckfläche 2,50 m x 22,00 m; Höhe 1,50 m. Berechnen Sie:

a) die Erdmenge
b) die aufgelockerte Erde, wenn die Auflockerung 18 % beträgt
c) Wie oft muß ein LKW mit einer Ladefähigkeit von 6,00 m^3 fahren, wenn die Erde transportiert werden muß?

41. In einem Park sind 12 zylindrische Ringe 0,60 m tief in den Boden einzugraben und dann mit Erde zu füllen. Jeder Ring hat folgende Maße: 1. Gesamtdurchmesser 1,20 m; 2. Höhe 0,90 m; 3. Ringstärke 0,10 m.

a) Wieviel Erde muß ausgeschachtet werden?
b) Wieviel Substrat wird zum Füllen benötigt?

42. Eine Baugrube soll quer zum Hang ausgehoben werden. Hangabwärts ist sie 1,70 m tief und hangaufwärts 2,40 m tief auszuschachten. Die Grube ist 12,50 m lang und 10,50 m breit.

Wieviel Erde ist auszuschachten und abzufahren, wenn die Auflockerung 22% beträgt?

43. In einer Fußgängerzone sind 15 Pflanzschalen in Form von Kegelstümpfen mit Erde zu füllen und mit Sommerblumen zu bepflanzen. Der obere Innendurchmesser beträgt 2,00 m, der untere Innendurchmesser 1,40 m. Die Höhe ist 0,80 m.

a) Wieviel Erde wird für diese Pflanzschalen benötigt?
b) Die Pflanzen werden im Abstand von 0,30 cm x 0,20 cm gepflanzt.

Wieviel Sommerblumen werden insgesamt benötigt?

44. Über einem kreisrunden Teich von 22 m Durchmesser soll ein Steg errichtet werden, der genau über den Mittelpunkt führt. Er darf 80 cm breit sein.

Wie lang sind seine Seiten?

45. Ein Wasserbecken auf einer Ausstellung kann durch zwei Pumpen gefüllt werden. Durch die eine Pumpe wird es in 15 Minuten gefüllt, 10 Minuten benötigt man, wenn beide Pumpen eingesetzt werden. Welche Zeit benötigt die zweite Pumpe allein, um das Becken mit Wasser zu füllen?

46. In einer kreisrunden Vogeltränke soll ein Anflugplatz geschaffen werden (r = 20 cm). Der Anflugplatz soll rechteckig sein und eine (kurze) Seitenlänge von 13 cm haben. Zeichnen Sie die Vogeltränke im Maßstab 1:10 und messen Sie die Länge der zweiten Seite aus.

Wieviel Fläche geht für den Anflugplatz verloren (Satz des Thales!)?

47. Eine Rasenfläche soll 35 g N pro m^2 erhalten. Wieviel kg Schwefelsaures Ammoniak (21% N) werden für 210 m^2 benötigt?

48. Eine Rasenfläche soll mit Stickstoff gedüngt werden. Wieviel Stickstoff (N) benötigt man für eine Fläche von 83,00 m Länge und 38,70 m Breite, wenn pro Quadratmeter 9 g Reinstickstoff gerechnet wird?

Wieviel ist das an Floranid (28 % N), wieviel an KAS (26 % N)?

49. Eine Arbeitskolonne von 8 Personen soll 16 000 Pflanzen setzen.

Wieviel reine Pflanzzeit muß man veranschlagen, wenn eine Arbeitskraft in einer Stunde 260 Pflanzen setzt?

50. Auf einer Baustelle erhalten 6 Gärtner bei einer täglichen Arbeitszeit von 8 Stunden für 5 Arbeitstage einen Lohn von insgesamt 2280,00 DM.

Wieviel erhalten 15 Gärtner, die vor Ausstellungseröffnung an 12 Tagen je 7 Stunden arbeiten?

51. Für eine Gartenbauausstellung sollten 6 Gärtner jeweils 14 Stunden arbeiten. Die Aufbauzeit wurde jedoch verkürzt. In welcher Zeit können 8 Gärtner den Aufbau schaffen?

52. Berechnen Sie den Höhenunterschied zwischen den einzelnen Punkten und den Gesamthöhenunterschied!

Stp	Punkt	Rückblick	Vorblick	Differenz
	A	3,946	–	
I	B	–	0,527	
	B	3,654	–	
II	C	–	0,143	
	C	3,871	–	
III	D	–	0,239	

53.

Stp	Punkt	Rückblick	Vorblick	Differenz	Höhe über NN	Entfernung in m	Bemerkg.
	FPA	0,385	–		10 000 m	32,70	Festpunkt A= Höhenbolzen Parkstr. 18
I	B	–	2,837			47,30	
	B	0,476	–			65,40	
II	C	–	3,189			44,60	
	C	0,182	–			58,90	
III	D	–	3,425			61,10	
	E	0,374	–			49,35	
IV	F	–	3,856			50,65	

a) Berechne die Höhendifferenz zwischen Punkt A und F!
b) Woran ist zu erkennen, ob das Gelände von A nach F steigt oder fällt?
c) Wie hoch liegt der Punkt F über NN?

54.

Stp	Punkt	Rückbl.	Zwischenbl.	Vorblick	Differenz	Höhe über NN	Entfernung in m	Bemerkg.
	A	0,382	–	–		141,200	47,30	
I	A′	–	0,958	–				
	A″	–	1,435	–				
	B	–	–	3,496			52,70	
	B	0,453	–	–			38,10	
II	B′	–	1,674	–				
	C	–	–	2,987			41,90	
	C	0,316	–	–			48,25	
III	D	–	–	3,258			71,75	

a) Errechne die Höhendifferenz zwischen A und D!
b) Wieviel liegt demzufolge der Punkt D höher bzw. tiefer über NN als der Punkt A?
c) Wie weit liegen die Punkte A und D auseinander, wenn anzunehmen ist, daß eine gerade Linie vermessen wurde?
d) Das Gefälle, bzw. die Steigung von A nach F ist in % wie hoch?

55.

Stp	Punkt	Rückblick	Vorblick	Differenz	IH	Höhe über NN	Entfernung in m
	FPA	3,726	–			235,540	60,00
I	B	–	0,371				55,00
	B	3,258	–				65,00
II	C	–	0,176				50,00
	C	3,479	–				40,00
III	D	–	0,456				70,00
	D	3,187	–				35,00
IV	F	–	0,194				55,00
	F						

a) Liegt der Festpunkt A höher oder tiefer als Punkt F?
b) Wieviel höher (oder tiefer) über NN liegt Punkt F?
c) Bestimmen Sie den jeweiligen Instrumentenhorizont der einzelnen Standpunkte!
d) Berechnen Sie die Steigung bzw. das Gefälle von A nach F!

56. Ein Friedhofsgärtner hat folgende Rechnung zu begleichen:

Zapfen	462,30 DM
Kerzen	618,70 DM
Trockenblumen und Früchte	1032,80 DM
Band	228,45 DM

Wieviel DM zahlt er bei Abzug von 10 % Rabatt und 2 % Skonto innerhalb 8 Tagen?

57. Ein umfangreicher Auftrag ist nach Dänemark zu übermitteln. Es ist mit einer Gesprächsdauer von 12 Minuten zu rechnen. Eine Gebühreneinheit kostet 0,23 DM.

a) Wieviel kostet das Gespräch in der Zeit von 8 Uhr bis 18 Uhr (1 Gebühren-Einheit 12 Sekunden)
b) Welche Summe kann eingespart werden, wenn das Gespräch in der Zeit des ermäßigten Tarifes, z.B. Samstagvormittag, erfolgt (1 Gebühren-Einheit 16 Sekunden)?

58. In einer Woche verarbeitete eine Friedhofsgärtnerei

2,5 kg Stützdraht	zu 1,80 DM je kg
1,75 kg Wickeldraht	zu 1,95 DM je kg
1/8 kg Silberdraht	zu 2,50 DM je 1/2 kg
50,00 g Myrtendraht	zu 3,20 DM je kg
9,50 kg Steckdraht	zu 1,35 DM je kg

a) Für wieviel DM wurde Draht verarbeitet?
b) Berechnen Sie den um 5 % ermäßigten Preis für 5 kg jeder Sorte!

59. Eine Friedhofsgärtnerei kauft 24 kg Strohblumen ein. 18 kg kosten 51,35 DM/kg; 6 kg kosten 62,65 DM/kg.

a) Wieviel kostet 1 kg im Durchschnitt?
b) Zu welchem Preis können 100 g Strohblumen verkauft werden, wenn der Kalkulationsfaktor 1,8700 beträgt?

60. Zwei Friedhofsgärtnereien beziehen Abies procera „Glauca" zum Preis von 453,00 DM/100 kg. Gärtnerei A bekommt 88 kg; Gärtnerei B 64 kg.

Wieviel DM hat jeder zu bezahlen?

61. Zum Kranzbinden stehen zwei Maschinen zur Verfügung. Eine Maschine benötigt zum Binden einer bestimmten Anzahl von Kränzen 6 Stunden, die andere 9 Stunden. Anläßlich einer großen Beerdigung arbeitet 1 Maschine bereits 1 Stunde, dann wird Maschine 2 zusätzlich eingesetzt.

Wie lange müssen beide Maschinen noch gleichzeitig arbeiten, um die gewünschte Anzahl von Kränzen zu binden?

62. In einem Monat entstanden in einer Friedhofsgärtnerei 450,00 DM Werbekosten. Sie sollen auf das Hauptgeschäft und die Filiale dem Montsumsatz entsprechend verteilt werden. Das Hauptgeschäft setzte 43 750,00 DM um, die Filiale 12 500,00 DM.

Wieviel DM Werbekosten entfallen auf jedes Geschäft?

63. Für eine Saaldekoration gab ein Gärtner ein Angebot über 750 Rosen zum Stückpreis von 1,60 DM freibleibend zum Tagespreis ab. Durch einen Witterungseinbruch mußten Rosen hinzugekauft werden, die je Stück 1,80 DM kosteten.

Wieviel Rosen wurden von jeder Lieferung verarbeitet, wenn die Rechnung auf 1 252,00 DM lautete?

64. In Arbeitsraum mit den Maßen 4,5 m x 7,3 m soll einen neuen Bodenbelag erhalten. Dieser kostet je Quadratmeter 52,60 DM. An den Seiten wird eine Leiste verlegt, bei der für zwei Türen jeweils 90 cm auszusparen sind. Der Preis für 1 m Leiste beträgt 2,80 DM. Beim Bodenbelag entsteht ein Verschnitt von 3 %.

a) Wieviel kostet der Bodenbelag?
b) Wieviel kostet die Leiste?

65. Markisen haben im allgemeinen einen Neigungswinkel von 15°.

a) Wie lang ist das Markisentuch, wenn 1,80 m des Bürgersteiges überdacht werden sollen?
b) Wie hoch über dem Boden endet diese Markise, wenn das Schaufenster 3 m hoch ist?

66. Anläßlich einer Werbeveranstaltung arbeiten 13 Gärtner an 5 Tagen jeweils 8 Stunden vor Publikum. Dabei verdienen sie insgesamt 6 500,00 DM zusätzlich. Die Ausstellung wurde verlängert, und nunmehr sollen 9 Gärtner an 26Tagen jeweils 7 Stunden arbeiten.

a) Wieviel Geld muß bereitgestellt werden?
b) Wieviel erhält jeweils 1 Person?
c) Wie hoch ist der Stundenlohn?

67. Bei einem Transport ist ein Schaden von insgesamt 198 000,00 DM entstanden. Er ist vom Fahrzeughalter E zu tragen, der 360 000,00 DM versichert hatte, vom Besitzer der Ladung F (Versicherungswert 136 000,00 DM) und vom Besitzer der Ladung G (Versicherungswert 164 000,00 DM).

Wieviel DM erhält jeder der Beteiligten von der Versicherung erstattet?

68. In einem Gemüsebaubetrieb sollen 3,5 ha Blumenkohl angeaut werden.

Wieviel Pflanzen benötigt man bei einer Standweite von 0,70m x 0,55m?
Berechnen Sie den Saatgutbedarf: TKG 2,9 g; Keimfähigkeit 85 %; Reinheit 95 %; Abschlag vom Gebrauchswert 12 %.

69. Auf 2 ha Gemüseland rechnet man 500 dt Stallmist. Wieviel dt werden für eine Fläche von 150 m x 200 m benötigt?

70. Bestellen Sie beim Großmarkt Paletten und Verpackungen:

Verpackungs-größe	Erntegut kg je Kiste	Ernte-menge	Stapelhöhe	Anzahl Paletten
60 x 40 x 33	Rotkohl 25	6 dt	5 Lagen	
60 x 40 x 22	Möhren 15	9 dt	8 Lagen	
60 x 40 x 17	Blumenkohl 10	5 dt	8 Lagen	
60 x 40 x 13	Tomaten 12	3 dt	8 Lagen	
40 x 30 x 15	Paprika4	80 kg	8 Lagen	

71. **280 kg Tomaten sollen verpackt werden in Behälter mit den Maßen 50 cm x 30 cm x 15 cm. Diese können für das Palettenmaß 1000 mm x 1200 mm verwendet werden und nehmen bis zu 7 kg Tomaten auf.**

Wieviele Kisten und wieviele Paletten sind bereitzustellen?

72. **Die Außenmaße der Verpackungen (Kisten) betragen 60 cm x 40 cm x 33 cm. Verpackt werden sollen 5 t Erntegut. 1 Verpackung faßt 25 kg. Die Paletten sind 800 mm x 1200 mm groß und können mit 5 Lagen bestapelt werden.**

Wieviel Kisten und wieviele Paletten sind bereitzustellen?

Mischungsaufgaben:

73. **Die Samenmischung A kostet 21,00 DM/kg, B 34,00 DM/kg.**

Stellen Sie eine Mischung her, die 29,00 DM/kg kostet!

74. **Von einer Rasensamenmischung der Sorte A sind noch 60 kg vorhanden, die 6,50 DM/kg kosten.**

Wieviel muß von der Sorte B (Preis 4,20 DM/kg) zugemischt werden, damit das Produkt für 4,80 DM/kg verkauft werden kann?

75. **In einem Düngermischer sind 15 l Stammlösung mit einem Gehalt von 12 %.**

Wieviel Wasser ist zuzusetzen, wenn mit 3 Promille gedüngt werden soll?

76. **Eine Rasensamenmischung wird aus den Komponenten A (14,50 DM/kg) und B (16,20 DM/kg) hergestellt. Sie kostet 15,00 DM/kg.**

Wie ist die Zusammensetzung?

**1. Im Gartenbau spielen Genossenschaften eine Rolle.
Welche Aussage trifft auf sie zu?**

① Ziel ist die Selbsthilfe und Selbstverwaltung, die Stärkung der wirtschaftlich Schwächeren durch Zusammenschluß
② Sie sind juristische Personen und entstehen durch Eintragung in das Handelsregister
③ Diese Gesellschaftsform eignet sich besonders für Familiengesellschaften, sie ist eine Personenfirma
④ Sie stellt eine enge Arbeitsgemeinschaft dar. Deshalb müssen Verbundenheit und Vertrauen die Grundlage bilden
⑤ Sie ist eine Vereinigung von zwei oder mehr Personen zur Durchführung von Geschäften auf gemeinsame Rechnung

2. Als Gründer der landwirtschaftlichen Genossenschaften gilt

① V. A. Huber (1800 – 1869)
② Hermann Schulze-Delitzsch (1808 – 1883)
③ Friedrich Wilhelm Raiffeisen (1818 – 1888)
④ Albrecht Thaer (1757 – 1828)
⑤ Justus von Liebig (1803 – 1873)

3. Welche Abkürzung kennzeichnet eine Genossenschaft?

① GmbH
② eG
③ GenmbH
④ eGmbH
⑤ LPG

4. Die Gemeinschaftswerbung für den Gartenbau ist Aufgabe von der/dem

① Centralen Marketinggesellschaft CMA
② Förderungesellschaft Gartenbau mbH FGG
③ Arbeitskreis Betriebswirtschaft im Gartenbau e. V.
④ Bildungsstätte des Deutschen Gartenbaues
⑤ Kreditgemeinschaft des deutschen Gartenbaues

5. Um die Nachfrage nach Gütern und Dienstleistungen zu wecken, kann ein Gartenbaubetrieb

① seine Produktion erhöhen.
② seine Produktion einschränken.
③ gezielt für seine Produkte und Dienstleistungen werben.
④ durch unlauteren Wettbewerb die Konkurrenz ausschalten.
⑤ eine Personengesellschaft gründen.

6. Unter welcher Voraussetzung können Sie eine Genossenschaft gründen?

① Es sind mindestens 10 Gründungsmitglieder notwendig.
② Mindestens 7 Personen müssen sich zusammenschließen.
③ Bei sachkundigen Personen genügen fürs erste 3 Mitglieder.
④ Der Betriebsrat muß seine Zustimmung geben.
⑤ Die Industrie- und Handelskammern entscheiden über die Gründung.

7. Welche Aussage trifft auf die Genossenschaft zu? Eine Genossenschaft ist eine

① Gesellschaft mit eigener Rechtspersönlichkeit, bei der mindestens ein Gesellschafter den Gesellschaftsgläubigern unbeschränkt haftet und die übrigen mit Einlagen auf das in Aktien zerlegte Grundkapital beteiligt sind ohne persönlich für die Verbindlichkeiten der Gesellschaft zu haften.
② vertragliche Vereinigung von Personen, die sich verpflichten, die Erreichung eines gemeinsamen Zieles in der durch den Vertrag bestimmten Weise zu fördern.
③ Gesellschaft mit nicht geschlossener Mitgliederzahl, welche die Förderung des Erwerbs oder der Wirtschaft ihrer Mitglieder mittels gemeinschaftlichen Geschäftsbetriebes bezweckt, ohne daß diese persönlich für die Verbindlichkeiten haften.
④ vertragliche Vereinigung von zwei oder mehr Personen zum Betrieb eines Handelsgewerbes unter gemeinschaftlicher Firma mit unbeschränkter Haftung aller Gesellschafter.
⑤ Gesellschaft mit eigener Rechtspersönlichkeit, deren Gesellschafter mit Stammeinlagen auf das in Geschäftsanteile zerlegte Stammkapital beteiligt sind, ohne persönlich für die Verbindlichkeiten der Gesellschaft zu haften.

8. Von Einzel- oder Alleinwerbung spricht man, wenn

① die Mitglieder der Werbegemeinschaft dem Umworbenen nicht im einzelnen bekannt sind
② sich die Werbung direkt an einzelne Personen wendet
③ ein Gartenbaubetrieb speziell für seine Jungpflanzen wirbt
④ mehrere Gartenbaubetriebe bei Nennung der einzelnen Betriebe z. B. für Beet- und Balkonpflanzen werben
⑤ die Werbung nur bestimmte Gruppen von Käufern anspricht

9. Gartenbaubetriebe werden nicht nur als Einzelunternehmungen geführt. Kennzeichnen Sie die Personengesellschaften!

① Aktiengesellschaft (AG)
② Kommanditgesellschaft auf Aktien (KGaA)
③ Genossenschaft (eG)
④ Gesellschaft mit beschränkter Haftung (GmbH)
⑤ Offene Handelsgesellschaft (oHG)

10. Für die Werbung gilt u. a. das Gesetz gegen den unlauteren Wettbewerb. Welche Aussage widerspricht dem UWG?

① Die Werbung soll neue Kunden gewinnen
② Die Werbung soll alte Kunden erhalten
③ Die Werbung soll neuen Waren (oder Dienstleistungen) den Markt erschließen
④ Die Werbung soll Besitzwünsche (Bedürfnisse) erwecken
⑤ Die Werbung soll den Verbraucher durch Vergleich oder Vorgabe nicht vorhandener Eigenschaften für eine bestimmte Ware einnehmen

11. Bei einer Inflation handelt es sich um

① eine über einen längeren Zeitraum anhaltende Geldentwertung.
② das Nachgeben der Preise über mehrere Wochen.
③ eine Erhöhung der Kaufkraft des Geldes.
④ das längerfristige Steigen des Devisenkurses der DM.
⑤ eine intensive Belebung der Wirtschaft.

12. Welche Wirtschaftsordnung besteht in der Bundesrepublik Deutschland?

① Planwirtschaft
② Soziale Marktwirtschaft
③ Freie Marktwirtschaft
④ Zentrale Planwirtschaft
⑤ Sozialistische Planwirtschaft

13. In der Volkswirtschaft kennt man die Produktionsfaktoren

① Arbeit, Kapital, Boden
② Innere und äußere Verkehrslage
③ Familien- und Fremdarbeitskräfte
④ Klima Boden, Wissen
⑤ Boden, Tiere, Maschinen

14. In der Marktwirtschaft werden die Preise bestimmt durch

① das Wirtschaftsministerium
② das Finanzministerium
③ Angebot und Nachfrage
④ die Gewerkschaften
⑤ Banken und Versicherungen

15. Liquidation bedeutet

① die freiwillige Auflösung eines Unternehmens. Dabei wird das gesamte Vermögen in liquide (flüssige) Mittel verwandelt.
② die Gesamtheit aller Maßnahmen zur Gesundung eines notleidenden Unternehmens ohne Hilfe der Gläubiger.
③ die Vereinbarung eines Schuldners mit seinen Gläubigern zur Überwindung wirtschaftlicher Schwierigkeiten und zum Verhüten eines Konkurses.
④ ein gerichtliches Verfahren zur zwangsweisen Aufteilung des gesamten schuldnerischen Vermögens an die Gläubiger.
⑤ einen Erlaßvergleich, der nach Eröffnung eines Konkursverfahrens zwischen Prüfungs- und Schlußtermin beantragt wird, um das Unternehmen vor der Zwangsauflösung zu retten.

16. Die „Soziale Marktwirtschaft" ist dadurch gekennzeichnet, daß

① der Staat über die Produktionsmittel verfügt.
② freier Wettbewerb herrscht, der Staat Konjunkturpolitik betreibt und wirtschaftlich Schwache sozial gerecht unterstützt werden.
③ der Staat die Preise für Rohstoffe und Produkte sowie Dienstleistungen festlegt.
④ die gesamte Wirtschaftsplanung vom Staate ausgeht.
⑤ die Unternehmen keinen Gewinn abschöpfen können, sondern der Staat dafür sorgt, daß durch hohe Steuern keiner ein zu hohes Einkommen hat.

17. Um seinen Aufgaben gerecht werden zu können, erhebt der Staat Steuern. Welche der nachstehend aufgeführten Steuern werden zwischen Bund, Ländern und Gemeinden nach Prozentsätzen aufgeteilt?

① Grundsteuer, Kraftfahrzeugsteuer, Getränkesteuer
② Erbschaftssteuer, Kraftfahrzeugsteuer, Biersteuer
③ Einkommensteuer, Gewerbesteuer, Lohnsteuer
④ Mineralölsteuer, Umsatzsteuer, Kaffeesteuer
⑤ Vermögenssteuer, Kirchensteuer, Grunderwerbssteuer

18. Als „Inventur" bezeichnet man

① die zum Betriebe eines Unternehmens gehörigen Einrichtungsgegenstände
② das im Zusammenhang mit der Jahresbilanz aufgestellte Vermögensverzeichnis
③ ein Verzeichnis des Nachlasses bei einem Erbfall
④ die körperliche Bestandsaufnahme durch Zählen, Wiegen, Messen
⑤ die langfristige Anlage von Kapital

19. Zum Anlagevermögeneines Betriebes zählen

① Maschinen, Dünger, Öle
② Grund und Boden, Erden, Betriebsmittel
③ Grund und Boden, Gebäude, Maschinen
④ Bargeld, Dünger, Gebäude
⑤ Forderungen, Warenvorräte

20. Das richtige Anwenden der Abschreibung bringt steuerliche Vorteile. Welche Aussage dazu ist richtig?

① Die Kosten der Anschaffung eines Wirtschaftsgutes werden über die Jahre seiner Nutzung verteilt
② Eine Schuld wird mit gleichbleibenden Betragen getilgt
③ Die Beschaffung der finanziellen Mittel für den Betrieb erfolgt über Kredite
④ Man versteht darunter einen Preisnachlaß ohne Rücksicht auf den Zeitpunkt der Zahlung
⑤ Es ist eine Kapitalanlage in Maschinen, Geräten oder Gewächshäusern

21. Der Begriff „AfA" besagt:

① Abnutzung für das Auto
② Absetzung für Abnutzung
③ Abnutzung für die Arbeit
④ Absetzung für den Anstrich
⑤ Absetzung fur Arbeitslöhne

22. Bei welcher Abschreibungsart wird immer der gleiche Betrag vom Anschaffungswert abgezogen? Bei der

① räumlichen
② progressiven
③ degressiven
④ linearen
⑤ kombinierten

23. Der Deckungsbeitrag kennzeichnet

① die Beiträge für Verbände und Vereine
② Kultur- und Vermarktungskosten einer Kultur
③ Vermarktungskosten für alle Waren und Dienstleistungen
④ den Gesamtumsatz eines Betriebes in einer Kulturperiode
⑤ den Beitrag, den eine Kultur nach Abzug der durch sie verursachten Kosten zur Deckung der Gesamtkosten leistet

24. Zu den variablen Kosten der Kalkulation zählen bei einer Maschinenstunde:

① AfA
② Zinsen
③ Versicherung
④ Betriebssteuern
⑤ Benzin, Öl Schmiermittel, Lohn

25. Feste Kosten sind bei einer Maschine

① Reparaturen
② Betriebskosten
③ Afa, Zinsen,
④ Versicherungen
④ Lohn, Öl, Benzin
⑤ Steuern, Ersatzteile

26. Arbeitskräfte lassen sich einsparen durch

① Abbau von Subventionen.
② Einsatz von mehr Kapital, z B. Mechanisierung.
③ Zukauf von Produktionsflächen.
④ Einsparung von Kosten.
⑤ Hinzunahme arbeitsintensiver Produktionszweige.

27. Erklären Sie „Rationalisierung"! Unter Rationalisierung versteht man

① daß der Maschineneinsatz gering gehalten wird, um Kapital zu sparen.
② daß möglichst wenig Arbeitskräfte entlassen werden.
③ eine Verlängerung der täglichen Arbeitszeit.
④ die Umsatzsenkung durch verkürzte Ladenverkaufszeiten.
⑤ die optimale Anwendung der Produktionsmittel mit dem Ziel, die Kosten zu senken.

28. Betriebe des Garten-, Landschafts- und Sportplatzbaues gehören steuerlich

① zur Urproduktion
② als Dienstleistungsbetriebe zum Gewerbe
③ zum Handel
④ zu den freien Berufen
⑤ zum Handwerk

29. Unterschiedliche Besteuerung erfolgt bei Landwirtschaft und Gewerbe. Welche Merkmale kennzeichnen einen Gartenbaubetrieb, der zur Landwirtschaft gehört?

① Der Handel mit landwirtschaftlichen Erzeugnissen
② Die Gestaltung von Gärten und Freilandflachen, z. B. Sportplatzbau
③ Die Verarbeitung zugekaufter landwirtschaftlicher Erzeugnisse
④ Die Urproduktion, d. h. die Erzeugung landwirtschaftlicher Produkte mit Hilfe der Naturkräfte überwiegt
⑤ Die Lagerung landwirtschaftlicher Produkte

30. Welche Steuer der Arbeitnehmer ist auf Lohn oder Gehalt bezogen?

① Vermögenssteuer
② Lohnsteuer
③ Mehrwertsteuer
④ Kfz-Steuer
⑤ Versicherungssteuer

31. Kennzeichnen Sie die Besitzsteuern!

① Erbschafts- und Schenkungssteuer
② Gewerbesteuer, Grundsteuer
③ Umsatzsteuer, Grunderwerbssteuer
④ Kaffeesteuer, Mineralölsteuer
⑤ Einkommen-, Lohn-, Vermögenssteuer

32. Realsteuern erhalten die Gemeinden, z. B.

① Gewerbesteuer, Grundsteuer
② Kfz-Steuer, Kirchensteuer
③ Bier- und Branntweinsteuer
④ Kapitalverkehrssteuer Vermögenssteuer
⑤ Tabaksteuer, Zuckersteuer

33. Bei welcher Versicherung kann man sich freiwillig versichern?

① Deutsche Hagelversicherungs-Gesellschaft
② Gartenbau-Berufsgenossenschaft
③ Alterskasse für den Gartenbau
④ Krankenkasse für den Gartenbau
⑤ Kfz-Haftpflicht-Versicherung

34. Ein LKW wird entladen. Dabei stürzt ein Wagen mit Pflanzen in eine Glaswand des Verkaufspavillons. Wer muß für den Schaden aufkommen?

① die private Haftpflichtversicherung des LKW-Fahrers
② die Haftpflichtversicherung des Verkaufsstelleninhabers
③ die Kraftfahrzeug-Haftpflichtversicherung des LKW
④ die Transportversicherung des versendenden Gartenbaubetriebes
⑤ die Transportversicherung des Spediteurs

35. Beim Verfüllen von Heizöl läuft der Tank über. Welche Versicherung kommt für den Schaden auf?

① Die Gewässerschaden-Haftpflichtversicherung des Gartenbaubetriebes
② Die Betriebs-Haftpflichtversicherung des Brennstofflieferanten
③ Die Produkthaftpflichtversicherung der Ölraffinerie
④ Die Kfz-Haftpflichtversicherung des Tanklastzuges
⑤ Die private Haftpflichtversicherung des Gärtnergehilfen, der den Öltank geöffnet hatte

36. Versand unter Nachnahme vereinfacht die Betriebsorganisation. Welche Aussage ist falsch?

① Der Absender kann schon bei Anlieferung der Sendung von der Post einen Barvorschuß haben
② Nachnahmesendungen können bei Post, Bahn und Paketdiensten abgefertigt werden
③ Nachnahmesendungen werden gegen Zahlung des angegebenen Betrages ausgehändigt
④ Als Nachnahme können Briefe, Postkarten, Päckchen, Pakete, Expreßgut und Frachtsendungen verschickt werden
⑤ Bei der Post ist der Betrag auf 3 000,00 DM begrenzt, bei der Bahn nicht

37. Was bezeichnet man als Skonto?

① Nachlaß für treue Kunden und Wiederverkäufer
② Nachlaß auf den Listenpreis bei Abnahme großer Mengen
③ Nachlaß ohne Rücksicht auf den Zeitpunkt der Zahlung
④ Nachlaß auf den Rechnungspreis bei Zahlung in einer bestimmten Frist
⑤ Nachlaß in Naturalien

38. Was besagt die Preisangabenverordnung?

① Nur die Ware muß mit einem Preis versehen sein, die vor dem Verkaufsraum auf der Straße steht
② Alle Pflanzen in einem Gewächshaus müssen mit einem Preis versehen sein
③ Die Preise auf den Schildern sind stets netto, also ohne Mehrwertsteuer, anzugeben
④ Zustellkosten und andere Dienstleistungen (z. B. Grabpflege) werden von der Preisangabenverordnung nicht betroffen
⑤ Die Brutto-Preise müssen bei den Waren und Dienstleistungen angegeben sein, die Letztverbrauchern zum Kauf angeboten werden

39. Kennzeichnen Sie die halbbaren Zahlungsmöglichkeiten!

① Zahlung durch Boten
② Zahlung durch Banküberweisung
③ Zahlung durch Postanweisung
④ Zahlung mit Verrechnungsscheck
⑤ Zahlung mit Zahlschein

40. Kennzeichnen Sie die Barzahlung!

① Barscheck
② Postanweisung
③ Bank- oder Postüberweisung
④ Nachnahme
⑤ Zahlschein

41. Welche Bestandteile müssen nicht übereinstimmen bei Scheck und Scheckkarte, wenn ein Kunde rechtmäßig mit einem Euroscheck bezahlt?

① Kontonummer
② Name des Kreditinstituts
③ Unterschrift
④ Scheck-Karten-Nummer
⑤ Ausstellungsort

42. Mit einer Postanweisung kann man

① von Konto zu Konto Geld überweisen
② von einem Postgirokonto auf ein Bankkonto Geld überweisen
③ bei einem Postamt Geld einzahlen und dem Empfänger ins Haus schicken lassen
④ bei einem Postamt Geld einzahlen und dem Empfänger auf sein Postgirokonto überweisen lassen
⑤ vom eigenen Postgirokonto bei einem Postamt Geld abheben

43. Welche Aussage trifft auf ein Sparkonto zu?

① Der Betrag ist an einem im voraus bestimmten Tag zur Rückzahlung fällig
② Es handelt sich um täglich fälllige Gelder, die zur Abwicklung des bargeldlosen Zahlungsverkehrs dienen
③ Das Konto wird meist vierteljährlich abgeschlossen zur Buchung von Zinsen und Provisionen
④ Die Einlagen dienen der Ansammlung oder Anlage von privatem Vermögen
⑤ Es sind Kündigungsgelder, die erst nach Kündigung und Ablauf einer vereinbarten Frist fällig sind

44. Im bargeldlosen Zahlungsverkehr bedient man sich häufig eines Scheckes. Ein Scheck ist

① die Anweisung an ein Kreditinstitut, eine bestimmte Summe zu zahlen
② ein Schuldschein, den man als Zahlungsmittel benutzen kann
③ eine Möglichkeit der Barzahlung
④ ein Zahlungsversprechen
⑤ eine Zahlungsaufforderung

45. Ein Wechsel ist

① der Umtausch von DM in ausländische Währung (Devisen)
② ein Kreditmittel, ein Zahlungsmittel, ein Sicherungsmittel
③ mit hohen Risiken behaftet, von seriösen Kaufleuten wird er nicht verwendet
④ Buchgeld, d. h. eine Giroeinlage bei einem Kreditinstitut
⑤ eine Banknote, da er wie Papiergeld verwendet werden kann

46. Am Giroverkehr beteiligen sich auch die Postgiroämter. Was ist bei einem Postgirokonto nicht zulässig?

① Auf ein Postsparbuch einen bestimmten Betrag zu überweisen
② Auf ein anderes Postgirokonto einen bestimmten Betrag zu überweisen
③ Auf ein Bankkonto einen bestimmten Betrag zu überweisen
④ Auf ein Postgirokonto im Ausland einen bestimmten Betrag in Fremdwährung (Devisen) zu überweisen
⑤ Das Postgirokonto in beliebiger Höhe zu überziehen

47. Ein Verrechnungsscheck wird wie folgt verwendet:

① Von jedem beliebigen Kreditinstitut bei Sicht bar eingelöst
② Bei dem bezogenen Kreditinstitut bei Sicht bar eingelöst
③ Dem berechtigten Empfänger auf sein Konto gutgeschrieben
④ Erst nach Eingang des Betrages bei dem bezogenen Kreditinstitut gut geschrieben
⑤ Erst nach Eingang des Betrages bei dem beauftragten Kreditinstitut bar ausgezahlt

48. Eine Kreditkarte

① gilt nur in Verbindung mit einem Euroscheck bis 400,00 DM
② dient als Ausweis zum Betreten der Schalterhalle
③ wird automatich zugesandt, sobald man mit den Raten im Verzug ist
④ dient der bargeldlosen Zahlung bei den entsprechenden Akzeptanzstellen
⑤ gibt die Hypotheken auf einem Grundstück an

49. Eine Einzugsermächtigung

① liefert den Zahler seinen Gläubigern hilflos aus.
② ermächtigt den Empfänger, mit Hilfe eines Lastschriftvordruckes den Betrag seiner Forderung durch sein Geldinstitut einziehen zu lassen.
③ ist eine Urkunde, in welcher der Aussteller sein Geldinstitut anweist, bei Sicht aus seinem Guthaben eine bestimmte Summe zu zahlen.
④ ist ein gesetzliches Zahlungsmittel.
⑤ ist leicht übertragbar und wertbeständig

50. Beim Abbuchungsverfahren

① beauftragt der Zahler sein Geldinstitut, zu Lasten seines Kontos regelmäßig wiederkehrende gleichbleibende Beträge an denselben Empfänger zu zahlen.
② erlaubt der Zahler dem Empfänger nach Beauftragung seines Geldinstitutes, von seinem Konto den vom Empfänger geforderten Betrag abbuchen zu lassen.
③ weist der Schuldner sein Geldinstitut an, einen bestimmten Betrag auf das Konto des Empfängers umzubuchen.
④ schickt der Schuldner seinem Gläubiger einen Verrechnungsscheck.
⑤ wird der bar eingezahlte Betrag dem Konto des Empfängers gutgeschrieben.

51. Welche Verträge bedürfen der Beurkundung duch einen Notar? Es sind dies

① Wohnungsmietverträge auf mehr als ein Jahr Dauer.
② schriftliche Anträge zum Grundbuch und zum Handelsregister.
③ Grundstückskaufverträge und Schenkungsversprechen.
④ Bürgschaftserklärungen und Privattestamente.
⑤ alle größeren Anschaffungen, z. B. Autokauf, Möbel.

52. Welcher Bestandteil gehört wohl zu einem Brief, jedoch nicht zu einer Rechnung?

① Absender
② Empfänger
③ Unterschrift
④ Art, Menge, Güte, Preis der Ware
⑤ Zahlungsbedingungen

53. Ein Kaufvertrag kommt zustande durch

① Angebot und Bestellung
② Anfrage und Angebot
③ Bestellung und Ablehnung
④ Lieferung und Annahmeverweigerung
⑤ Bestellung und Abänderung

54. Für den Käufer ergeben sich aus dem Kaufvertrag die Pflichten,

① die Sache termingerecht zu übergeben
② dem Vetragspartner das Eigentum an der Sache zu verschaffen
③ den Kaufgegenstand anzunehmen und den vereinbarten Kaufpreis zu zahlen
④ den Kaufpreis anzunehmen
⑤ den Kaufgegenstand mängelfrei zu liefern

55. Ergänzen Sie den folgenden Satz richtig:
Bei der Annahme einer Warensendung ist zuerst darauf zu achten,

① daß sie sofort in einen Raum gebracht wird
② ob die Verpackung unversehrt ist
③ ob die Ware der bestellten Qualität entspricht
④ ob die Ware in der bestellten Anzahl geliefert wird
⑤ ob die Rechnung der Sendung beiliegt

56. In welcher Reihenfolge erfolgt das außergerichtliche Mahnverfahren?

① Mahnschreiben – Ankündigen eines Zahlungsbescheides
② Erteilen eines Zahlungsbescheides – Pfändung
③ Nachnahme – Pfändung
④ Werbeschreiben – Mahnschreiben – Nachnahme – Ankündigung eines Zahlungsbescheides
⑤ Zahlungsbefehl – Pfändung

57. Kennzeichnen Sie das einseitige Rechtsgeschäft!

① Ausbildungsvertrag
② Mietvertrag
③ Pachtvertrag
④ Darlehensvertrag
⑤ Steuerbescheid

58. Für zweiseitige Verträge, z. B. Anbau-, Kauf-, Miet-, Pachtverträge, gilt, daß sie

① durch Handschlag geschlossen werden, niemals schriftlich
② notariell beglaubigt werden müssen
③ nur von einem Vertragspartner unterschrieben werden müssen
④ nur gültig sind, wenn alle beteiligten Vertragspartner unterschrieben haben
⑤ nur auf vorgedruckten Formularen abgeschlossen werden dürfen

59. Bei welchem Auftrag handelt es sich um einen Werklieferungsvertrag?

① Bestellung von 2000 Jungpflanzen
② Herstellen eines Kranzes für eine Beerdigung
③ Mähen einer öffentlichen Grünfläche
④ Lieferung von 400 Schnittblumen zu einem bestimmten Termin
⑤ Pflege einer Grabstelle ohne Kranzlieferung

60. Ein Werklieferungsvertrag betrifft

① das Herstellen eines Werkes unter gleichzeitiger Lieferung des Werkstoffes
② das Herstellen eines Werkes, das Verändern einer Sache, das Herbeiführen eines bestätigten Erfolges gegen vereinbarte Vergütung
③ Leisten von Diensten gegen Vergütung
④ die entgeltliche Veräußerung von Sachen und Rechten
⑤ die Überlassung einer Sache zum Gebrauch und zum Genuß der Früchte gegen einen vereinbarten Zins

61. Der Bundesverband Garten-, Landschafts- und Sportplatzbau (BGL) hat seinen Sitz in

① München
② Hamburg
③ Bad Honnef
④ Essen
⑤ Kassel

62. Der Bund deutscher Baumschulen (BdB) hat seinen Sitz in

① Hamburg
② Bonn-Bad Godesberg
③ Düsseldorf
④ Köln
⑤ Pinneberg

63. Die Dauergrabpflege-Gesellschaft deutscher Friedhofsgärtner mbH hat ihren Sitz in

① Nürnberg
② Frankfurt
③ Bonn-Bad Godesberg
④ Dortmund
⑤ Bad Kreuznach

64. Zum Zentralverband Gartenbau gehören Landesverbände. Es sind

① genau so viel wie Bundesländer: 16
② weniger: 8
③ mehr: 18
④ viel mehr: 25
⑤ viel weniger: 5

65. Die Vereinigung Deutscher Blumenmärkte umfaßt

① fast alle Blumengroßmärkte, Blumenversteigerungen und Blumenabsatzorganisationen
② alle Blumengeschäfte in der Bundesrepublik Deutschland
③ alle Blumengroßmärkte
④ nur die Blumenversteigerungen
⑤ nur die Blumenabsatzorganisationen

66. Zum Bund deutscher Champignonzüchter gehören

① 20 Betriebe
② 80 Betriebe
③ die Konservenindustrie
④ über 1000 Betriebe
⑤ 50 Betriebe

67. „bog" bedeutet Bundesausschuß Obst und Gemüse. Eine seiner Aufgaben besteht darin,

① die Importe in die Bundesrepublik Deutschland zu verhindern
② die Berufsausbildung für Obst- und Gemüsebauern zu fördern
③ die Interessen gegenüber der Konservenindustrie zu vertreten
④ die Weiterbildung im Beruf, z. B. durch Kurse in Grünberg, zu fördern
⑤ auf die Brüsseler Entscheidungen im Interesse der deutschen Obst- und Gemüseanbauer Einfluß zu nehmen

68. „AdJ" heißt

① Angestellte deutsche Jugend
② Arbeitsgemeinschaft deutscher Junggärtner
③ Allgemeine deutsche Jugend
④ Arbeitsgemeinschaft deutscher Jugend
⑤ Arbeitsgemeinschaft deutscher Junglandwirte

69. Welche der nachstehenden Organisationen wird als rechtsfähiger Verein geführt?

① GGLF – Gewerkschaft Gartenbau Land- und Forstwirtschaft
② Die Landwirtschaftskammern im nördlichen Teil des Bundesgebietes
③ Die Landesministerien der einzelnen Bundesländer
④ ZVG – Zentralverband Gartenbau e.V.
⑤ CMA – Centrale Marketing Gesellschaft der Deutschen Agrarwirtschaft

70. Die CMA (Centrale Marketinggesellschaft der deutschen Agrarwirtschaft) wird finanziert durch

① Pflichtbeiträge der landwirtschaftlichen Betriebe einschl. Gartenbau.
② den Deutschen Bauernverband.
③ freiwillige Beiträge der produzierenden und verarbeitenden Betriebe der Agrarwirtschaft.
④ freiwillige Beiträge und staatliche Zuschüsse.
⑤ die Europäische Gemeinschaft.

71. Die GGLF (Gewerkschaft Gartenbau, Land- und Forstwirtschaft) unterstützt ihre Mitglieder u.a. durch

① Vertretung vor dem Arbeitsgericht bei Schwierigkeiten mit dem Arbeitgeber.
② Zahlung von Weihnachtsgratifikationen.
② Zahlung von Krankengeld nach der 6. Krankheitswoche.
④ Erstattung der Kosten bei gesetzlich vorgeschriebenen ärztlichen Untersuchungen.
⑤ Übernahme der Kosten bei fahrlässig herbeigeführten Unfällen.

72. Die Deutsche Hagelversicherungsgesellschaft a. G. ist eine

① Aktiengesellschaft
② Anlegergenossenschaft
② allgemeine Genossenschaft
④ Versicherung auf Gegenseitigkeit
⑤ allgemeine Gesellschaft

73. Zur Förderung und Kennzeichnung hochwertiger Qualität gärtnerischer Erzeugnisse und Dienstleistungen wurden Qualitätszeichen geschaffen. Wer organisiert die Betriebsanerkennung?

① Die Kreisstellen der Landwirtschaftskammern
② Die Landesministerien für Ernährung, Landwirtschaft und Forsten
② Die Industrie- und Handelskammern
④ Die Handwerkskammern
⑤ Die Gartenbau-Landesverbände

74. Welches der nachstehenden Embleme kennzeichnet anerkannte Gartenbaubetriebe des Bundesverbandes Einzelhandelsgärtner?

1 2 3 4 5

75. Welche Organisation ist speziell für junge Gärtner zuständig?

① Berufsgenossenschaft Gartenbau
② Abendgymnasium
② Volkshochschule
④ Gewerkschaft Gartenbau, Land- und Forstwirtschaft
⑤ Arbeitsgemeinschaft deutscher Junggärtner (AdJ)

76. Erklären Sie „Innere Verkehrslage“!

77. Erklären Sie „Äußere Verkehrslage“!

78. Nennen Sie Faktoren, die vor Ansiedlung eines Gartenbaubetriebes zu prüfen sind!

79. Nennen Sie die Sparten des Produktionsgartenbaues!

80. Was ist ein Dienstleistungsbetrieb?

81. Welche Betriebe sind verpflichtet, Gewerbesteuer zu zahlen?

82. Nennen Sie mögliche Mängel bei angelieferter Ware!

83. Nennen Sie Rechte, die bei Lieferung mangelhafter Ware geltend gemacht werden können!

84. Erklären Sie „ADR-Rosen“!

85. Was bedeutet „®“?

86. Welche Gütebestimmungen gelten für Obst und Gemüse?

87. Welche Gütebestimmungen gelten für Baumschulen und im Blumen- und Zierpflanzenbau?

88. Welchen Grundsätzen muß die Werbung genügen?

89. Was versteht man unter unlauterem Wettbewerb?

90. Nennen Sie Werbemittel der Sprache für Endverkaufsbetriebe und Friedhofsgärtnereien!

91. Nennen Sie andere Werbemittel (Bilder, Zeichen) für Endverkaufsbetriebe und Friedhofsgärtnereien!

92. Unterscheiden Sie Monopol, Oligopol und Polypol!

93. Was sind Subventionen?

94. Unterscheiden Sie Konkurs und Liquidation!

95. Nennen Sie die vier Phasen des Konjunkturverlaufes!

96. Erklären Sie „Soziale Marktwirtschaft“!

97. **Kennzeichnen Sie Anlagevermögen und Umlaufvermögen!**

	Anlagevermögen	Umlaufvermögen
Boden		
Gebäude		
Maschinen, Geräte		
Jungpflanzen		
Saatgut		
Dauerkulturen		
Forderungen		
Bargeld		
Beteiligungen		
Bankguthaben		
Meliorationen		
Düngervorräte		
Vorräte an Betriebsmitteln		

98. **Unterscheiden Sie Aktivkapital und Passivkapital !**

99. **Für welche Versicherungen muß ein Unternehmer für sein Personal Beiträge abführen?**

100. **Welche Versicherungen sollte ein Unternehmer für seinen Betrieb abschließen?**

101. **Was sind Beiträge?**

102. **Erklären Sie Gebühren!**

103. **Was kennzeichnet Steuern?**

104. **Nennen Sie Kosten, die durch Einkauf und Verkauf von Ware entstehen!**

105. **Nennen Sie Geschäfts- (Handlungs-) kosten!**

106. **Unterscheiden Sie horizontale und vertikale Spezialisierung!**

107. **Unterscheiden Sie Investition und Subvention!**

108. **Unterscheiden Sie Ausgaben, Aufwand, Kosten!**

109. **Unterscheiden Sie Automation und Rationalisierung!**

110. **Welche Schäden deckt eine Hagelversicherung ab?**

111. **Für welche Schäden schließt man eine Gartenbaubetriebsversicherung ab?**

112. **Welche Versicherungen können für einen Gartenbaubetrieb noch wichtig sein?**

113. **Was besagt das „Ökonomische Prinzip?**

114. **Neben der Sachgüterproduktion erfüllt der Gartenbau auch Dienstleistungen. Nennen Sie einige!**

115. Begründen Sie die Zuordnung des Gartenbaues zur Urproduktion!

116. Welche Flächen werden als „GG“ bezeichnet?

117. Erklären Sie das Gesetz vom abnehmenden Ertragszuwachs!

118. Erklären Sie das Gesetz der abnehmenden Stückkosten!

119. Erklären Sie Arbeitsspitzen und Arbeitstäler!

120. Welche Betriebe sind buchführunspflichtig?

121. Was heißt doppelte Buchführung?

122. Was ist Mechanisierung?

123. Gartenbaubetriebe benötigen wesentlich mehr Arbeitskräfte als die Landwirtschaft. Für wieviel Quadratmeter Glas oder Hektar Freiland benötigt man 1 AK?

124. Welche Maßnahmen sind in Gartenbaubetrieben für eine Rationalisierung durchführbar?

125. Unterscheiden Sie Lizenz und Patent!

126. Was versteht man unter Sortenschutz?

127. Was besagt die „Preisangabenverordnung“?

128. Welche Gesetze und Verordnungen müssen Gärtner beim Einkauf von Verkaufsware, Betriebs- und Hilfsmitteln und bei der Ausführung von Leistungen bzw. im Verkauf beachten?

129. Welche Verordnungen sind in Gartenbaubetrieben bei Brennstoffen und Heizungsanlagen zu beachten?

130. Welche Blumen und Pflanzen dürfen sonntags verkauft werden?

131. Welche Bestimmungen sind beim Import von Jungpflanzen oder Fertigware im Gartenbau zu beachten?

132. Nennen Sie Rechtsvorschriften zum Schutz der Umwelt, die vom Gartenbau zu beachten sind!

133. Nennen Sie gesetzliche Grundlagen, die bei der Durchführung von Pflanzenschutzmaßnahmen zu beachten sind!

134. Nennen Sie Aufgaben der Landwirtschaftskammern!

135. Welche Aufgaben haben Verbände in einer Demokratie?

136. Welche Aufgaben hat die Deutsche Landwirtschaftsgesellschaft?

137. Nennen Sie internationale Organisationen des Gartenbaues und ihre Aufgaben!

138. Erklären Sie nachstehende Abkürzungen-
ZVG, BdB, BGL, DGG, GGLF, KTBL, AdJ, BdF, BGV, bog, FGG, CMA!

139. Zu welchem Zweck wird das Qualitätszeichen verliehen?

140. Welche Aufgaben hat die „CMA“?

141. Nennen Sie die Aufgaben des „ZVG“!

142. Nennen Sie die Aufgaben der Vereinigung „FLEUROSELECT“!

1. Welche Angaben sind im „Berufsbild Gärtner" enthalten?

① die geschichtliche und die zukünftige Entwicklung des Berufes.
② Fertigkeiten und Kenntnisse, die dem Auszubildenden vom Ausbilder zu vermitteln sind.
③ statistische Angaben über die Zahl der Ausbildungsbetriebe, deren Größe und Standorte.
④ Angaben zu den Berufsaussichten einschl. der Weiterbildungsmöglichkeiten.
⑤ Abbildungen des zukünftigen Arbeitsplatzes mit Erklärungen und Anleitungen.

2. Nach dem Bestehen der Gehilfenprüfung arbeiten Sie als Gärtner. Mit Ihrem Arbeitgeber werden Sie einen Vertrag abschließen:

① Lohntarifvertrag
② Arbeitsvertrag
③ Ausbildungsvertrag
④ Werkvertrag
⑤ Werklieferungsvertrag

3. Im Gartenbau gibt es mehrere Möglichkeiten zur beruflichen Weiterbildung. Welche Prüfung kann man erst nach einer dreijährigen Berufstätigkeit als Gärtnergehilfe anstreben?

① Gartenfachwerker
② Fachlehrer
③ Gärtnermeister
④ Staatl. geprüfter Techniker
⑤ Diplom-Ingenieur

4. Welche Institution überwacht die Einhaltung der Arbeitszeit nach dem Jugendarbeitsschutzgesetz?

① Das Jugendamt
② Das Arbeitsamt
③ Die Landwirtschaftskammer
④ Das Arbeitsrecht
⑤ Das Gewerbeaufsichtsamt

5. Im Jugendarbeitsschutzgesetz ist nicht enthalten:

① Die Freistellung zum Berufsschulunterricht
② Das Gebot der 5-Tage-Woche
③ Die Vorschrift der ärztlichen Untersuchung vor dem Berufseintritt
④ Die Vorschrift der ärztlichen Untersuchung nach einem Jahr Berufstätigkeit
⑤ Das Verbot von Branntwein und branntweinhaltigen Getränken

6. In § 1 BGB (Bürgerliches Gesetzbuch) ist die Rechtsfähigkeit von Personen festgelegt. Rechtsfähig sind

① alle natürlichen Personen von der Geburt bis zum Tode.
② nur die Personen, die das 14. Lebensjahr vollendet haben.
③ alle natürlichen Personen vom 18. Lebensjahr an.
④ alle natürlichen Personen vom 7. Lebensjahr an.
⑤ natürliche Personen zwischen dem 7. und 18. Lebensjahr.

7. Ein Jugendarbeitsschutzgesetz gibt es nicht in allen Ländern. Es gilt in der

① Bundesrepublik Deutschland
② der Europäischen Union
③ den Niederlanden
④ den Ländern der GUS
⑤ EFTA-Ländern

8. Das Jugendschutzgesetz regelt u.a.

① die zulässige Arbeitszeit für Jugendliche
② die Nacht- und Feiertagsarbeit für Jugendliche
③ den Schutz der Jugend in der Öffentlichkeit, z. B. Alkoholverbot
④ den Berufsschulbesuch der Auszubildenden
⑤ die Freizeit, z. B. den freien Nachmittag für Auszubildende

9. Berufsausbildungsverhältnisse sind gesetzlich geregelt. Die besonderen Bestimmungen für den Ausbildungsberuf „Gärtner" sind festgelegt in:

① dem Berufsbildungsgesetz
② den Verordnungen der zuständigen Landwirtschaftskammern
③ den Erlassen der zuständigen Ministerien
④ der Verordnung über die Berufsbildung im Gartenbau
⑤ dem Jugendarbeitsschutzgesetz

10. Wer sind die Vertragspartner beim Abschluß des Berufsausbildungsvertrages?

① Ausbildungsbetrieb und Landwirtschaftskammer
② Betriebsinhaber als Ausbilder und Auszubildender bzw. dessen gesetzlicher Vertreter
③ Betriebsinhaber als Ausbilder und die GGLF
④ Auszubildender bzw. dessen gesetzlicher Vertreter und die Landwirtschaftskammer
⑤ Auszubildender oder dessen gesetzlicher Vertreter und der Landesverband Gartenbau

11. Ein Auszubildender schließt seinen Ausbildungsvertrag mit dem entsprechenden Vertragspartner selbst ab, wenn er

① voll geschäftsfähig ist, im allgemeinen mit Vollendung des 18. Lebensjahres
② die Rechtsfähigkeit nach BGB erlangt hat
③ beschränkt geschäftsfähig ist (Taschengeldparagraph)
④ mit 21 Jahren voll geschäftsfähig ist
⑤ die Allgemeine Schulpflicht erfüllt hat

12. Welche Aussage zur Beendigung des Ausbildungsverhältnisses ist falsch?

① Nach §14 Berufsbildungsgesetz endet das Ausbildungsverhältnis mit dem Ablauf der Ausbildungszeit
② Das Ausbildungsverhältnis endet mit dem erfolgreichen Ablegen der Abschlußprüfung
③ Das Ausbildungsverhältnis endet nach der Probezeit durch Kündigung, wenn der Auszubildende den Beruf wechseln will
④ Das Ausbildungsverhältnis endet nach der Probezeit durch Kündigung des Auszubildenden oder des Ausbildenden bei Vorliegen eines wichtigen Grundes
⑤ Das Ausbildungsverhältnis kann jederzeit bei Einhalten einer Frist von vier Wochen zum Quartalsende gekündigt werden

13. Das Berufsbildungsgesetz ist ein/eine

① Landesgesetz
② Verordnung der Landesministerien
③ Verordnung der Industrie- und Handelskammern
④ Verordnung der Landwirtschaftskammern
⑤ Bundesgesetz

14. Wird eine Abschlußprüfung nicht bestanden, dann kann die Verlängerung des Ausbildungsverhältnisss verlangen

① die Eltern des Auszubildenden, wenn dieser beim Abschluß des Ausbildungsvertrages noch nicht volljährig war.
② der Ausbilder allein.
③ die zuständige Stelle, bei der der Ausbildungsvertrag registriert ist.
④ nur der Auszubildende
⑤ das zuständige Verwaltungsgericht

15. Beim Lösen des Arbeitsverhältnisses werden Ihnen Papiere übergeben. Sie haben Anspruch auf:

① Lohnsteuerkarte, Versicherungsbescheinigung, Zeugnis oder Arbeitsbescheinigung
② Gehaltsabrechnung
③ Beitragskarte der Gewerkschaft
④ Abmeldung des Einwohnermeldeamtes
⑤ Bescheinigung über den Wechsel des Finanzamtes

16. Das Ladenschlußgesetz besagt nicht, daß Ladengeschäfte

① montags bis freitags von 0 Uhr bis 7 Uhr und von 18.30 Uhr bis 24 Uhr geschlossen sein müssen
② montags bis freitags nur von 9 Uhr bis 13 Uhr und von 14.30 Uhr bis 18.30 Uhr geöffnet sein dürfen
③ samstags von 0 Uhr bis 7 Uhr und von 14 Uhr bis 24 Uhr geschlossen sein müssen
④ an den vier Samstagen vor dem 24. Dezember von 7 Uhr bis 18 Uhr geöffnet sein müssen
⑤ an den 2. Feiertagen geschlossen sein müssen

17. Gesetzliche Grundlage für eine Berufswahl ist Art. 12 (1)

① der Gemeindeordnung
② der Landesverfassung
③ der Kammerordnung (LWK oder IHK)
④ des Grundgesetzes
⑤ des Berufsbildungsgesetzes

18. Der Grundsatz der Gewerbefreiheit gehört zu den

① Menschenrechten
② staatsbürgerlichen Pflichten
③ Grundrechten
④ Handelsrechten
⑤ privaten Rechten

19. Nennen Sie Tarifvertragspartner im Gartenbau!

① Arbeitnehmer und Arbeitgeber
② Ausbilder und Auszubildender
③ Betriebsinhaber und Angestellte
④ Gewerkschaft Gartenbau, Land- und Forstwirtschaft und die Landesverbände des Gartenbaues
⑤ Landwirtschaftskammer und Landesverband Gartenbau

20. Kennzeichnen Sie die Zeile, in der die Inhalte von Manteltarifverträgen aufgeführt sind!

① Grundgehalt sowie Zu- und Abschläge
② Gehaltsgruppen je nach Vorbildung der Arbeitnehmer
③ Arbeitszeit, Mehrarbeit, Urlaub, Kündigungsfristen
④ Betriebliche Sonderregelungen für Weihnachtsgeld
⑤ Betriebliche Regelungen für die Arbeitszeit an Sonn- und Feiertagen, die günstiger als der Tarifvertrag sind

21. Bruttolohn ist

① die Summe aller Abzüge vom Monatslohn.
② der gesamte Lohnanspruch eines Arbeitnehmers.
③ der ausgezahlte Lohn für einen bestimmten Zeitraum.
④ eine Prämie für besondere Leistungen.
⑤ der normale Lohn zuzüglich des Lohnes für Sonderschichten (Feiertage)

22. Vermögenswirksam sparen kann jeder Arbeitnehmer

① ohne Rücksicht auf sein Einkommen.
② der mindestens 27 000,00 DM Einkommen versteuert, Verheiratete 54 000,00 DM.
③ der ein Sparbuch mit gesetzlicher Kündigungsfrist besitzt.
④ bis zu einem Einkommen von 27 000,00 DM, Verheiratetete bis zu 54 000,00 DM.
⑤ der sich regelmäßig beim Arbeitsamt meldet.

23. Kennzeichnen Sie die Abzüge vom Bruttolohn!

① Lohnsteuer (+ Kirchensteuer), Sozialversicherung
② Einkommensteuer, Kirchensteuer, Krankenkasse
③ Körperschaftssteuer, Sozialversicherung
④ Vermögenssteuer, Rentenversicherung
⑤ Krankenkasse, Unfallversicherung

24. Welche Entlohnungsarten kommen im Gartenbau hauptsächlich vor?

① Stundenlohn, Akkordlohn, Gehalt
② freie Mitarbeit
③ Provisionen
④ Maklergebühren
⑤ Honorare

25. Nennen Sie Möglichkeiten, die Lohnsteuer zu senken!

① Beantragung von Lohnsteuerfreibetrag und Lohnsteuerjahresausgleich
② Veranlagung zur Einkommensteuer
③ Antrag auf Stundung der Lohnsteuer
④ Hinterziehung der Lohnsteuer
⑤ Weigerung, die Lohnsteuer zu zahlen

26. Wann haben Sie Anspruch auf Erholungsurlaub? Der Anspruch entstent

① nach 6 Monaten Betriebszugehörigkeit.
② nach 12 Monaten Betriebszugehörigkeit.
③ nur bei außergewöhnlichem Einsatz in der Arbeitszeit.
④ nach Ablauf eines Monats von Arbeitsbeginn.
⑤ gar nicht, da die Gewährung von Erholungsurlaub eine freiwillige Leistung des Betriebes ist.

27. Bei welcher gesetzlichen Versicherung trägt der Arbeitgeber die Kosten allein?

① Gesetzliche Krankenversicherung
② Gesetzliche Unfallversicherung
③ Arbeitslosenversicherung
④ Gesetzliche Rentenversicherung
⑤ Betriebsunterbrechungsversicherung

28. Nicht alle Versicherungen, die dem Arbeitnehmer zugute kommen gehören zur „Sozialversicherung", z. B. die

① Gesetzliche Krankenversicherung
② Gesetzliche Rentenversicherung
③ Arbeltslosenversicherung
④ Haftpflichtversicherung
⑤ Gesetzliche Unfallversicherung

29. Welche der nachstehend aufgeführten Versicherungen ist nicht speziell für den Gartenbau zuständig?

① Gartenbau-Berufsgenossenschaft
② Alterskasse für den Gartenbau
③ Bundesversicherungsanstalt für Angestellte
④ Krankenkasse für den Gartenbau
⑤ Gärtner-Krankenkasse (Ersatzkasse)

30. Welche Versicherungen gehören zur „Sozialversicherung"?

① Lebensversicherung, Privathaftpflichtversicherung
② Hausratversicherung, Sturmschadenversicherung
③ Risikoversicherung, Gepäckversicherung
④ Krankenversicherung, Arbeitslosenversicherung
⑤ Feuerversicherung, Betriebsausfallversicherung

31. Träger der Arbeitslosenversicherung ist

① die Bundesanstalt für Arbeit.
② die zuständige Landesversicherungsanstalt.
③ die zuständige Berufsgenossenschaft.
④ die zuständige Ortskrankenkasse.
⑤ der jeweilige Arbeitgeberverband.

32. Wer hat Anspruch auf Arbeitslosengeld?
Anspruch auf Arbeitslosengeld hat jeder, der die Anwartschaft erfüllt,

① arbeitslos ist und der Vermittlung durch das Arbeitsamt zur Verfügung steht
② Arbeitslosenhilfe beantragt hat
③ hilfsbedürftig ist
④ mindestens 5 Jahre berufstätig war
⑤ gesund und voll einsatzfähig ist

33. Die Bundesanstalt für Arbeit hat nicht die Aufgabe,

① Berufsberatung und Arbeitsvermittlung durchzuführen
② Tarifverträge abzuschließen
③ Berufliche Rehabilitationen zu ermöglichen
④ Leistungen zur Erhaltung und Schaffung von Arbeitsplätzen zu gewähren
⑤ die berufliche Bildung, insbesondere die Fortbildung, zu fördern

34. An welche Stelle muß man sich wenden, um Arbeitslosengeld zu erhalten?

① Landwirtschaftskammer
② Zentralverband Gartenbau
③ Finanzamt
④ Sozialamt der Gemeinden
⑤ Arbeitsamt

35. Die Bundesanstalt für Arbeit mit den Landesarbeitsämtern und den Arbeitsämtern gehört zur Exekutive

① des Bundes
② der Länder
③ der Gemeinden
④ der Landkreise
⑤ der Regierungsbezirke

36. Ein versicherungspflichtiger Arbeitnehmer wird arbeitslos. Wer zahlt seine Beiträge zur Krankenversicherung?

① Er wird von der Beitragszahlung freigestellt.
② Die Bundesanstalt für Arbeit zahlt die Beitrage.
③ Der Arbeitslose zahlt die Beitrage vom Arbeitslosengeld.
④ Die Rentenversicherung übernimmt die Zahlung.
⑤ Der ehemalige Arbeitgeber muß die Beiträge zahlen.

37. Betriebsinhaber im Gartenbau sind pflichtversichert bei

① der Bundesversicherungsanstalt für Angestellte
② der Landesversicherungsanstalt
③ der Allgemeinen Ortskrankenkasse
④ der Berufsgenossenschaft Gartenbau
⑤ Alterskasse für den Gartenbau

38. Bis zu welchem Tag muß ein erkrankter Arbeitnehmer spätestens dem Arbeitgeber die Arbeitsunfähigkeitsbescheinigung übergeben?

① unmittelbar nach dem Arztbesuch
② Bis zum 3. Tag
③ Innerhalb einer Woche
④ Am 10. Tag
⑤ Am 4. Tag

39. In der Rentenversicherung sind pflichtversichert:

① Alle Bürger der Bundesrepublik Deutschland
② Alle Schülerinnen und Schüler
③ Alle Arbeiter, Angestellten und Auszubildende
④ Angestellte, wenn ihr Einkommen 75 % der Beitragsbemessungsgrenze nicht überschreitet
⑤ Selbständige Landwirte und Gärtner

40. Für Streitigkeiten aus der Renten- und aus der Unfallversicherung ist zuständig

① Die Berufsgenossenschaft
② Das Arbeitsgericht
③ Das Verwaltungsgericht
④ Das Sozialgericht
⑤ Die Landesversicherungsanstalt

41. Die Rentenversicherung für Arbeiter wird getragen von

① der Bundesversicherungsanstalt.
② den Ortskrankenkassen.
③ dem Arbeitsamt.
④ den Landesversicherungsanstalten.
⑤ den Gewerkschaften.

42. Eine „dynamische Rente" wurde 1957 gesetzlich verankert. Man meint damit, daß

① jeder Versicherte dann Altersrente beziehen kann, wenn er möchte.
② bei der Rentenberechnung die Zahl der Kinder berücksichtigt wird.
③ die Rentenhöhe der allgemeinen Einkommensentwicklung angeglichen wird.
④ nur der höchste Verdienst für die Rentenhöhe entscheidend ist.
⑤ jeder dynamische Rentner, der über sein 65. Lebensjahr hinaus arbeitet, seine Rente dynamisieren kann.

43. Zur Aufgabe der Gartenbau-Berufsgenossenschaft gehören nicht

① unfallverhütende Maßnahmen
② berufsfördernde Leistungen, damit der Verletzte seinen früheren oder einen anderen Beruf ausüben kann
③ Vorsorgeuntersuchungen zur Früherkennung von Krankheiten
④ Verletztenrente nach Beendigung der Heilbehandlung bei mindestens 20% Erwerbsbeschränkung
⑤ Hinterbliebenenrente

44. Die Mitgliedschaft in den Berufsgenossenschaften

① erfolgt auf freiwilliger Basis
② ist Pflicht für alle Unternehmer
③ kann durch eine private Haftpflichtversicherung des Unternehmers ersetzt werden
④ empfiehlt sich nur für Berufe mit hohem Gefährdungsgrad
⑤ ist vor allem für alle Schülerinnen und Schüler Pflicht

45. Nach dem Mutterschutzgesetz erstreckt sich der Mutterschaftsurlaub auf

① 12 Wochen vor der Entbindung
② 10 Wochen vor und 10 Wochen nach der Entbindung
③ 6 Wochen vor und 8 bis 10 Wochen nach der Entbindung
④ 8 Wochen vor und 7 Wochen nach der Entbindung
⑤ 4 Wochen vor und 4 Wochen nach der Entbindung

46. Kennzeichnen Sie das Gesetz, das nicht zu den Arbeitsschutzgesetzen zählt!

① Kündigungsschutzgesetz
② Mutterschutzgesetz
③ Schwerbehindertengesetz
④ Gesetz über die Mitbestimmung der Arbeitnehmer
⑤ Bundesurlaubsgesetz

47. Die Bestimmungen der Arbeitsschutzgesetze überwachen die

① Berufsgenossenschaften.
② Sozialgerichte.
③ Arbeitsämter.
④ Gewerbeaufsichtsämter.
⑤ Polizeibehörden.

48. Arbeitsunfälle müssen bei der Berufsgenossenschaft und beim Gewerbeaufsichtsamt gemeldet werden.
Innerhalb welcher Frist muß das geschehen?

① 3 Tage
② 5 Tage
③ 1 Woche
④ 14 Tage
⑤ 3 Wochen

49. Bei Arbeitsunfällen ist ein Arzt aufzusuchen. Welcher Arzt ist zu wählen?

① Der Hausarzt des Betriebsinhabers
② Der Unfallarzt
③ Ein beliebiger Chirurg
④ Der nächste praktische Arzt
⑤ Das nächstliegende Allgemeine Krankenhaus

50. Wer ist für die Sicherheit im Betrieb zuständig?

① Der Betriebsinhaber ganz allein
② Nur die Berufsgenossenschaft
③ Die zuständige Gewerkschaft
④ Das Gewerbeaufsichtsamt
⑤ Der Arbeitgeber und jeder Arbeitnehmer

51. Nennen Sie Möglichkeiten für Ihre berufliche Weiterbildung als Gärtner!

52. Nennen Sie die Bereiche, die ein Lohntarifvertrag regelt!

53. Nennen Sie die Bereiche, die ein Manteltarifvertrag regelt!

54. Unterscheiden Sie Arbeitsvertrag und Tarifvertrag!

55. Nennen Sie Aufgaben der Berufsgenossenschaften!

56. Welche Aufgaben hat die Alterskasse für den Gartenbau?

57. Wie unterscheiden sich Krankenkasse für den Gartenbau und Gärtner-Krankenkasse?

58. Nennen Sie Leistungen der Berufsgenossenschaft für die Arbeitnehmer!

59. Kreuzen Sie die Leistungen der Krankenkassen und Rentenversicherungen an!

Leistung	LVA	BfA	Krankenkasse
Altersruhegeld			
Erwerbsunfähigkeitsrente			
Waisenrente			
Witwenrente			
Kuren			
Sterbegeld			
Vorsorgeuntersuchungen			
Vorsorgekuren			
Krankenhilfe			
Mutterschaftshilfe			
Familienhilfe			

60. Welche Leistungen erbringt die Bundesanstalt für Arbeit?

61. Nennen Sie Pflichten des Arbeitnehmers aus dem Arbeitsvertrag!

62. Warum ist die Sozialversicherung eine Pflichtversicherung?

63. Grundlage der Tarifverträge ist die Koalitionsfreiheit. Was bedeutet das?

64. Rahmen- und Manteltarifverträge regeln die Arbeitsbedingungen allgemeiner Art. Nennen Sie Beispiele!

65. Welche Bedeutung hat der Lohn- und Gehaltstarifvertrag?

66. Welche Bedeutung hat das Arbeitsrecht?

67. Auf welchen gesetzlichen Grundlagen beruht das Arbeitsrecht?

68. Nennen Sie Aufgaben der Bundesanstalt für Arbeit!

69. Die Bundesanstalt für Arbeit hat das Monopol der Arbeitsvermittlung. Was bedeutet das?

70. Wie beginnt und wie beendet man ein Arbeitsverhältnis?

71. Was besagt das Kündigungsschutzgesetz?

72. Nennen Sie die Arbeitsschutzgesetze!

73. Erklären Sie „Tarifautonomie"!

74. Wie unterscheiden sich „einfaches Zeugnis" und „qualifiziertes Zeugnis"?

75. Welche Pflichten hat der Arbeitgeber gegenüber seinen Mitarbeitern?

76. Nennen Sie Aufgaben der Gewerkschaften!

77. Welches Gericht ist für Streitigkeiten aus dem Arbeitsverhältnis zuständig?

78. Welche gesetzlichen sozialen Abgaben hat der Arbeitgeber für seine Arbeitnehmer zu leisten?

79. Nennen Sie mögliche freiwillige soziale Leistungen!

80. Erklären Sie „Lohn-Preis-Spirale"!

81. Wer muß einen Sozialversicherungsausweis mit sich führen?

82. Hat ein Gärtner Anspruch auf Weihnachtsgeld?

83. Welche Bedingungen gelten für einen Anspruch auf Bildungsurlaub?

84. Erklären Sie

Subvention, Investition, Investivlohn, Intervention, Ecklohn, Zeitlohn, Akkordlohn, Lohnfortzahlung!

1. Das Bundesverfassungsgericht hat die Aufgabe,

① die Verfassung zu schützen und auf deren Einhaltung zu achten
② bei allgemeinen Streitigkeiten zwischen Bund und Ländern zu vermitteln
③ bei Streitigkeiten zwischen den Parteien zu vermitteln
④ vor allem darauf zu achten, daß der Föderalismus erhalten bleibt
⑤ als oberste Instanz in Strafsachen eine endgültige Entscheidung zu treffen

2. Um einen freien Wettbewerb zu garantieren, sollen Monopolbildungen verhindert werden. Welche Institution ist für eine Kontrolle zuständig?

① Bundesministerium fur Wirtschaft
② Deutsche Bundesbank
③ Bundeskartellamt
④ Bundesministerium der Finanzen
⑤ Bundesgerichtshof

3. Unter „Währung" versteht man

① das staatlich geordnete Geldsystem in einem Staat.
② Bargeld und Buchgeld sowie Geldersatzmittel.
③ die gesamte Geldmenge in einer Volkswirtschaft.
④ den Geldmengenumlauf in einem bestimmten Zeitraum.
⑤ die Teuerungsrate und somit die Kaufkraft des Geldes.

4. Die Deutsche Bundesbank beobachtet die Entwicklung der Geldströme. Eine Möglichkeit zu deren Beeinflußung ist z. B. die Diskontpolitik. Man bezeichnet damit

① die Erhöhung oder Senkung der Reservesätze.
② die Vermehrung des Geldumlaufs durch Ankauf von Gold und Devisen.
③ die Gewährung von Lombarddarlehen durch Beleihung und gegen Verpfändung von Wechseln.
④ die Festsetzung eines bestimmten Betrages für den An- und Verkauf von Wechseln.
⑤ die Erhöhung, Senkung oder Beibehaltung des Diskontsatzes, um die Nachfrage nach Krediten zu beeinflußen.

5. Wer besitzt das aktive Wahlrecht in der Bundesrepublik Deutschland?

① Jeder vollgeschäftsfähige deutsche Staatsangehörige
② Jeder Mensch, der geschäftsfähig ist und sich in der Bunderepublik Deutschland niedergelassen hat
③ Jeder volljährige Bürger
④ Jeder Einwohner, der Steuern zahlt
⑤ Jeder rechtsfähige Bürger

6. Eine Partei im politschen Sinne ist

① ein Verein ohne Rechtsfähigkeit
② eine Vereinigung von Bürgern, die auf die politische Willensbildung Einfluß nehmen wollen und Gewähr für die Ernsthaftigkeit der Zielsetzung bieten.
③ eine Vereinigung von Bürgern zum Erreichen eines bestimmten Zieles, z. B. Verlegung einer Straße
④ ein rechtsfähiger Verein mit einem bestimmten Ziel, z. B. Sportförderung
⑤ eine Körperschaft des offentlichen Rechtes

7. Welche Institutionen beraten und beschließen die Gesetze auf Landesebene?

① Die Landesregierungen
② Die Landtage (Bürgerschaften in Hamburg und Bremen, Abgeordnetenhaus in Berlin)
③ Die Landesoberbehörden
④ Die Länderverwaltungen in Landkreisen und kreisfreien Städten
⑤ Die Regierungs- und Verwaltungspräsidenten

8. Die Gemeinden haben bestimmte Aufgaben übernommen. Kreuzen Sie diese an!

① Verteidigung, Wirtschaftsförderung, Soziale Sicherung
② Energieversorgung, Krankenhäuser, Kindergärten
③ Küstenschutz, Hochschulbau, Polizei
④ Bundesfernstraßen, Schulwesen, Deutsche Bahn AG
⑤ Deutsche Bundespost, Kriegsopferversorgung, Förderung der Landwirtschaft

9. Der Bundesrechnungshof überprüft die Ausgaben des Bundes. Seine Mitglieder besitzen richterliche Unabhängigkeit, weil sie

① vom Bundespräsidenten ernannt wurden
② Juristen sind, ebenso wie die Richter
③ unabhängig sein müssen allen Stellen gegenüber, deren Ausgaben sie überprüfen
④ vom Bundestag beauftragt wurden
⑤ direkt dem Bundesfinanzminister unterstehen

10. In welcher der folgenden Rechtsstreitigkeiten wird der Staatsanwalt tätig?

① Einbruch und vorsätzliche Körperverletzung
② Streitigkeiten zwischen Mieter und Vermieter
③ Grenzstreitigkeiten zwischen Nachbarn
④ Streitigkeiten aus dem Arbeitsverhältnis
⑤ Klage wegen Schadenersatzes bei mangelhafter Lieferung

11. „Die Richter sind unabhängig und nur dem Gesetz unterworfen" (Art. 97 (1) GG) Warum räumt die Verfassung den Richtern diese Sonderstellung ein?

① Richter haben eine besonders sorgfältige und lange Ausbildung
② Richter werden vom Bundespräsidenten ernannt und sind deshalb unabhängig
③ Richter sind Träger der rechtsprechenden Gewalt und nach dem Grundsatz der Gewaltenteilung unabhängig
④ Richter beziehen hohe Gehälter und sind daher unbestechlich
⑤ Richter gehören der exekutiven Staatsgewalt an und werden von dieser kontrolliert

12. Die Bundesregierung übt die exekutive, die vollziehende Staatsgewalt aus. Sie besteht aus

① den Vertretern der politischen Parteien
② den Vertretern der Länder
③ den Ministerpräsidenten der Länder
④ dem Bundeskanzler und den Ministern
⑤ den Vorsitzenden der politischen Parteien

13. Wer bestimmt die Richtlinien der Politik?

① Der Bundeskanzler
② Der Bundespräsident
③ Der Bundestagspräsident
④ Der Führer der Opposition
⑤ Der Außenminister

14. Wer besitzt im Verteidigungsfall die Kommandogewalt über die Streitkräfte?

① Der Verteidigungsminister
② Der Bundeskanzler
③ Der Bundespräsident
④ Der Bundesratspräsident
⑤ Der Bundestagspräsident

15. Wer wählt den Bundeskanzler?

① Die Bundesversammlung
② Der Bundesrat
③ Das Parlament
④ Die Bürger in direkter Wahl
⑤ Die Bundesregierung

16. Wer wählt den Bundespräsidenten

① Der Bundestag
② Der Bundesrat
③ Die Bundesbürger in direkter Wahl
④ Die Vorsitzenden der politischen Parteien
⑤ Die Bundesversammlung

17. Zum Bundespräsidenten kann jeder Deutsche gewählt werden, der

① mindestens einmal ein Ministeramt bekleidet hat
② wenigstens Ministerpräsident eines Bundeslandes war
③ sich als Bundeskanzler bewährt hat
④ das Wahlrecht zum Bundestag besitzt und das 40. Lebensjahr vollendet hat
⑤ unbescholten und volljährig ist

18. Kennzeichnen Sie das „klassische" Ministerium!

① Gesundheitsministerium
② Wirtschaftsministerium
③ Familienministerium
④ Landwirtschaftsministerium
⑤ Finanzministerium

19. Zustimmungsgesetze haben die Eingangsformel im Text: „Der Bundestag hat mit Zustimmung des Bundesrates das folgende Gesetz beschlossen". Der Bundesrat muß zustimmen,

① weil sonst der Haushaltsplan überschritten wird
② damit die Länder überhaupt noch zu Worte kommen
③ damit die Länder einen gerechten Finanzausgleich erhalten können
④ weil die Länder sonst die Kontrolle über die Gesetzgebung verlieren könnten
⑤ weil diese Gesetze z. B. Einnahmen und Ausgaben oder die Verwaltungszustandigkeit der Länder betreffen

20. Als Koalition bezeichnet man

① die nicht in der Regierurg befindlichen Parteien eines Parlamentes
② den Zusammenschluß von zwei oder mehreren Parteien zum Zwecke der Regierungsbildung
③ die Kontrolle der Regierung durch das Parlament
④ eine Regierung, die nur von einer Partei gebildet wird
⑤ eine Minderheitenregierung

21. Die Gesellschaftsordnung in der Bundesrepublik Deutschland ist

① freiheitlich demokratisch
② liberalistisch - materialistisch
③ ökologisch - ökonomisch
④ sozialistisch
⑤ kapitalistisch

22. Welches Datum gilt als Gründungstag der Bundesrepublik Deutschland

① 8. Mai 1945 – bedingungslose Kapitulation
② 12. Mai 1949 – Beendigung der Blockade Westberlins
③ 18. Juni 1948 – Währungsreform
④ 1. Sept. 1948 – Beginn der Arbeit des „Parlamentarischen Rates“
⑤ 23. Mai 1949 – Verkündigung des Grundgesetzes

23. Mit „Verfassung“ bezeichnet man

① den Zustand der öffentlichen Ordnung
② das Verhältnis der Bürger untereinander
③ das Verhältnis der Bürger zu ihrem Staat
④ die Grundordnung einer politischen oder gesellschaftlichen Körperschaft
⑤ das Verhältnis der Bundesländer zum Bund

24. Welches Recht steht den Bürgern der „Bundesrepublik Deutschland“ nach dem Grundrechtskatalog des Grundgesetzes zu?

① Schulgeldfreiheit
② Steuerfreiheit
③ Recht auf ein Hochschulstudium
④ Recht auf einen Arbeitsplatz
⑤ Gleichheit vor dem Gesetz

25. „Die Bundesrepublik Deutschland ist ein Rechtsstaat“ bedeutet, daß

① ohne Gerichtsbeschluß kein Beamter tätig werden darf
② die staatlichen Organe nur nach Verfassung, Gesetz und Recht tätig werden dürfen
③ das Bundesverfassungsgericht über jedes neue Gesetz entscheiden muß
④ der Bundesgerichtshof bei allen politisch wichtigen Fragen zu Rate zu ziehen ist
⑤ der Staatsanwalt die wichtigste Person im Parlament ist

26. Was versteht man unter „föderativem System“ des Bundes?

① Der Bund hat das alleinige Recht zur Gesetzgebung
② Die Länder haben das alleinige Recht zur Gesetzgebung
③ Die Länder wirken bei der Gesetzgebung des Bundes über den Bundesrat mit
④ Die Gemeinden haben ein großes Mitspracherecht bei der Gesetzgebung
⑤ Nur bei Nichterreichen der qualifizierten Mehrheit im Bundestag muß der Bundesrat gefragt werden

27. Dr Bundesrat setzt sich zusammen aus

① den Ministerpräsidenten und den Ministern der Länder
② Vertretern der Einwohner der Länder, die in der Bundesratswahl gewählt werden
③ Mitgliedern der Länderregierungen, je nach Größe der Einwohnerzahl des Landes drei bis fünf
④ den Vertretern der Parteien, die in direkter Wahl ermittelt wurden
⑤ den Ministerpräsidenten und den Senatoren der Länder

28. Der Bundestag berät und beschließt Gesetze auf den Gebieten der ausschließlichen Gesetzgebung. Dies sind z. B.

① Verteidigung, Währung, Post- und Fernmeldewesen
② Schul- und Kulturpolitik
③ Polizeiwesen, Gemeinderecht
④ Hochsee- und Küstenfischerei
⑤ Bodenrecht und Förderung der Landwirtschaft

29. Einfache, nicht zustimmungsbedürftige Gesetze

① beschließen die Mitglileder des Bundestages mit 2/3-Mehrheit.
② beschließen die Mitglieder von Bundestag und Bundesrat mit einfacher Mehrheit.
③ müssen auf jeden Fall vom Vermittlungsausschuß beraten werden.
④ beschließt die Mehrheit des Bundestages.
⑤ beschließt die einfache Mehrheit des Bundesrates.

30. Verfassungsändernde Gesetze

① werden von den Ministerpräsidenten der Länder beschlossen.
② bedürfen keiner Zweidrittelmehrheit im Bundestag.
③ müssen mit Zweidrittelmehrheit in Bundestag und Bundesrat beschlossen werden.
④ beschließt das Bundesverfassungsgericht.
⑤ bedürfen der Zustimmung des Bundesgerichtshofes.

31. Bund, Länder und Gemeinden erbringen Leistungen für die Bürger. Nennen Sie Beispiele für ihre Aufgaben!
32. Begründen Sie die Notwendigkeit der Dreiteilung der Staatsgewalt!
33. Welche Aufgaben hat der Bundespräsident?
34. Wer kann einen Gesetzesvorschlag einbringen?
35. Unterscheiden Sie ausschließliche und konkurrierende Gesetzgebung des Bundes!
36. Wie ist das Wahlrecht in der Bundesrepublik Deutschland gekennzeichnet?
37. Berichten Sie über den Nobelpreis!
38. Erklären Sie „NATO“!
39. Erklären Sie „UN“!
40. In welchen Fällen wird ein Bürger das Verwaltungsgericht anrufen?
41. In welchen Fällen kann ein Bürger das Verfassungsgericht anrufen?
42. Welche Aufgaben haben kommunale Zweckverbände?
43. Bereits in der Weimarer Verfassung waren Menschenrechte garantiert. Welcher Unterschied bestand zum Grundgesetz?
44. Beinhaltet der Grundsatz des geschützten Privateigentumes an Grund und Boden das Recht des Bürgers, dem Staat den Bau einer öffentlichen Straße über einen Teil seines Privatgrundstückes zu verwehren?
45. Welche Bedeutung hat die Immunität der Abgeordneten?
46. Wie kann der Bundestag die Bundesregierung kontrollieren?
47. Nennen Sie Steuern, die allein dem Bund zufließen!
48. Nennen Sie Steuern, die nur den Ländern zufließen!
49. Welche Steuern erhalten die Gemeinden?
50. Nennen Sie Pflichtaufgaben der Gemeinden!
51. Was bedeutet „EU“?
52. Was ist „ECU“?
53. Was beinhalten die Beschlüsse von Maastricht?
54. Erklären Sie „Konkurrierende Gesetzgebung“!
55. Was bezeichnet man als „Rahmengesetzgebung“?
56. Welche Bereiche werden durch Gesetzgebung der Länder geregelt?
57. Erklären Sie „Zweidrittel-Mehrheit“, „absolute Mehrheit“ und „einfache Mehrheit“!
58. Unterscheiden Sie „Geschriebenes Recht“ und „Ungeschriebenes Recht“!
59. Unterscheiden Sie staatliche, halbstaatliche und freie Organisationen!
60. Was kennzeichnet einen Staat?
61. Erklären Sie konkurrierende Gesetzgebung!
62. Wie ist die Rangfolge im Protokoll?
63. Was bezeichnet man als „Konzertierte Aktion“?

Notizen